ADAC-Reiseführer
Peloponnes

Von Edda und Michael Neumann-Adrian

Dieses Buch entstand in Zusammenarbeit zwischen
dem ADAC Verlag und dem Prestel-Verlag.

In der ADAC-Reiseführer-Reihe sind erschienen:
**Barcelona, Berlin, Brasilien, Bretagne, Brüssel, Budapest, Côte d'Azur, Dresden,
Florenz, Gardasee, Hamburg, Irland, Israel, Karibik, Köln, Kreta, Loire, London,
Mallorca, München, New York, Paris, Peloponnes, Portugal, Prag, Provence, Rom,
Salzburg, St. Petersburg, Südtirol, Toskana, Türkei-Südküste, Türkei-Westküste,
Ungarn, Venedig, Wien**

Umschlag-Vorderseite: Liméni an der Westküste des Inneren Máni
Foto: Rainer Hackenberg, Köln

Umschlag-Innenseite: Bougainvillea-Pracht in Kardamýli am Golf von Messenien
Foto: Ernst Wrba, Sulzbach/Taunus

Für Hilfe bei der phonetisch sinnvollen Schreibweise der griechischen Namen
danken wir Christos Tsolodimos, Hamburg.

Lektorat: Gabriele Ebbecke
Gestaltung: Norbert Dinkel, München
Abbildungen: siehe Bildnachweis S. 192
Karten: Wolfgang Mohrbach, München
Titelgestaltung: Graupner & Partner, München
Satz, Repro: Typodata, München
Druck, Bindung: Passavia Druckerei GmbH, Passau
Printed in Germany

ISBN 3-87003-699-0

Gedruckt auf chlorfrei gebleichtem Papier

© ADAC Verlag GmbH und Prestel-Verlag
 München 1996

Redaktion ADAC-Reiseführer:
Mandlstraße 26, 80802 München
Tel. (089) 39 43 25, Fax (089) 34 14 86

Das Werk einschließlich aller seiner Teile ist urheberrechtlich geschützt.
Jede Verwendung ist ohne Zustimmung des Verlags unzulässig und strafbar.
Das gilt insbesondere für Vervielfältigungen, Übersetzungen, Mikroverfilmungen
und die Verarbeitung in elektronischen Systemen.

Die Daten und Fakten für dieses Werk wurden mit äußerster Sorgfalt recherchiert und
geprüft. Da vor allem touristische Informationen häufig Veränderungen unterworfen
sind, kann für die Richtigkeit der Angaben leider keine Gewähr übernommen werden.
Die Redaktion ist für Hinweise und Verbesserungsvorschläge dankbar.

Inhalt

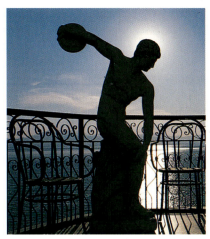

Sportlich-Antikisches vor dem Golf von Korinth

Karten und Stadtpläne

Übersichtskarte 6/7	Árgos 77
Pátra 24	Mystrá 106
Neméa 35	Monemvassiá 111
Korinth 40	Messene 139
Epidauros 50	Bucht von Navaríno 146
Nauplia 62	Olympía 158
Tiryns 68	
Mykene 70	

Meeresglanz und Götterberge 8

Geschichte, Kunst und Kultur im Überblick 14

Top Ten 20

Sehenswürdigkeiten 21

Achäa – Tor zum Westen   *Karte Seite 6*   22

1 Pátra 22
2 Lakkópetra 27
3 Kalogriá und die Schwarzen Berge 27
4 Río 28
5 Égio 28
6 Diakoftó und Vouraikós-Schlucht 29
7 Méga Spíleon 30
8 Kalávrita 30
9 Kastriá 32
10 Berg Chelmós 33

Inhalt

Korinthía – Auf der Spur von Aphrodite und Herakles   *Karte Seite 7*   **34**

11 Stymphalía *34*
12 Neméa *34*
13 Kórinthos (Korinth) *36*
14 Akrokórinthos *43*

15 Ísthmia *44*
16 Kechriés *45*
17 Kórfos *45*

Argolís – Tempel, Theater, Königsburgen   *Karte Seite 7*   **46**

18 Palää Epídavros *46*
19 Epidauros – Asklepios-Heiligtum *48*
20 Ligourió *53*
21 Halbinsel Methánon/Méthana *53*
22 Trizín *54*
23 Galatás *55*
24 Ermióni *55*
25 Portochéli *56*
26 Kiláda *57*
27 Dídima *57*

28 Toló *59*
29 Drépano und der Golf von Toló *60*
30 Náfplio (Nauplia) *60*
31 Tiryns *68*
32 Mykínä (Mykene) *70*
33 Iréon (Hera-Heiligtum) *75*
34 Agía Triáda (Merbakás) *76*
35 Árgos *76*
36 Lérni und Mýli *80*

Arkadien – Bergklöster und Badeküsten   *Karte Seite 6/7*   **81**

37 Ástros und Paralía Ástrous *81*
38 Moní Met. Sotíros Loukoús *82*
39 Kastrí und Moní Prodrómou *83*
40 Leonídio und Moní Agíou
Nikoláou Síntzas *84*
41 Pláka und Poulíthra *87*
42 Kosmás im Párnon-Gebirge und
Moní Elónis *87*
43 Tegéa *88*
44 Trípoli *90*

45 Mantinía *91*
46 Orchomenós *92*
47 Vytína *93*
48 Langádia *94*
49 Dimitsána *94*
50 Stemnítsa und Moní Prodrómou *96*
51 Karýtena *97*
52 Megalópoli *97*
53 Lykósoura und Lýkeon *99*

Lakonien – Mystrá, Máni und mehr   *Karte Seite 7*   **100**

54 Spárti (Sparta) *100*
55 Amíkle und Vafió *103*
56 Mystrá *104*
57 Geráki *109*
58 Monemvassiá *110*
59 Kyparissí *115*
60 Neápoli *115*
61 Kap Maléas *116*
62 Gýthio *116*
63 Burg Passavá, Ageranós und
Skoutári *118*

64 Areópoli *119*
65 Pýrgos Dyroú/Dyrós-Höhlen *121*
66 Mézapos und Halbinsel Tigáni *123*
67 Geroliménas *125*
68 Váthia *126*
69 Pórto Kárgo *126*
70 Kap Ténaro und
Halbinsel Matapán *127*
71 Kokkála *128*
72 Kótronas *129*
73 Ítilo und Liméni *129*

Messenien – Die langen Strände locken   *Karte Seite 6/7*   **130**

74 Thalámes *130*
75 Ágios Nikólaos und Stoúpa *131*
76 Kardamýli *131*
77 Kámbos-Tal und Burg Zarnáta *133*
78 Avía *134*
79 Kalamáta *134*
80 Andróusa *138*

81 Messíni (Messene) und
Mavromáti *139*
82 Koróni *141*
83 Methóni *144*
84 Pýlos *145*
85 Giálova *147*
86 Chóra und Epáno Englianós *150*
87 Kiparissía und Peristéria *151*

Elis – Nach Olympía wollen alle

Karte Seite 6   **152**

88 Von Kakóvatos bis Kaiápha *152*
89 Vásses (Bassä) *153*
90 Andrítsena *154*
91 Olympía *155*
92 Pýrgos *166*
93 Skafidiá *166*

94 Amaliáda und Íli (Elis) *167*
95 Kyllíni und Loutrá Kyllínis *168*
96 Kástro Chlemoútsi *170*
97 Manoláda und Várda
   am Golf von Kyllíni *171*

Dies und Das

Der Name blieb: Mavrodáphne *26*
Vögel mit Metallgefieder *34*
Wieder Wettkämpfe in Neméa:
   Wilder Sellerie statt Lorbeer *36*
Wer war Asklepios? *51*
Schlimmer Anfang, böses Ende:
   die Atriden *72*
Kuppelhallen statt Pyramiden:
   Totenkult der Mykener *74*

Pan – Nicht nur Arkadiens
   Hirtengott *98*
Die Hyazinthen Apolls *103*
Mondnacht in Mystrá *108*
Navaríno oder Die Würfel fallen für
   die Griechen *146*
Pelops – Betrug beim Wagen-
   rennen *160*

Peloponnes aktuell

173

Vor Reiseantritt *173*
Allgemeine Informationen *173*
Anreise *175*
Bank, Post, Telefon *175*
Einkaufen *176*
Essen und Trinken *176*
Feste und Feiern *179*
Klima und Reisezeit *180*

Kultur live *180*
Museen *181*
Nachtleben *181*
Sport und Strände *181*
Sprachführer *183*
Uhrzeit *184*
Unterkunft *184*
Verkehrsmittel im Land *185*

Glossar

186

Register

188

Bildnachweis

192

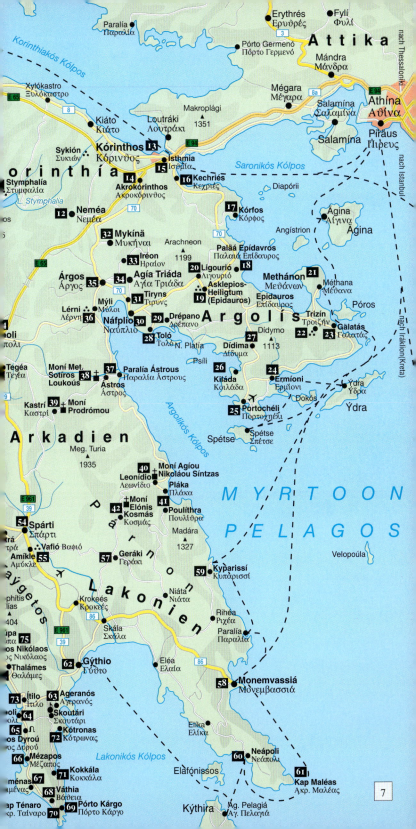

Meeresglanz und Götterberge

Die Bürger von Neméa hatten die originellste Festspielidee Griechenlands seit Baron Coubertin, der die ›Olympischen Spiele der Neuzeit‹ erfand: In dem Rotweinort in den Bergen hinter Korinth sieht das antike Stadion seit 1996 wieder Wettläufer – aus allen Ländern der Erde und zwar barfuß und ohne Rekordehrgeiz. Gold, Silber oder Bronze sind nicht zu gewinnen, statt der Sponsoren spielt der Spaß am Sport die Hauptrolle.

Anderswo auf dem Peloponnes werden antike Ruinen restauriert, Tempelsäulen (wie im Heiligtum von Epidauros) wieder aufgerichtet, mykenische Fresken rekonstruiert. Sogar den mittelalterlichen Palast des byzantinischen Despoten in Mystrá baut man Stein um Stein wieder auf. Dieses Land lebt produktiv mit seiner vielfältigen Vergangenheit.

Zum Stichwort Peloponnes sagt das Lexikon: »griech. Pelopónnisos, auch Moréa, die südliche Halbinsel Griechenlands, durch den Isthmus von Korinth mit dem Festland verbunden [...] 21 439 qkm, 1,01 Mill. Ew., Hpst. Pátra; gebirgig, im Taýgetos 2407 m, im Kyllíni 2376 m, im S in langgestreckte Halbinseln aufgelöst; im W feucht, im O trockener; Aufforstung der stark reduzierten Wälder; in den flachen Küstenregionen u. in den Becken Anbau von Wein, Tabak, Südfrüchten, Korinthen, Gemüse, Obst, Oliven und Feigen; Viehhaltung vor allem im Gebirge; wenig Industrie; Fremdenverkehr.«

Alles richtig, aber warum kein Wort von den langen Stränden des Peloponnes, nichts über die Kultstätten für Zeus, Apollon und Aphrodite, nichts über die Königsburgen der mykenischen Fürsten, am Anfang der europäischen Kultur? Warum nichts über die Klöster, die schwindelfreie Mönche in die Steilhänge Arkadiens und Lakoniens gebaut haben, Vogelnestern gleich?

Die Halbinsel mit den drei Fingern ist tatsächlich größer als beispielsweise Schleswig-Holstein. Doch wie kaum eine andere Landschaft ist der Peloponnes geprägt vom Wechsel offener **Küstenebenen** und unzugänglicher **Gebirge**, mit attraktiven **Hafenbuchten** und fast unersteigbaren **Burghügeln**.

Gesichter des Peloponnes, von Nord nach Süd: die Säulenreste des Octavia-Tempels von Alt-Korinth (**rechts oben**), *das Bergdorf Dimitsána, hoch über den Schluchten Arkadiens* (**rechts unten**), *und eine der traumschönen Buchten an der touristisch noch wenig erschlossenen Ostküste der Máni* (**links unten**). *Zeit für Siesta ist noch immer – wie hier im Máni-Dorf Ágios Nikólaos* (**Mitte**)

So war die ›Pelops-Insel‹ seit je sanft und hart zugleich, historisch vorbestimmt dazu, Eroberern offene Angriffsflächen und verwegenen Widerständlern Schlupfwinkel zu bieten.

»Wir sind immer frei gewesen«

Es gibt den Gebirgler-Stolz der Menschen auf dem Peloponnes, traditionellerweise vor allem bei den Manioten im Süden ausgeprägt. Viele fremde Herrscher haben auf der Halbinsel **Máni**, dem peloponnesischen Mittelfinger [Nr. 62–77], die Grenzen ihrer Macht erkennen müssen. Als Napoleon zum Feldzug gegen Ägypten aufbrach, bot ihm ein Mitglied der Maniotenfamilie Georgákis

Waffenhilfe gegen die Osmanen an: »Wir sind immer frei gewesen. Tyrannen haben uns nicht versklaven können. [...] Wir sind 75 000 bewaffnete Männer auf Máni.« Máni, das ist der heroischste Mythos des Peloponnes. Dessen Nachtseite, die Blutrache, dezimierte jahrhundertelang die Familien, von denen viele ihren eigenen Festungsturm bewohnten. Heute sind die meisten Familienfestungen verlassen oder in Hotels verwandelt, und Touristen ziehen dort ein.

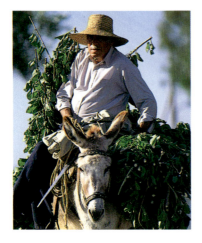

Zur Peloponnes-Mentalität gehört aber auch, das Leben selbst wichtiger zu nehmen als manche andernorts so hoch geschätzten Werte wie Geldverdienen, akkurate Pünktlichkeit und Geschwindigkeit. An Geschäften kann man je nach Stimmung interessiert sein, oder auch nicht, und mancher Tag ist einfach zu schön für Geschäfte.

Nicht schlecht, wenn es betriebsamen Mitteleuropäern gelingt, importierte Hektik zugunsten griechischer Gelassenheit aufzugeben. Auch die Rundfahrt dieses Buches, die von Achäa über Korinthía, die Argolís, Arkadien, Lakonien, Messenien und Elis wieder zurück nach Achäa führt, soll – Zeus bewahre – niemanden dazu motivieren, sich den gesamten Peloponnes auf ein Urlaubsprogramm zu setzen.

Dank der neuen schnellen Fähren, dank neuer Flugplätze (bei Pátra und bei Kalamáta), dank des komfortabel ausgebauten Straßennetzes sind die Wege zum Peloponnes und durch das Land schneller geworden. Zwischen dem Golf von Korinth und Kap Ténaro, der Südspitze des festländischen Griechenlands, findet

man trotzdem mehr Ursprünglichkeit als an den meisten mediterranen Urlaubszielen. An den peloponnesischen Küsten gibt es das noch: in fast menschenleeren Landschaften **kilometerlange, breite Strände**. Campingfreunde, Wohnwagenlenker finden hier ihr Wunschland.

Wo es um den Erhalt der Küsten geht, sind auch die peloponnesischen Umweltschützer wachsam. Zahlreiche, stark motivierte Naturschutzgruppen sind aktiv, und ihr ökologischer Ehrgeiz ist dem Meerwasser zugute gekommen. Trotz der zunehmenden Gesamtverschmutzung des Mittelmeers wird von der FEEE (Foundation of Environmental Education in Europe) mehreren Orten Jahr um Jahr die ›Blaue Flagge‹ zugesprochen.

Schildkröten und schönste Schmetterlinge, sogar Chamäleons haben hier noch Heimstatt. Manchmal hält man auf den fast leeren Bergstraßen, um eine Schildkröte über den Asphalt zu tragen. Öfters allerdings, weil eine Schafherde die volle Straßenbreite beansprucht.

Von Ungeheuern und Raubtieren, z.B. dem Nemeischen Löwen, hat Herakles das Land längst befreit. Die Löwen, denen man noch zahlreich begegnet, sind alle aus Stein – ob als venezianische Markuslöwen, ob als bayerischer Löwe, der

Traditionelle Lebensformen (**linke Seite**) *und Offenheit für Neues: Kein Gegensatz in einem Land, dessen antike Stätten, z.B. Epidauros* (**rechts oben**) *und Vásses* (**rechts unten**) *mit modernster Technik restauriert werden*

überlebensgroß als Wittelsbacher-Denkmal am Burghügel von Palamídi [siehe Nr. 30] ruht. Die ältesten beiden Löwen sind auch die berühmtesten: Sie stehen hochaufgerichtet über dem Burgtor von **Mykene** [Nr. 32].

In den mykenischen Palästen wohnten vor mehr als 3000 Jahren Menschen, die schon griechisch sprachen. Das weiß man, seitdem 1952 einem Briten die Entzifferung der minoischen Linearschrift B gelang.

Meeresglanz und Götterberge

Das Erbe der Antike: Aus einer römischen Villa in Korinth blieb das Fußbodenmosaik mit Dionysoskopf und hochentwickeltem Dekor erhalten (2. Jh. n. Chr., **oben**); *große Teile der Stadt konnte man freilegen* (**rechts oben**). *Am Theater von Epidauros werden Architekturteile nachgeformt* (**unten**).

Rechts unten: *Nahe der Südostspitze des Peloponnes bei Neápoli*

Die Ilias hat doch recht

Zu den Burgen und Kuppelgräbern von Mykene führten den mecklenburgischen Großkaufmann und Amateur-Archäologen Heinrich Schliemann die Epen Homers. Wie zuvor schon in Troja fand er 1876 Goldschätze, Becher, Schwerter und Königsmasken. Ein guter Zeitpunkt, mit seinem Freund, dem Wissenschaftler Wilhelm Dörpfeld, die moderne Archäologie zu begründen.

Noch lange nach Schliemann galten Wissenschaftlern die Homer-Dichtungen allerdings als pure Phantasiestücke. Doch unter den Spaten der Archäologen kamen so viele konkrete Übereinstimmungen zutage, daß der griechische Rhapsode weithin auch historisch glaubwürdig geworden ist.

Leider sind von all den Tempeln und Palästen ja nur Trümmerfelder übrig? Es zieht die Peloponnes-Besucher dennoch zu Hunderttausenden nach **Olympía** [Nr. 91] und **Epidauros** [Nr. 19]. Mehr und mehr aber auch zu den Ruinen der fränkischen, byzantinischen, veneziani-

Meeresglanz und Götterberge

schen und türkischen Herrschaften, die ihre Kultur importierten und dem Land bis zur Unabhängigkeit der Griechen Anfang des 19. Jh. seine Selbstbestimmung nahmen.
Die antiken Stätten üben eine besondere Faszination aus. Gewiß auch deshalb, weil mit den alten Steinen nicht nur das Gold und die farbigen Fresken in den Museen verknüpft sind, sondern ebenso die Geschichten von Zeus und Hera, von der schönen Aphrodite und vom Kraftkerl Herakles. Die entlastende Begabung der Griechen, all ihr eigenes Menschlich-Allzumenschliches von Liebe, Betrug, Heldentat und Hinterlist in Mythen umzuformen und ihren Götter-Olymp mit Leidenschaften, Schuld, Gewalttätigkeiten auszustatten, gehört zu den frühen Kulturleistungen Europas. Bei dem Mythenforscher Karl Kerenyi läßt sich durchaus spannend nachlesen, was für ein kaum noch entwirrbares Geflecht von Überlieferungen und Überlagerungen diese Götter- und Heroenbilder immer neu verwandelte.

Ein Land für alle Sinne
Viele Liebhaber des Peloponnes sind insgeheim gar nicht so interessiert an alten Steinen und Ruinen – sie finden auf den Ausgrabungsstätten von Mykene bis Troizen, von Epidauros bis Alt-Korinth aber immer wieder allerschönste Gelegenheit, **griechische Landschaft und Natur** zu erleben. Auch bei der Wahl ihrer Tempelstätten hatten die Griechen eine gute Hand.

Der Unterschied zwischen den Besuchern der archäologischen Gelände und den Wanderern im Gebirge und an Stränden ist am Ende oft gar nicht so groß. Zum unvergeßlichen Erlebnis wird allemal Griechenland selbst, jeden Tag neu. Wo haben wir den Mohn so tiefrot blühen gesehen wie auf den Bergen des Peloponnes? Wo solche Orgien von Ginstergelb? Märchenblau kann die See sein, auch silberglänzend oder metallisch grau. Und zu den Farben gehören die Stimmen der Natur, das Zikadensirren, der Wellenschlag des Meeres. Wie gut sind die Gewürze und die Weine dort, wo sie gewachsen sind. Orangen frisch vom Baum, Honig von den Bergen und immer wieder Oliven. Der Peloponnes, das ist ein Land für alle Sinne!

Geschichte, Kunst und Kultur im Überblick

Die frühe Geschichte des Peloponnes ist großenteils nicht aus schriftlichen Quellen, sondern aus Bodenfunden erschlossen worden – mit großen Unsicherheiten in der Datierung.

Vor Christus

um 30 000 Siedlungsspuren in der Franchthihöhle in der Argolís.

um 25 000–5000 Funde in der ›Fuchslochhöhle‹ bei Pýrgos Diroú auf der Halbinsel Máni.

um 5000/4000 Eines der ältesten Wohngebäude aus der Jungsteinzeit ist in Resten in Lérna erhalten.

2600–2000 Frühhelladische Zeit (Bronzezeit). Vermutlich aus Kleinasien wandern Völkerstämme auf den Peloponnes. ›Haus der Ziegel‹ in Lérna. Indogermanen wandern aus Norden ein (Ionier).

2000–1580 Mittelhelladische Zeit. Einwanderung griechischsprechender Stämme, Siedlungen u. a. im späteren Korinth, Mykene, Árgos, Tiryns, Epidauros und Amyklaí.

1580–1100 Späthelladische (mykenische) Zeit. Königspaläste u. a. in der Argolís: Mykene, Tiryns, Árgos, Midéa, Nauplia und Asíni; in Lakonien: Amyklaí; in Messenien: Epáno Englianós (Nestor-Palast) und Peristéria.

Aus Mykene: Weiblicher Kopf, vielleicht einer Sphinx (Stuck, 16,8 cm Höhe)

Sport in der Antike: Hände und Unterarme dieses Faustkämpfers sind mit Lederriemen umwickelt

1450–1400 Mykenische Fürsten übernehmen die Herrschaft auf Kreta, nachdem die minoische Kultur vermutlich durch den katastrophalen Vulkanausbruch von Thira (Santorin) und nachfolgende Flutwellen geschwächt war.

um 1230 (?) Zum Trojanischen Krieg ziehen mykenische Fürsten mit ihren Heeren nach Kleinasien. Die in Zentral- und Südanatolien herrschenden Hethiter erwähnen die ›Ahhijawa‹, die Achäer.

12. Jh. Zerstörung vieler mykenischer Paläste, möglicherweise durch Erdbeben. Untergang der mykenischen Kultur.

1100/1000–750 Geometrische Zeit, benannt nach den Dekoren der Keramikfunde. Dorische Wanderung aus Nordwestgriechenland in den Peloponnes, Abwanderung von Achäern. ›Dunkle Jahrhunderte‹, so genannt wegen geringer Schrift- und Bodenfunde.

Mitte 8. Jh.–500 v. Chr. Archaische Zeit. Auf dem Peloponnes sind Korinth und Árgos wichtige Kunstzentren. Orientalische Einflüsse.

8. Jh. Viele griechische Kleinstaaten haben sich gebildet, meist um eine Polis (zentrale Stadt).

Geschichte, Kunst und Kultur im Überblick

776 Erste bekannte Aufzeichnungen über die Olympischen Spiele.

um 700 Lykurg, sagenhafter Gesetzgeber Spartas, gibt dem aufstrebenden Militärstaat eine Verfassung.

7. Jh. ›Tyrannen‹ beherrschen vielerorts autokratisch die Stadtstaaten des Peloponnes.

680–650 Árgos erlangt unter König (›Tyrann‹) Pheidon die Vormacht der Argolís. Das Heraion, ein gemeinsames Hera-Heiligtum, wird gegründet.

6. Jh. Einführung des Asklepios-Kults in Epidauros.

um 580 Beginn der Isthmischen Spiele bei Korinth.

um 550 Sparta, das sich große Teile Messeniens unterworfen hat, gründet den Peloponnesischen Bund (ohne Achäa und Árgos).

510 Sparta nimmt beim Sturz der Tyrannis Einfluß auf die inneren Angelegenheiten Athens und versucht vergeblich, in Athen die Einführung der Demokratie zu verhindern.

1. Drittel des 5. Jh. Persische Invasion Griechenlands. Ab 479 werden die Perser von den Griechen unter spartanischer Führung zum Rückzug gezwungen.

477 Athen gründet in der Machtkonkurrenz mit Sparta den Attischen Seebund.

445 Nach mehreren Kriegen schließen Athen und Sparta einen 30jährigen Frieden, Sparta wird als Vormacht auf dem Peloponnes bestätigt.

431–404 Griechische Selbstzerstörung im fast 30jährigen Peloponnesischen Krieg. Athen muß schließlich kapitulieren, die Mauern zum Hafen Piräus niederlegen, den Attischen Seebund auflösen.

um 420 Bau des Apollon-Tempels von Vásses (Bassä), Architekt ist Iktínos.

um 400 Bau des Theaters von Epidauros (später erweitert).

387 Dem persischen Großkönig wird im ›Königsfrieden‹ (Antalkídas-Frieden) die Herrschaft über die Griechenstädte im kleinasiatischen Ionien zugestanden.

371 Der thebanische Feldherr Epaminondas bricht mit dem Sieg über das spartanische Heer bei Leúktra nördlich des Golfs von Korinth die Vormacht Spartas.

2. Hälfte 4. Jh. Makedonien übernimmt unter König Philipp II. und seinem Sohn Alexander die Vormacht in Griechenland.

281 Gründung des Achäischen Städtebundes, dem die Mehrzahl der peloponnesischen Staaten beitreten.

197/196 In der Machtkonkurrenz zwischen Rom und Makedonien stellt sich der Achäische Bund auf die Seite der

Eine Szene aus den Perserkriegen, wie sie sich der Maler Jacques Louis David 1814 vorstellte: Der Spartanerkönig Leonidas am Thermopylenpaß

Geschichte, Kunst und Kultur im Überblick

Der heilige Bezirk von Olympía im Modell: Hinter dem monumentalen Zeus-Tempel steht die lange Echohalle, links oben im Bild reihen sich die Schatzhäuser

Römer, das römische Heer schlägt die Makedonen.

146 Griechische Niederlage im Krieg mit Rom, Zerstörung von Korinth. Achäa, Arkadien und Elis sind dem römischen Statthalter untertan.

86 Der römische Feldherr Sulla führt gegen den Parther Mithridates und seine griechischen Verbündeten Krieg, plündert die Tempelschätze von Delphi, Olympia und Epidauros.

44 Julius Caesar läßt Korinth wieder aufbauen.

31 v. Chr.–14 n. Chr. Unter Kaiser Augustus ist Griechenland mit dem Namen Achaia eine römische Provinz.

Nach Christus

49–54 Der Apostel Paulus reist nach Thessaloniki, Athen und Korinth. 50/51 predigt Paulus in Korinth.

1. Hälfte 2. Jh. Im Zeitalter des Kaisers Hadrian, der auch den Peloponnes besucht, werden Patras und Korinth wichtige Hafen- und Handelsstädte. Herodes Atticus stiftet zahlreiche Bauten.

170–180 Reisen des Pausanias, der vermutlich aus Lydien stammte und ein vielzitiertes ›Reisehandbuch‹ über Griechenland verfaßte.

um 250 Goten drängen an die Grenzen Griechenlands.

267 Einfall der Heruler, ursprünglich aus Nordeuropa.

330 Byzanz wird neue Reichshauptstadt Konstantins des Großen.

391 Das Christentum wird zur Staatsreligion des Römischen Reiches, in der Folge Bistumsgründungen auch auf dem Peloponnes.

393 Letzte Austragung der Olympischen Spiele (von Kaiser Theodosius als heidnischer Kult verboten).

395 Alarichs Westgoten verwüsten die peloponnesischen Städte.

um 470 Vandalen fallen in Griechenland ein.

589 Awaren ziehen plündernd durch den Peloponnes. Byzantinische Verwaltung zieht sich mehr und mehr zurück.

746 Slawen siedeln sich auf dem Peloponnes an. Das Christentum wird auf die Städte und die Halbinsel Máni zurückgedrängt.

805 Slawen versuchen vergeblich die Eroberung von Patras.

Ende 9. Jh. Kaiser Basilios von Byzanz fördert die Christianisierung der Slawen auf dem Peloponnes.

961 Athos-Mönche gründen das Kloster Méga Spíleon in Achäa.

Anfang 11. Jh. Albaner dringen in Griechenland ein.

1202–04 4. Kreuzzug. Die fränkischen (französischen) Kreuzritter erobern Konstantinopel, gründen das ›Lateinische Kaiserreich‹. Geoffroy de Villehardouin

Geschichte, Kunst und Kultur im Überblick

erobert mit Guillaume de Champlitte die Westküste des Peloponnes. Gründung des fränkischen Fürstentums Moréa, auch Fürstentum Acháa genannt. (Insgesamt zwölf fränkische Baronien.)

1206 Die Republik Venedig baut in Methóni (Modon) und Koróni (Koron) starke Festungen.

1249 Guillaume II de Villehardouin erobert Lakonien samt Monemvassiá. Bau der Burg Mystrá.

1261 Michael VIII. beseitigt das lateinische Kaisertum, begründet die Paläologen-Dynastie in Konstantinopel.

1262 Byzantinische Rückeroberung des Peloponnes beginnt (und dauert rund anderthalb Jahrhunderte). Die Burgen Mystrá, Monemvassiá und Máina werden von Guillaume II de Villehardouin an die Byzantiner ausgeliefert.
Blüte byzantinischer Kultur in Mystrá.

1389 Venezianer besetzen Nauplia.

1439 Der Jurist, Philosoph und Humanist Georgios Gemistós Plíthon (um 1360–1452) aus Mystrá gibt auf dem Konzil von Florenz 1439 Anstöße zur Gründung der ›Platonischen Akademie‹. Die erstrebte Einigung von West- und Ostkirche bleibt aus.

1460 Sieben Jahre nach der Eroberung Konstantinopels durch die Osmanen ist der Peloponnes bis auf wenige Städte in türkischem Besitz.

1540 Mit der Eroberung der Festungen Nauplia und Monemvassiá sichern die Osmanen ihre Herrschaft. Sie wird rund drei Jahrhunderte dauern.

1571 Don Juan d'Austria, ein Sohn Kaiser Karls V., besiegt die türkische Flotte bei Lepanto (das heutige Náfpaktos im Golf von Korinth).

1685–1715 Venezianische Eroberung und Besetzung des Peloponnes und Attikas unter Francesco Morosini (der 1694 in Nauplia stirbt).

1718 Der Friedensschluß von Passarowitz sichert den Osmanen die Herrschaft auf dem Peloponnes.

1769–74 Katharina II. von Rußland führt Krieg gegen das Osmanische Reich, griechische Freiheitskämpfer unterstützen die Truppen Orlows auf dem Peloponnes, die aber von den Osmanen abgewehrt werden.

1814 Gründung des Geheimbundes Hetärie (griech. ›Philikí Etería‹, Gesellschaft der Befreundeten), der einen autonomen griechischen Staat vorbereitet. Anführer ist Aléxandros Ypsilántis (1792–1828), Sohn des Fürsten der Walachei.

1821–32 Griechischer Befreiungskrieg, vorbereitet vom Geheimbund ›Philikí Etería‹ auf dem Peloponnes (gleichzeitig Aufstand an der Moldau).

1821 Aléxandros Ypsilántis ruft zum Freiheitskampf auf, wird aber bereits in Rumänien von den osmanischen Truppen besiegt, flieht nach Österreich und wird dort verhaftet.
Im Kloster Agía Lávra in Acháa ruft Bischof (Metropolit) Germanós die Griechen wenige Tage später zum Kampf für die Unabhängigkeit auf (am 25. März, später wird dies der griechische Nationalfeiertag). In Istanbul wird Patriarch Gregórios V. für den Aufstand verantwortlich gemacht und gehängt.

1822 Der Nationalkongreß in Epidauros erklärt die Unabhängigkeit Griechenlands und proklamiert eine an den Ideen der Aufklärung orientierte Verfassung. Viele europäische Philhellenen unterstützen den Freiheitskampf.

1824 Nach Erfolgen der Freiheitskämpfer landet der vom Sultan zu Hilfe gerufene ägyptische Vizekönig Ibrahim Pascha auf dem Peloponnes und wirft mit

Der ›Alte von Moréa‹: Theódoros Kolokotrónis, Herz und Seele des griechischen Freiheitskampfes Anfang des 19. Jh.

17

Geschichte, Kunst und Kultur im Überblick

seinen Truppen den Aufstand binnen dreier Jahre fast vollständig nieder.

1827 Die europäischen Großmächte England, Frankreich und Rußland entsenden eine Flotte nach Griechenland, die den Frieden sichern soll, ohne gegen die Osmanen Krieg zu führen. In der Bucht von Navaríno kommt es dennoch zur Seeschlacht und zur kriegsentscheidenden Niederlage der osmanischen Flotte. Graf Kapodístrias wird zum ersten Präsidenten (Gouverneur) Griechenlands gewählt.

1829 Im Frieden von Adrianopel (Edirne) erkennt das Osmanische Reich die griechische Unabhängigkeit an.

1830 Frankreich, Großbritannien und Rußland erklären sich im Londoner Protokoll zu Schutzmächten Griechenlands.

1831 Kapodístrias wird in Nauplia von Manioten ermordet.

1832 Der junge griechische Staat ist seiner Verfassung nach Monarchie. Nach mehreren anderen Kandidaten wird von den Großmächten der Wittelsbacher

Heinrich Schliemann (1822–1890) entdeckte Mykenes Königsgräber mit ihrem Goldschatz

›König Otto I. in griechischer Tracht‹, Lithographie von Gottlieb Bodmer (1804–1837)

Prinz Otto, Sohn König Ludwigs I. von Bayern, zum König eingesetzt und vom Nationalkongreß bestätigt.

1833 Der junge König Otto I. wird bei der Ankunft in Nauplia begeistert begrüßt. Die Regierung führt vorerst ein bayerischer Regentschaftsrat – mit besten Absichten, aber mangels Kenntnis der griechischen Verhältnisse mit vielen groben Fehlern.

1834 Athen wird Hauptstadt.

1835 Fürst Hermann von Pückler-Muskau landet in Patras, fünf Jahre später veröffentlicht er seine Reisebeschreibung ›Südöstlicher Bildersaal – Griechische Leiden‹.

1859 Erstes griechisches Olympia-Komitee zur Erneuerung der Spiele. Griechische Wettkämpfe finden 1859, 1870, 1875 und 1888 in Athen statt.

1862 König Otto wird von einem Offiziersputsch zum Thronverzicht genötigt, Nachfolger wird der englandfreundliche dänische Prinz Wilhelm von Sonderburg-Glücksburg, unter dem Namen Georg I.

1875 Der Archäologe Ernst Curtius (1814–1896) beginnt mit den Grabungen in Olympía. Das Eigentumsrecht an den Funden bleibt erstmals in der Geschichte der Archäologie bei Griechenland.

1876 Heinrich Schliemann legt fünf Königsgräber mit sensationellen Funden in Mykene frei.

1884/85 Heinrich Schliemann und Wilhelm Dörpfeld graben in Tiryns.

Geschichte, Kunst und Kultur im Überblick

1886 Schweres Erdbeben in Messenien.

1893 Eröffnung des Kanals von Korinth, der Peloponnes wird zur ›Insel‹. Die griechische Regierung erklärt den Staatsbankrott.

1896/97 Krieg mit dem Osmanischen Reich um Kreta. Niederlage und harte Friedensbedingungen für die Griechen.

1909 Der Lyriker Giannis Ritsos wird in Monemvassiá geboren.

1912/13 Balkankriege.

1913 Ermordung König Georgs I. in Thessaloniki. Nachfolger wird sein Sohn, König Konstantin I.

1914–18 Im Ersten Weltkrieg bleibt Griechenland zunächst neutral, tritt dann aber auf Druck der Entente und auf Initiative von Ministerpräsident Venizélos doch in den Krieg ein. Thronverzicht des Königs.

1920 König Konstantin I. wird ins Land zurückgerufen.

1921/22 Griechische Invasion Kleinasiens, nachdem auf der Pariser Friedenskonferenz ein griechisches Mandat für den Bezirk Izmir vorgesehen war. Unter Führung Kemal Paschas treiben türkische Truppen die Griechen zurück, katastrophale Niederlage. König Konstantin dankt zugunsten seines Sohnes, König Georgs II., ab.

1923 Im Friedensvertrag von Lausanne wird ein griechisch-türkischer Bevölkerungsaustausch vereinbart, mehrere Millionen Menschen sind betroffen. Die Griechen müssen die kleinasiatische Westküste, das alte Ionien, räumen.

1924–35 Griechenland ist Republik.

1928 Eine Erdbebenkatastrophe zerstört u. a. Korinth.

1935 Die Monarchie wird wiederhergestellt, Georg II. kehrt aus dem Exil zurück.

1936 General Metaxás regiert als Diktator.

1940 Überfall italienischer Truppen. Griechisches Nein (ochi) zur italienischen Kapitulationsforderung.

1941 Deutsche Truppen unterstützen die schon fast gescheiterte italienische Invasion, die griechische Armee muß kapitulieren.

1941–44 Deutsche Besetzung Griechenlands. Auf Partisanenaktionen antwortet die deutsche Armee mit Geiselerschießungen, u. a. in Kalávrita.

1944 Erdbeben auf der Halbinsel Máni.

1944–49 Bürgerkrieg: kommunistische ›Volksbefreiungsarmee‹ gegen konservativ-royalistische Regierungstruppen. Britische Truppen greifen ein.

1946 König Georg II. kehrt nach einer Volksabstimmung auf den Thron zurück. Tod im folgenden Jahr.

1947–64 König Paul I.

1950 Volksentscheid auf Zypern, Entscheidung für Anschluß an Griechenland.

1952 Neue Verfassung, Griechenland ist konstitutionelle Monarchie, tritt in die NATO ein.

1953 ›Balkanpakt‹ zwischen Griechenland, Jugoslawien und der Türkei.

1960 Zypern wird unabhängiger Staat.

1964 Konstantin II wird neuer König.

1967 Militärdiktatur unter General Geórgios Papadópoulos. König Konstantin II. geht nach erfolglosem Gegenputsch ins Exil.

1974 Zypernkrise. Teile der Insel werden von türkischen Truppen besetzt, 200 000 Zyperngriechen vertrieben. Das Athener Militärregime tritt ab.

1974 Eine Volksabstimmung schafft die Monarchie ab.

1981 Griechenland wird als zehntes Mitglied in die Europäische Gemeinschaft aufgenommen. Andreas Papandréou wird Ministerpräsident (Panhellenische Sozialistische Bewegung, PASOK).

1982 Einführung der Zivilehe.

1987 Weiterhin Auseinandersetzungen zwischen Griechenland und der Türkei um die Erdölvorkommen in der Ägäis.

1989 Innergriechische Versöhnungspolitik zur Normalisierung des Verhältnisses der ehemaligen Gegner im Bürgerkrieg nach dem Zweiten Weltkrieg.

1990 Ministerpräsident Konstantin Mitsotákis (Néa Dimokratía).

1993 Andreas Papandréou bildet mit den Sozialisten wieder die Regierung.

TopTen

Peloponnes – das sind die großartigen Stätten der griechischen Antike und des christlichen Mittelalters, aber auch lange, traumhaft schöne Strände und Bergwildnis: Götterberge, Meeresglanz und Wanderland.

Kalogriá
Seite 27

Kilometerlanger, naturbelassener Strand, Baumgrün, Dünen und Stille, dazu viele Sportmöglichkeiten – nirgendwo an den Küsten des Peloponnes so schön zu finden wie hier im Nordwesten von Achäa.

Kloster Méga Spíleon
Seite 30

Architektonische Kühnheit in dramatischer Felslandschaft: Méga Spíleon, ›die große Höhle‹, eines der berühmtesten Klöster Griechenlands.

Epidauros
Seite 48

»Es ist höchste Vollkommenheit wie Mozartsche Musik«, staunte schon Henry Miller über den Tempelbezirk des Heilgotts Asklepios und das meisterliche Theaterrund des Polyklet im antiken Epidauros.

Nauplia
Seite 60

Altstadt mit Charme: Gassen und Gärten, viel Leben um den Hafen, stille Treppen unter dem Burgberg und Erinnerungen an die Geburt des modernen Griechenland.

Mykene
Seite 70

Seit Schliemanns sensationellen Funden trägt eine ganze Kulturepoche den Namen dieses Burghügels in der Argolís. Ein Ort, an dem die Erzählungen Homers lebendig werden.

Mystrá
Seite 104

Ruinenromantik liegt über den grünumwachsenen Klöstern, Kirchen und Adelspalästen. Vom steilen Felshang aus beherrschten die Kaiser von Byzanz den Peloponnes.

Monemvassiá
Seite 110

Unter- und Oberstadt schmiegen sich an einen monumentalen Felsrücken im Meer. Heute ersteht die in ganz Europa einzigartige Stadtgestalt aus Ruinen neu.

Pýrgos Diroú
Seite 121

Der Peloponnes ist auch ein Land der Höhlen, Grotten und Dolinen. Die märchenhaft schönen Tropfsteinhöhlen von Pýrgos Diroú an der Westküste der Máni kann man mit dem Boot erkunden.

Váthia
Seite 126

Tief im Süden der Halbinsel Máni, wo die letzten Straßen in Macchiawildnis enden, kann man in Váthia in den Geschlechtertürmen der Manioten wohnen.

Olympía
Seite 155

Am Ort der antiken Olympischen Spiele sind die Archäologen noch immer an der Arbeit. Das dortige Museum ist das wichtigste auf dem Peloponnes.

Das Perívleptos-Kloster in der byzantinischen Ruinenstadt Mystrá ▷

Sehenswürdigkeiten

Achäa – Tor zum Westen

Die Landschaft im Norden des Peloponnes (griech. Achaía) hat ihren Namen von den Griechen, wie Homer sie nannte: Achäer. Unterwegs nach Olympía, zur Argolís oder zu den Stränden des südlichen Peloponnes nimmt man oft nur wenig wahr von diesem Land. Auch deshalb, weil hinter dem schmalen Küstenstreifen östlich von Pátra das Panachaikón-Gebirge aufsteigt, an dem man auf der Autobahn Korinth–Olympía vorbeifährt – kaum mehr als eine Stunde nach der Ausschiffung in Pátra hat man Achäa schon hinter sich gelassen. Nicht einmal auf die besonders schönen Strände um Kap Áraxos gibt es an der Autobahn einen Hinweis.

Außer der Hafenstadt **Pátra** [Nr. 1] mit ihren sympathisch urbanen Caféhaus-Plätzen bietet vor allem die Landschaft Achäas reizvolle Erlebnismöglichkeiten. Der straßenlose Cañon der **Vouraikós-Schlucht** [Nr. 6] ist ein Tip unter Wanderern, **Méga Spíleon** [Nr. 7], ein pittoresker Baukomplex an einer Felswand über der Vouraikós-Schlucht, eines der sehenswertesten Klöster des Peloponnes. Im Osten Achäas kann man auf einer mehrstündigen Wanderung zum Fluß Styx kommen, mit dem bekanntermaßen Unterweltsmythen verknüpft sind. Wer statt des Skibetriebs in den Alpen eine noch ursprüngliche Winterlandschaft ausprobieren möchte, kann mit etwas Schneeglück sogar am **Chelmós** (2341 m) im Aroánia-Gebirge abfahren [Nr. 10]. In der Antike gingen bereits im 8. Jh. v. Chr. Siedler aus Achäa nach Süditalien und gründeten Städte wie Sybarís und Króton. Achäa konnte sich lange der Vorherrschaft Spartas entziehen. Im 3. Jh. v. Chr. wurde der Achäische Bund bis zur Machtübernahme Roms zu einem wichtigen politischen Faktor.

1 Pátra

132 km westlich von Korinth

Griechenlands drittgrößte Stadt ist viel mehr als nur ein Fährhafen und lohnt einen mindestens zweitägigen Aufenthalt.

Geschichte Wieder einmal hat die Archäologie eine bisher unbekannte Vergangenheit zutage gebracht: Oberhalb von Pátra legte Lázaros Kolonós 1994 eine spektakuläre **mykenische Nekropole** frei (beim Dorf Vudéni, nicht weit entfernt von der Weinkellerei Achaía-Clauss). Die Felsgräber stammen aus dem 13.–11. Jh. v. Chr. Vermutlich entstand die Stadt Pátra durch Zusammenschluß mehrerer Dörfer (Synoikismós) um 1100 v. Chr. und zwar nicht unmittelbar am Meer, sondern auf der Höhe der späteren byzantinischen Burg. Auf deren Nordseite sind noch viele antike Spolien erkennbar, großenteils Überreste aus Heiligtümern der Artemis und der Athene. Lange Mauern nach Athener Vorbild sollten die Akropolis mit dem Hafen verbinden, wurden aber nicht fertiggestellt. In klassisch-griechischer Zeit immer im Schatten Korinths, wurde dieser Hafen erst in der römischen Ära wichtig. Augustus gründete in Pátra eine römische Veteranenkolonie, der Ort wurde Amtssitz des römischen Provinzstatthalters. Der Apostel Andreas ist der Legende nach in Pátra ans später ›Andreaskreuz‹ genannte Schrägkreuz geschlagen worden. Hinfort vertrauten die ansässigen Christen ihrem Schutzheiligen Andreas, der die Stadt im 9. Jh. auch vor den Slawen gerettet haben soll. 1205 wurde sie von fränkischen Kreuzrittern erobert, war Sitz eines katholischen Erzbischofs und von Venezianern, Florentinern und Byzantinern umkämpft, bis sie 1460 an die Osmanen fiel. 1687 bis 1714 waren noch einmal Venezianer die Herren. Zum griechischen Freiheitskampf gegen die Türken rief 1821 der Erzbischof von Pátra auf. Umstritten ist, ob dieser Aufruf in Pátra oder im Kloster Lavra bei Kalávrita [siehe S. 31] erging. Nach dem Abzug der Türken baute man die fast völlig zerstörte Stadt im Schachbrettmuster wieder auf.

Mit rund 140000 Einwohnern ist Pátra nach Athen und Thessaloniki heute Griechenlands drittgrößte Stadt und wichtigster Hafen des Peloponnes, vor allem für die Fährverbindungen nach Italien.

Besichtigung Zahllose Griechenlandreisende erleben die Stadt zwischen Aus- oder Einschiffung, Wechselbüros und

Achäa – **Pátra** · Karte Seite 6, Plan Seite 24

In Erinnerung an das Martyrium des Apostels Andreas errichtet: Pátras Bischofskirche (1974 vollendet) ist eines der markantesten architektonischen Elemente der Stadt

Ausfallstraßen als unerträglich laut und hektisch. Daß Pátra attraktiver als sein Ruf ist, erfährt nur, wer sich einen Tag Zeit nimmt, und zwar möglichst nicht in der Hauptsaison.

Im Stadtzentrum
Für einen Rundgang zu Fuß bietet sich als Ausgangspunkt gleich beim kleinen Bahnhofsgebäude am Hafen die **Platía Trión Symmáchon** [1] an, mit ihren zahllosen schattigen Caféhaustischen. Die Agíou Nikoláou hinauf kommt man am schicken kleinen ›Café Antico‹ (italienisch, an der Ecke Feraíou) vorbei zur ›**Goniá tou Vivlíou**‹ [2] (›Bücherecke‹, Agíou Nikoláou 32), einer der besten Buchhandlungen auf dem Peloponnes, und zum **Goethe-Institut**, mit kleinem Lesesaal [3] (Agíou Nikoláou 99, Ecke Dim. Ypsilántou, Tel. 27 34 46). Pittoresk setzt sich die Agíou Nikoláou in einen Treppenaufstieg zur Burg (Kástron) fort.

Will man den Spaziergang noch fortsetzen, wartet südlich das traditionelle Stadtzentrum, die **Platía Georgíou** [4] mit dem neoklassizistischen *Stadttheater*, das der Deutsche Ernst Ziller 1872 als Replik der Mailänder Scala erbaute. Noch schöner – ein baumgrüner Aussichtsbalkon mit vielen Freiluftcafés – ist die **Platía Psilá Alónia** mit dem Denkmal des Bischofs Germanós [5], einst die römische Agorá. Am Wege: die **Kirche Pantánassa** [6], 1847–59 mit klarer klassizistischer Fassade erbaut (schöne *Silberikone* im Innern).
Nördlich, zur **Platía Ólgas** [7] hin, konzentrieren sich die eleganteren *Mode- und Juweliergeschäfte*. Auf der Platía Ólgas wird bis tief in die Nacht getrunken und diskutiert, wenige Schritte vom **Archäologikó Moussío** [8] (Odós Maisónos, Tel. 27 50 70, Di–So 8.30–15 Uhr). Die Hauptattraktion des kleinen Museums ist das *Fußbodenmosaik* einer römischen Villa mit Darstellungen von Sportlern (Ringer, Diskuswerfer). Besonders schön sind auch der feingearbeitete *Goldschmuck* aus einem Grab hellenistischer Zeit und die Vitrine mit *römischem Glas*. Außerdem: mykenische Funde, Skulpturen – und ein antiker magischer Würfel.

Burg und Pantokrátor-Kirche
Zu Fuß auf steiler Treppe oder mit dem Wagen ist das byzantinisch-fränkisch-türkische **Kástron** [9] zu erreichen, von dem im wesentlichen nur die monumentale Ummauerung mit ihrer starken Toranlage und den Rund- und Achtecktürmen erhalten blieb (erbaut seit dem 6. Jh., älteste Teile 9. Jh.). Teils öffentliche Grünanlage, teils privates Gartengelände, ist die Burg ein *grandioser Aussichtsplatz* (geöffnet Di–Sa 8–17.30, So 8.30–14 Uhr). Ähnliche Aussicht bietet noch komfortabler die Terrasse des *Restaurants Dasýllio*, wenige hundert Meter nördlich.

Achäa – **Pátra** · *Karte Seite 6*

Innerhalb der Burgmauern befindet sich ein kleines **Freilichttheater**, ein Stück südwestlich vom Burgkomplex liegt das im Kern römische **Odeíon [10]**, das neuerdings für Veranstaltungen nutzbar gemacht worden ist.

In der Oberstadt, drei Querstraßen östlich vom Odeíon, lohnt die **Pantokrátor-Kirche [11]** mit der großen, reich ausgemalten Kuppel auch wegen ihrer exemplarischen Geschichte den Besuch: Ursprünglich am Platz eines Zeustempels um 900 erbaut, wurde sie unter venezianischer Herrschaft katholisiert und unter den Türken zur Moschee umgenutzt. Aus dem Blei des Daches gossen 1821 die Griechen Kugeln für ihren Freiheitskampf. Französische Verwundete – unter General Maison hatten Franzosen Pátra befreit – wurden in der Kirche gepflegt. Danach riß man den Bau ab und errichtete ihn nach dem Vorbild der Istanbuler Hagia Sophia um 1835/40 neu.

Das Heiligtum des Apostels Andreas
Am Südende der langen Agíou Andréou liegt in einem Parkgelände die kleine **Kirche Ágios Andréas [12]**. Der klassizistische Bau an der Stelle eines Demeter-Heiligtums, wo der Apostel sein Martyrium erlitten haben soll, zeigt im Halbdunkel prächtige *vergoldete Kapellen*, eine reiche *Ikonostase* und auf blauem Grund *Medaillonbilder von Heiligen*. Einige Stufen führen seitlich zum uralten Quell hinab, auch dort wird der hl. Andreas verehrt.

Seit 1974 steht neben dieser Andreaskirche eine viel größere, repräsentative **Bischofskirche [13]**, ein interessantes Beispiel traditionsgebundener Architektur mit neuen Formideen. Zur Weihe der Kirche wurde aus Rom der Schädel des Apostels nach Pátra zurückgebracht – fünf Jahrhunderte nach der ›Evakuierung‹ der Reliquie vor den Türken.

Ein paar Straßen weiter südlich: das **Volkskunstmuseum [14]** (Moussío Laikís Téchnis, Korytsás/Mavrokordátou beim Skagiopoúlion Park, Tel. 33 47 13, Mo–Sa 10–13 Uhr).

Sunset-Point am Hafenkai
Wo immer man den Pátra-Tag verbracht hat, einen der berühmten Sonnenuntergänge über dem Golf sollte man erleben, am besten direkt am Meer, z.B. auf der abendlichen **Promenade** am Hafenkai

24

Achäa – **Pátra** · *Karte Seite 6*

Erfüllt von sprühendem mediterranen Leben: Pátras Altstadt unterhalb der monumentalen Mauern des Kástron

[**15**], nahe der Platía Trión Symmáchon. Zum Naturschauspiel kann man hier auch beobachten, wie Fernfahrer ihre superlangen Lastzüge bravourös in die Italienfähren manövrieren.

Weinexkursion: Achaía-Clauss
Ein Landgut hoch über Pátra, mit imposanten Bäumen, üppiger Blütenpracht und schön gemauerten Hallen mit altem Dachgebälk inmitten der Weinberge: Das ist für Weinfreunde eine der besten Adressen Griechenlands. 1854 gründete hier der Bayer Gustav Clauss seine **Weinkellerei**, die bald in viele Länder exportierte. ›Deméstica‹ ›Mavrodáphne‹ und ›Moskáto Patrón‹ wurden Qualitätsbegriffe. Nach 1919 hieß der neue Ei-gentümer Vlassis Antonópoulos, der Name Achaía-Clauss blieb aber erhalten und verbindet sich mit Qualitätsweinen wie den roten ›Daniélis‹ und ›Neméa‹ und den weißen ›Santa Helena‹ und ›Patras‹. Bei Führungen – jährlich kommen Abertausende von Besuchern – kann man die Weine probieren, aber u. a. auch die Fässer sehen, die der bayerische Preußenfan Clauss für Bismarck und Moltke stiftete (Tel. 32 50 51 und 32 50 56. Anfahrt: Richtung Saraváli, südlich der Stadt, etwa 6 km. Führungen tgl. 9.30–13, Juni–Sept. auch 16–19 Uhr).

Pátra-Spezialität: der Karneval
Nirgendwo in Griechenland ist der Karneval so farbenprächtig und turbulent

Achäa – **Pátra** · Karte Seite 6, Plan Seite 24

Mit verkürzter Reisedauer seit 1995 noch attraktiver: Italienfähren am Kai von Pátra

wie in Pátra. Gefeiert wird seit den Gründerjahren des neugriechischen Staats schon viele Tage vor dem ›Sauberen Montag‹ (= Rosenmontag), u. a. mit Veranstaltungen im Stadttheater. Zum großen Straßenumzug am Faschingssonntag reisen Besucher aus dem ganzen Land an, um die Kostüme, Masken und phantastisch bemalten Gesichter zu sehen, Musik und Stimmung zu erleben. Unbedingt sehr frühzeitig für Unterkunft sorgen! Der Termin liegt sieben Wochen vor dem griechischen Osterfest.

Praktische Hinweise

Tel.-Vorwahl Pátra: 061
Postleitzahl: 26233
Tourist Information: Auskunft am Fährhafen [**16**], Tel. 65 33 58-61, 65 18 33, 65 18 93,
Hauptbüro: Iróon Polytechníou 110, Tel. wie oben, Fax 42 38 66.
Schiffs- und Bustickets sowie Leihwagen bei zahlreichen Agenturen am Hafen, westlich der Platía Trion Symmáchon. Schiffsverbindungen nach Italien und Ägypten, nach Ithaka, Kefallonia, Korfu, Paxos.
Touristenpolizei: Methoriakós Stathmós Glyfáda.
Bahnhof: Othónos Amalías 27 (am Hafen [**17**], tgl. mehrere Züge nach Athen und über Pýrgos nach Kalamáta, Tel. 27 74 41.

Busbahnhof: Zaími 2, Tel. 62 38 66-8 (am Hafen [**18**], nordöstlich vom Bahnhof).
Flughafen: Áraxos Airport (nur für Charterflüge), etwa 40 km westlich von Pátra. *Olympic Airways:* Agíou Andréou 16 (Ecke Arátou), Tel. 22 29 01.
Parken: Im inneren Stadtbereich überall Parkuhren (für die Zeiten 8–14 und 17–21 Uhr muß gezahlt werden).

Märkte

Schöne Fisch- und Gemüsemärkte, samstags an der Arátou, Ecke Kanakári/Karaiskáki [**19**].

Hotels

******Astir,** Agíou Andréou 16, Tel. 27 75 02, 27 98 12, Fax 27 16 44.

Der Name blieb: Mavrodáphne

Dieser süße, in Eichenfässern gereifte Wein ist die Erfindung eines Bayern. Gustav Clauss nannte ihn nach seiner ersten Verlobten, die Daphne hieß und schwarze Augen hatte (griechisch: mavros) – und jung starb. Ob's wahr ist? Clauss' Tochter verkaufte das Weingut später, ging nach Deutschland und ließ alles zurück. Aber die Namen blieben mit Pátra verbunden: Achaía-Clauss und der Mavrodáphne-Wein.

Achäa – **Lakkópetra/Kalogriá** · *Karte Seite 6*

Komforthotel am Hafen, mit Air-Condition, Dachgarten, Swimmingpool, Parking
**Galaxy, Agíou Nikoláou 9, Tel. 27 59 81-3, Fax 27 88 15. Zentral, freundlich.

Restaurants
***Osteria, Arátou 5, Tel. 22 56 68. Nahe am Hafen, in kleinem historischen Gebäude, wenige Tische, engagierte Küche und freundlicher Service. Tgl. 13–1 Uhr.
**Dasýllio, Dasýllio Patrón, Tel. 62 21 35 und 43 15 71. Unweit der Burg, mit bestem Blick auf Stadt und Meer. Auch mit Café-Garten. Beliebter Treffpunkt. Tgl. 12–2 Uhr.
**Elegant, Lefkosías 1 (am Yachthafen Marína Glyfádas), Tel. 42 89 81. Steakhouse und ›Seafood‹, mit Blick aufs Meer. Tgl. 10–24 Uhr.

2 Lakkópetra
30 km südwestlich von Pátra

Ruhige Strandferien mit Exkursionen ins ›fränkische‹ Mittelalter.

Nach Südwesten aus Pátra hinauszufahren ist reizvoll. Bis Vrachnéika führt eine von kleinen Villen und Gärten gesäumte Straße zumeist am Meer entlang. Bei **Paralía Alissoú** laden Pensionen und Campingplätze zum Bleiben. Die Strände sind nicht breit, das Wasser ist aber zum Baden gut.
Für einen schönen Badeurlaub sollte man trotzdem erst bei Káto Achaía die Nationalstraße verlassen und durch die weiträumige Felderlandschaft etwa 15 km nach **Lakkópetra** weiterfahren. Dort gibt es die Ferienanlage ***Lakkópetra Beach mit rund 400 Betten und sechs Tennisplätzen. Aber abseits von dieser Großanlage kommen auch Urlauber ans Ziel, die einen ruhigeren Ferienplatz vorziehen. Adam Sáccas, der in den siebziger Jahren die *Ionian Beach Bungalows* baute, ist noch heute Hausherr auf dem 60 ha großen Ölbaum- und Limonengelände, das von jedem Bungalow Blick aufs Meer bietet.
Südlich von Káto Achaía erhebt sich mit markanter Kontur und fast 1000 m hoch der 9 km lange Kalkrücken des **Skollís.** In seinem Umkreis liegen – beim Dorf Santoméri, das nach dem französischen Saint-Omer heißt – Reste einer fränkischen (französischen) **Burg** des 14. Jh.

und das im Kern mittelalterliche **Kloster Agía Marína Marítsis.** Anfahrt von Káto Achaía: über das Dorf Pigádia, etwa 15 km, dann nochmals 5 km (streckenweise rauhe Straße).
Schon von Pigádia liegt beim gleichnamigen Dorf die pittoreske **Burgruine Árla,** mit Turm und Bastion.

Praktische Hinweise

Information: Platía Demokratías 1, Káto Achaía, Tel. 06 93/2 51 04, 2 42 00, Fax 2 41 04.
**Ionian Beach Bungalows,
Lakkópetra, 25200 Káto Achaía, Tel. 06 93/5 11 80-4, Fax 5 11 84.
Oder: Póntou 58, 11527 Athen, Tel. 01/7 77 43 35, Fax 7 70 67 27. Zwei Tennisplätze, Swimmingpool, Wassersport; zum Charterflughafen Áraxos nur eine Viertelstunde. April bis Oktober.

3 Kalogriá und die Schwarzen Berge
40 km südwestlich von Pátra

Traumstrand unterhalb der Mykenerburg am Kap Áraxos.

An die 30 km erstreckt sich **einer der längsten Strände Griechenlands:** von den Mávra Vouná, den ›Schwarzen Bergen‹ bei Kap Áraxos, bis Kyllíni. Großenteils breit und feinsandig, wird dieser Strand zum Binnenland von einem Piniengürtel sowie von Teich- und Sumpfland (unter Naturschutz: ›Wetland of International Protection‹) abgeschirmt, weiter nach Süden hin von landwirtschaftlich genutzten Flächen. Es gibt Campingplätze, aber fast keine Hotels – wegen des Naturschutzes und wohl auch, weil große Teile des Geländes im Besitz der Kirche sind.
Fast versteckt in dieser Naturlandschaft liegt am Fuß des kleinen Küstengebirges Mávra Vouná eines der attraktivsten Bungalowhotels des Peloponnes, das *Kalogriá Beach*, eine exklusiv komfortable Feriensiedlung inmitten von Baumgrün. Hinter dem Pinienwald öffnet sich die weite Fläche einer Lagune, und der Fluß Lárissos fließt vorbei.
Auf dem südlichen Ausläufer der Mávra Vouná kann man die bis zu 5 m starken Mauerreste einer Burganlage entdecken. Heute **Kástro Kalogriás** genannt, gehörte die Burg unter dem Namen ›Teíchos Dymaíon‹ (= Mauer der Dymäer) zu der

27

Achäa – **Kalogriá/Río/Égio** · *Karte Seite 6*

Für Liebhaber von Sand und Meer ist der kilometerlange, naturbelassene Strand von Kalogriá mit den zwischen Bäumen liegenden Ferienbungalows besonders reizvoll

antiken Stadt Dýme, etwa 9 km nordöstlich. Der Platz zeigt auch typisch mykenisches, ›kyklopisches‹ Mauerwerk. Eine *antike Toranlage* ist zu erkennen, in die später fränkische Ritter einen Turm mit gerundeten Ecken setzten. Über dem mykenischen Mauerwerk wurden im Zweiten Weltkrieg Luftabwehrgeschütze stationiert.

Praktische Hinweise

Hotel

*****Kalogriá Beach,** Metóchi Achaía, 27052 Várda, Tel. 06 93/3 12 76 und 3 13 80, Fax 3 13 81. Information auch über Hellenic Sun Resort Hotels, Leofóros Vas. Georgíou 83, 16674 Glyfáda/Athen. Tel. 01/8 94 35 11, Fax 8 94 27 77. Swimmingpool, Tennis, Wassersport, Kinderprogramme. Mai bis Oktober.

4 Río

8 km nordöstlich von Pátra

An der engsten Stelle des Golfs von Korinth gelegen. Fähren für Delphi-Besucher.

Von dem Dorf Río nach Antírio auf dem griechischen Festland sind es nur 2 km Wasserweg – Autofähren verkehren in kurzen Abständen. In der Antike standen an beiden Orten Poseidon-Tempel. Die mächtigen **Festungsmauern** an den ›Kleinen Dardanellen‹ – das *Kástro Moréas* bei Río und das *Kástro Rúmelis* bei Antírio – erbauten die Venezianer um 1400. Sultan Bayazid II. verstärkte sie um das Jahr 1500. Venezianer belagerten, Malteserritter eroberten die Mauern und zerstörten sie, Venezianer bauten sie wieder auf, Türken eroberten sie zurück und behaupteten Río hartnäckig bis 1828. *Bastionen* und *Türme* sind noch zu sehen, hinter dem Haupteingang auch ein türkisches *Hamam*. Für das 21. Jh. ist ein Brückenbau geplant.

5 Égio

45 km östlich von Pátra

Fährhafen und größter Ort zwischen Pátra und Korinth.

Mit Unter- und Oberstadt, auf mehrere Felsterrassen über Strand und Meer verteilt, stellt sich Égio als 20 000-Einwohner-Stadt ohne spektakuläre Sehenswürdigkeiten dar. Ein schöner Rastplatz ist die große **Platía toú Platánou**, der Platanenplatz in der Unterstadt, wo schon in der Antike zwölf Brunnen sprudelten. Weiter *Ausblick* auf den Golf! Architek-

Achäa – **Égio/Diakoftó und Vouraikós-Schlucht** · *Karte Seite 6*

tonisch interessant: die **Kathedrale** in der Oberstadt, im vorigen Jahrhundert von Ernst Ziller entworfen. In der Antike war Égio Versammlungsort des Achäischen Bundes. Im Februar 1821 versammelten sich hier Freiheitskämpfer des Peloponnes zur Abstimmung über den Zeitplan des Aufstands.

Fährt man im Tal des Selinoús, der in die fruchtbare Ebene um Égio strömt, zum Dorf Koúnina und weiter hinauf, kommt man zum **Nonnenkloster von Pepelenítsa,** nimmt man die Straße nach Mélissa, erreicht man das noch interessantere **Kloster Pammégiston Taxiarchón** (jeweils etwa 15 km). Beide Klöster wurden im 18. Jh. an der Stelle älterer errichtet.

Praktische Hinweise

Fähren nach Ágios Nikólaos (Hafen von Delphí) verkehren etwa viermal täglich (Auskunft: Tel. 02 66/7 12 31).
In Égio beginnt das peloponnesische Teilstück des **Europäischen Fernwanderwegs** E4. Zu den genannten Klöstern und zum ›Hausberg‹ von Égio, dem Klókos – 1779 m, mit großem Rundblick – kann man auch wandern.

6 Diakoftó und Vouraikós-Schlucht

12 km südöstlich von Égio

Talstation der Zahnradbahn nach Kalávrita und ein Tal ohne Straße.

Orangen- und Zitronengärten umrahmen das Dorf **Diakoftó**. Meist kommt man nur, um abzufahren – durch die wildromantische **Vouraikós-Schlucht**, in der es keine Straße, sondern nur ein Schmalspurgleis gibt. Zielort und Endstation der Bahn ist das Dorf **Kalávrita** [Nr. 8], man kann aber auch bei der Mittelstation Méga Spíleon aussteigen und in einer Dreiviertelstunde steil zum **Kloster** [Nr. 7] hinaufwandern.

Eine reizvolle Alternative ist der Rückweg zu Fuß: durch den cañonengen Teil der Schlucht, den man etwa eine Wegstunde unterhalb der Station Méga Spíleon erreicht, über schmale Brücken zwischen hochaufragenden Felswänden und durch Tunnel. Im Schlußstück des Tals gibt es einen Fahrweg, nah am Flußbett des Vouraikós, die letzte Viertelstunde geht es dann auf der Landstraße nach Diakoftó. Etwa drei Stunden Gehzeit.

Westlich hat **Nikoléika** (Rodiá) an einer weiten Bucht einen angenehmen *Badestrand* (Kies), ruhig und abseits der Fernstraße gelegen.

Praktische Hinweise

Hotel

**Chris Paul Hotel, 25003 Diakoftó, Tel. 06 91/4 17 15, Fax 4 21 28. Nah am Bahnhof, kleines, sehr gut geführtes Haus – und praktisch für die Benutzer des Frühzuges.

Odontotós, die **Zahnradbahn**, fährt von 6 Uhr an von Diakoftó nach Kalávrita. Die Strecke wurde vor über hundert Jahren gebaut, der Wagenpark inzwischen erneuert. Die 22 km lange Fahrt dauert etwas über eine Stunde.

Für Eisenbahnfans: Der Ododontós verkehrt zwischen der Küste und Kalávrita (22 km) – eine abenteuerliche Strecke mit atemberaubenden Ausblicken

Achäa – **Méga Spíleon/Kalávrita** · *Karte Seite 6*

Zu Füßen von hundert Meter Fels muten acht Stockwerke klein an: Kloster Méga Spíleon

7 Méga Spíleon

26 km südlich von Diakoftó

Ein über tausendjähriges Kloster in grandioser Landschaft.

Geschichte Die Legende erzählt von den Mönchen Symeón und Theódoros, die von der Hirtin Euphrosýne in eine Drachenhöhle geleitet wurden, wo sie eine vom Apostel Lukas gemalte Marienikone fanden. Méga Spíleon heißt ›Große Höhle‹ und um diese Höhle entstand seit 840 das Kloster und Wallfahrtsziel, mit Besitzungen in Thessaloniki, in Konstantinopel und Smyrna (heute Izmir). Die wundertätige Ikone hat alle Feuersbrünste (1400, 1640, 1934) und auch die Zerstörung durch deutsche Truppen 1943 überdauert.

Besichtigung Unter die mächtige Bergwand duckt sich klein das achtstöckige Kloster, andere Mönche wohnen wie Vögel in Höhlen, die nur über Leitern und Stege zugänglich sind. Das in kargen Jahren wiederaufgebaute Klostergebäude ist äußerlich nüchtern anzusehen, von bizarrer Phantastik zeigt sich jedoch die halbdunkle Höhle im Innern, mit rauschendem Quell und der mit schlichten Figuren nachgestellten Auffindung der Marienikone. Die teilweise aus dem Felsen herausgemeißelte **Kirche** ist der Panagía Chrysospiliótissa, der Jungfrau der Goldenen Höhle, geweiht. Der *Mosaikfußboden* mit dem byzantinischen Doppeladler und die rauchgeschwärzten *Fresken* stammen aus dem 17. Jh.

Für den Besuch ihres **Museums** – mit Silbergerät, Buchmalerei, Stickereien und Waffen – nehmen die Mönche ein kleines Eintrittsgeld. Auch andere Klosterräume wie **Bäckerei** und **Weinkeller** sind zu besichtigen. Kommt man zu rechter Zeit, kann man einem Mönch beim Schlagzeugsolo auf dem Sýmantron zuhören, einem an beiden Enden aufgehängten Holzbalken.

8 Kalávrita

36 km südlich von Diakoftó,
78 km südöstlich von Pátra

Dramatische Berglandschaft und Ausgangsort für Wanderungen, zu Höhlen und zum Wintersport.

In die weiträumige Gebirgslandschaft des Erymanthos- und des Aroánia-Massivs fährt man von Pátra entweder über Chalandrítsa (etwa 80 km) oder die Küste entlang und weiter über Diakoftó auf einer beeindruckenden **Panoramastraße**. In **Chalandrítsa** – schon in mykenischer Zeit besiedelt (Funde im Museum in Pátra) und später Zentrum einer fränkischen Baronie – findet man noch mittelalterliche Kirchen, nördlich der Straße in **Leóndi** auch Reste einer antiken Stadt. Auch ohne Archäologie fasziniert die Landschaft, mit Eselreitern und Ziegenherden, steilen Schluchten und schneebedeckten Gipfeln.

Kalávrita, in 700 m Höhe in einem geräumigen Hochtal gelegen, heißt nach seinem guten Wasser (kalés vrysses = gute Quellen) und ist bei Griechen als

Achäa – **Kalávrita** · *Karte Seite 6*

Die Bronzereliefs im Kloster Méga Spíleon zeigen u.a. Lukas, wie er die Marienikone malt, und deren Auffindung in der ›großen Höhle‹, von der das Kloster heute seinen Namen trägt

Sommer- wie auch als Wintererholungsort beliebt.
Die Stadt hat eine lange Geschichte, steht seit 1943 aber als Symbol für den Terror, mit dem deutsche Truppen Partisanenaktionen vergalten. Ein großes weißes Kreuz, weißgraue Betonstelen und schwarze Fahnen oberhalb des Ortes erinnern an die Hunderte von Opfern. An der vielbesuchten **Gedenkstätte** ist in großen Buchstaben zu lesen: »óchi piá pólemoi – eiríni« (Keine Kriege mehr – Frieden).
Vier Kilometer vom Ort entfernt liegt in einem Baumgarten das **Kloster Agía Lávra**, noch heute von Mönchen bewohnt und ein Nationalheiligtum. Am 25. März 1821 soll hier Germanós, Bischof von Pátra, unter der mächtigen Platane vor den Klostergebäuden zum Freiheitskampf aufgerufen haben. Im **Museum** des Klosters ist noch die *Revolutionsfahne* ›Elefthería i Thánatos‹ (Freiheit oder Tod) zu sehen, außerdem werden Ikonen, illuminierte *Handschriften* und *Sultansbriefe* (Firmane) gezeigt (geöffnet Mai–Sept. 10–13 und 16–17 Uhr, Kirche 10–17 Uhr).
Das 961 von Athos-Mönchen gegründete Kloster lag bis 1689 etwa 300 m oberhalb des jetzigen Platzes am Hang, wo noch heute eine **Kirche** auffindbar ist (Paläó Monastíri). Die bescheidene Kreuzkuppelkirche rechts vom Eingang des Klosterareals stammt aus dem 17. Jh., alle

Achäa – **Kastriá** · *Karte Seite 6*

übrigen Bauten wurden 1828 von Ibrahim Paschas Armee und nochmals 1943 von deutschen Truppen zerstört. – ›Lávra‹, soviel wie ›Labyrinth‹, bezeichnete anfangs Mönchsgemeinschaften, die in labyrinthähnlichen Höhlen hausten.
Auf dem benachbarten Hügel (in Sichtweite) wurde 1930 das monumentale **Denkmal** für den Freiheitskampf gegen die Osmanen erbaut.

9 Kastriá

20 km südlich von Kalávrita

Die ›Höhle der Seen‹ und eine Sage vom ›Rinderwahnsinn‹.

Am Denkmal für die Opfer von 1943 vorbei fährt man von Kalávrita in Richtung auf das Dorf Kastriá. Einwohner entdeckten vor Jahren ein 2 km langes Höhlensystem, das von Gewässern durchströmt ist. Die **›Höhle der Seen‹** (Spílaio ton Limnón) wurde mit Stegen vorerst auf rund 350 m begehbar gemacht, eine weitere Öffnung des Gangsystems wird vorbereitet. Mit ihren Tropfsteinbildungen ist die Höhle eine Attraktion des Nord-Peloponnes und für die Bewohner von Kastriá eine hochwillkommene Einnahmequelle. Besonders im Winter und Frühjahr lohnt der Besuch, später im Jahr trocknen häufig manche der Wasserbecken aus (tgl. 9.30–16.30 Uhr, sommers auch länger geöffnet).
Mit dem Höhlenquell verbindet sich die **Sage von König Proitos von Tiryns** und seinen Töchtern. Verwöhnt und eingebildet, verspotteten diese die Zeus-Gattin Hera und wurden mit Geistesverwirrung bestraft. Fortan hielten sie sich für Kühe, und ihr Wahn übertrug sich auch auf andere Frauen. Diesen ›Rinderwahnsinn‹ wußte erst der Seher Melampus aus Messenien zu heilen. In seinen Kinderjahren hatten ihm zwei Schlangen mit ihren Zungen die Ohren ausgeputzt; seither verstand er die Sprache der Tiere. Die Heilung fand, erzählt die Sage, in einer Höhle bei Kastriá statt. Märchenhaftes Ende: Melampus heiratete eine der Töchter und bekam zum Dank ein Drittel von Árgos.

Achäa – **Berg Chelmós** · *Karte Seite 6*

Waldgrüne Hänge und schneebedeckte Gipfel, auch Höhlen und tiefe Schluchten prägen die Landschaft des Aroánia-Gebirges um Kalávrita

man für Hin- und Rückweg etwa sechs Stunden rechnen. Der Anblick der steilen, 200 m hohen Felswand, über die der Styx in Wasserschleiern herabfällt, ist äußerst beeindruckend. Daß ›beim Styx‹ geschworen wurde, ist überliefert, und auch, daß Styx-Wasser als im hohen Grade giftig galt. Einer anderen Sage zufolge war der Styx ein Unterweltsfluß.

Praktische Hinweise

Das **Skizentrum** liegt etwa 15 km östlich von Kalávrita und rund 100 km von Pátra entfernt. Die Anlagen sind von Dezember bis April tgl. von 8 bis 15 Uhr in Betrieb. Tel. 0692/2 21 74. Hütten am Chelmós-Massiv sind u. a. bei Diáselo Avgoú (2100 m hoch) zu mieten. Auskunft beim **S.O.X. Alpenverein Kalávrita**, Tel. 0692/2 26 11. Das Dorf Sólos als Ausgangspunkt der Wanderung zum Styx ist vom Küstenort Akráta (in schöner Bucht, Bademöglichkeit, einfache Unterkünfte) etwa 40 km entfernt und von dort trotz streckenweise rauher Straße weit leichter zu erreichen als vom Chelmós. Auch von Kalávrita führt eine – teils unbefestigte – Straße nach Sólos, in weitem Bogen durch die Bergwelt des östlichen Achäa: über Káto Klitoría, Lykouriá, Kalývia und Zaroúchla.

10 Berg Chelmós
12 km östlich von Kalávrita

Am höchsten Gipfel der Aroánia-Berge: Wanderpfade, Skipisten und der Styx.

Mit beachtlichen 2341 m Gipfelhöhe zeigt sich der Chelmós winters hinreichend schneesicher und ist deshalb mit Straßen von Kalávrita und Kastriá aus in den letzten Jahren als **Skigebiet** erschlossen worden. Urlauber aus Mitteleuropa kommen meist lieber zum **Wandern** in die Aroánia-Berge. Markierungen fehlen fast überall noch, man ist auf die Hilfe Ortskundiger, das eigene Gespür oder spezielle Wanderführer angewiesen.
Von den Chelmós-Gipfeln Psylí Korfí und Neraidoráchni ist der Abstieg auch nach Osten möglich, zum Dorf **Sólos** (1100 m). Seit der Antike schon ist Sólos berühmt wegen seiner Nachbarschaft zum Fluß **Styx** (Stygós, altgriechisch: die Styx). Der **Fußweg** durch Schluchten und Felskessel, an Bergwänden entlang und über Bergsättel ist allerdings nur teilweise beschildert, von Sólos aus muß

Ländlich und delikat: luftiges Käselager

33

Korinthía – Auf der Spur von Aphrodite und Herakles

Der wuchtig steile Fels von **Akrokorinth** [Nr. 14] über den sieben Säulen des Apollon-Tempels – das ist eines der schönsten Bilder Griechenlands. Im Verwaltungsbezirk Korinthía spielt **Korinth** [Nr. 13] unstrittig die dominante Haupt- und Doppelrolle – touristisch das antike Korinth mit faszinierenden Ausgrabungen, Museum und Erinnerungen an den Aphroditekult, wirtschaftlich die moderne Stadt mit Raffinerien und Industrien auch am Saronischen Golf, gegenüber von Ísthmia. Der berühmte Kanal von Korinth hat nur noch geringe Bedeutung, um so wichtiger sind heute die Autobahnen, die von Korinth nach Pátra und neuerdings auch nach Trípoli führen. Wie schön die fruchtbare Landschaft Korinthías ist, erfährt man abseits der Schnellstraßen, in den kleinen Badeorten am Golf von Korinth und droben auf den Terrassen voller Olivenbäume, Weinreben, Orangen und Zitronen in den Vorbergen des Kyllíni-Gebirges. Ein Weinort, berühmt für seine Rotweine, ist **Neméa** [Nr. 12] – dort leben die Nemeischen Spiele der Antike wieder neu auf, und hier wie auch anderswo in der Korinthía kann man den Sagen um den Heros Herakles nachspüren.

Zur Korinthía gehört auch noch ein Stück griechisches Festland, mit dem vielbesuchten Thermalbad Loutráki und anderen Stränden.

11 Stymphalía

41 km südwestlich von Xylókastro

Der See, von dem Herakles die sagenhaften Stymphalischen Vögel vertrieb.

Durch schöne Landschaft und über viele Serpentinen führt eine Straße von Xylókastro nach Stymphalía und von dort

Vögel mit Metallgefieder

Zu den zwölf Taten des Kraftkerls Herakles, die ihm der mykenische König Eurystheus auferlegte, gehörte auch die Tötung der Stymphalischen Vögel. Diese merkwürdig technoiden Geschöpfe der antiken Mythologie waren mit metallenen Federn ausgestattet, die sie als Pfeile gegen Mensch und Tier benutzten. Herakles, von Zeus in Gestalt ihres Gatten Amphitryon mit Alkmene gezeugt, verjagte die Stymphalischen Vögel mit einer ehernen Rassel, die ihm die Göttin Athena geschenkt hatte – eine bemerkenswert unblutige Weise, das Land von Untieren zu befreien. Nach anderer Überlieferung hat der Heros die Vögel jedoch mit Pfeilen erlegt.

weiter zum Weinort Neméa [Nr. 12]. Das Dorf Stymphalía lädt in seine Kafeníons ein und bietet auch ein bescheidenes Hotel.

Zwei Kilometer weiter westlich liegt die große, an drei Seiten von Höhenrücken umschlossene Niederung mit dem **Stymphalischen See**. Besten Ausblick auf die Wasser- und Schilfflächen hat man von einem Hügel, der grün von Hartlaubgewächsen ist, leider aber auch noch zur Entsorgung von Abfall genutzt wird – Herakles, der im Augias-Stall einschlägig tätig war und hier bereits die nach Hitchcock-Art aggressiven Stymphalischen Vögel vertrieb, wäre noch einmal sehr willkommen.

Westlich des Sees, beim heutigen Kastanéa, finden sich noch Mauerreste der **antiken Stadt Stymphalía**. Von großartiger Schönheit ist die Landschaft des Kyllíni-Gebirges (über 2300 m hoch).

12 Neméa

30 km südwestlich von Korinth, 26 km nördlich von Árgos

Weinstädtchen, in der Antike berühmt für die Panhellenischen Spiele von Neméa.

Geschichte   Noch eine Herakles-Sage – mit starken Händen erwürgte der Heros den furchtbaren Nemeischen Löwen, der

Korinthía – **Neméa** · *Karte Seite 7*

Im antiken Neméa: die drei erhaltenen Säulen des Zeus-Tempels, um 320–300 v. Chr. errichtet

jeder Waffe widerstand –, ein früher Zeuskult und die Sage vom Tod des Königskindes Opheltes durch einen Schlangenbiß verbinden sich mit dem Tal von Neméa. Herakles, Zeus und der Totenkult für das Kind Opheltes – beim Zug der Argolís-Fürsten gegen Theben hatte es seine Amme auf Sellerieblätter gelegt, während sie den Fürsten eine Quelle zeigte – werden auch mit der Gründung der Nemeischen Spiele verknüpft. Sie wurden seit 573 v. Chr. ausgetragen und gehörten neben denen von Olympía, Delphí und Ísthmia zu den Panhellenischen Wettkämpfen, bei denen in ganz Griechenland Friedenspflicht galt.

Zum Stadionlauf in voller Rüstung, Wagenrennen, Bogenschießen, Boxen, Diskuswerfen und anderen körperlichen Wettkämpfen kamen in hellenistischer Zeit auch musische Disziplinen. Die Leitung der Spiele lag in Árgos; Neméa (= Weideland) selbst war keine ganzjährig bewohnte Ortschaft. Seit 1973 sind die Kult- und Wettkampfstätten von Archäologen der Universität von Kalifornien in Berkeley (unter Leitung von Prof. Stephen G. Miller) ausgegraben worden.

Besichtigung Am Museum vorbei gelangt man zu Grundmauern von **Häusern des 4. Jh. v. Chr.** [1], in denen vermutlich Priester und Wettkampfrichter gewohnt haben, und zu dem einst langgestreckten Gebäude, das wohl **Unterkunft der Athleten** war [2]. In christlicher Zeit (5./6. Jh.) wurde hier eine dreischiffige **Kirche** [3] erbaut, deren Apsis noch gut erkennbar ist. Noch älter: das Grab einer Christin, einer 60–70jährigen Frau, de-

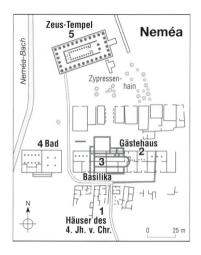

Korinthía – **Neméa/Korinth** · *Karte Seite 7, Pläne Seite 35 und 40*

****

Wieder Wettkämpfe in Neméa: Wilder Sellerie statt Lorbeer

Die Prominenz engagierte sich: Der Regisseur Jules Dassin, der Autor Umberto Eco, Griechenlands Kulturminister Thános Mikroútsikos und der Komponist Mikis Theodorákis unterstützten die ›Society for the Revival for the Nemean Games‹. Die Neméa-Spiele, erstmals wieder 1996, sind Wettläufe über 100 und 200 m ohne Rekorde und Medaillen, ein internationales Friedens-Volksfest mit Musik, Tänzen und Picknick. Alle Teilnehmer laufen barfuß, in Tuniken antiken Zuschnitts. Die Sieger werden nach überlieferter Tradition des Ortes mit wildem Sellerie gekrönt. Wer Lust hat zum Mitmachen, muß sich jeweils bis zum 1. April registrieren lassen (Mindestalter 12 Jahre).

****

ren Gerippe erhalten blieb. Interessant ist linkerhand das Mauerwerk einer **Badeanlage [4]**, eine der ältesten Griechenlands (4. Jh. v. Chr.). Ein Aquädukt führte Wasser von einer Hügelquelle heran, das Hauptbecken war 8 x 4 m groß. Von großer Schönheit sind die drei noch stehenden Kalkstein-Säulen des **Zeus-Tempels** mit einem Architrav-Rest [5], den 872 m hohen Berg Fókas im Hintergrund. Nördlich des Tempels: weitere Grundmauern kleiner Häuser, die vielleicht als Lagerräume benutzt wurden.

In der Architektur des Zeus-Tempels (4. Jh. v. Chr.) erkannte man Ähnlichkeiten mit den Tempeln von Tegéa [Nr. 43] und Vásses [Nr. 89] sowie Übergänge von der dorischen Struktur zu ionischen und korinthischen Stilelementen.

Weiter östlich sind die Fundamente des **Zeus-Altars** erkennbar, über 40 m und damit ungewöhnlich lang.

Das 1984 eröffnete **Museum** dokumentiert musterhaft die *Grabungsarbeit*, zeigt *Modelle* und u. a. *Goldschmuck*, als schönes Beispiel einen feinziselierten Siegelring mit drei Tänzerinnen.

Öffnungszeiten Archäologikó Moussío und Grabungsgelände: Di–So 8.30–15 Uhr.

Außerhalb des Dorfes in östlicher Richtung liegt an einem waldgrünen Hügel das antike **Stadion** mit seinem bemer-

kenswert langen Tunnelzugang in Richtung Kultstätte. Ablaufschranken mit steinernen Rinnen für die startenden Läufer und eine Wasserrinne rund um die Sandfläche des Stadions sind gut erhalten.

Das moderne Neméa
Der kleinen Landstadt Neméa, etwa 5 km weiter westlich, fehlt es an ansehnlicher Architektur wie an Baumgrün, doch ist sie **Zentrum eines Rotweingebiets** und besitzt viele Läden, wo man den fruchtig-kräftigen Neméa-Rotwein bekommt. Neue nostalgische Straßenlaternen weisen auf touristische Ambitionen – wie auch der Entschluß, die antiken Festspiele von Neméa zu erneuern.

13 Kórinthos (Korinth)
84 km von Athen, 132 km von Pátra

Antiker Umschlagplatz zwischen Asien und westlichem Mittelmeer – noch die Ruinen künden von seinem Reichtum.

Geschichte Die handelsstrategisch extrem günstige Lage an der einzigen Festlandsverbindung des Peloponnes, zugleich am Golf von Korinth und am Saronischen Golf, erlaubte direkte Seeverbindungen mit den Häfen sowohl des Ionischen wie des Ägäischen Meeres. Mit ihrer fast uneinnehmbaren Festung Akrokorinth beherrschte die Stadt auch die Straßen von Attika aufs peloponnesische Festland.

Funde der Jungsteinzeit und Reste frühhelladischer Siedlungen um 2000 v. Chr. beweisen, daß dieser Platz schon eh und je geschätzt wurde. Auf Korinths Neugründung um 1000 v. Chr. folgte im 8. Jh. v. Chr. mit dem Aufbau von Kolonien – deren wichtigste: Syrakus – der Aufstieg zur Handelsmacht. Unter den Herrschern des Stadtstaats, den ›Tyrannen‹, galt Periander (reg. 627–585 v. Chr.) als einer der ›Sieben Weisen‹ Griechenlands. 582 v. Chr. wurden bei Korinths Hafen Ísthmia [Nr. 15] erstmals die Isthmischen Spiele ausgetragen; sie mehrten den Ruhm der innovationsfreudigen Stadt. Korinthisches Erz hieß eine spezielle, von hier stammende Metallegierung, und im 5. Jh. v. Chr. soll Kallímachos in Korinth das korinthische Kapitell mit seinem ausladenden Akanthus- und Volutenschmuck erfunden haben.

Korinthía – **Korinth** · *Karte Seite 7, Plan Seite 40*

Die beeindruckendsten Säulen des Peloponnes: Reste des Apollon-Tempels von Korinth (um 550 v. Chr.).

Korinthía – **Korinth** · Karte Seite 7, Plan Seite 40

Der zentrale Markt- und Versammlungsplatz in Alt-Korinth trägt in seiner heutigen Form deutliche Züge eines römischen Kaiserforums

Stadtgöttin Korinths war **Aphrodite**, zuständig für Schönheit, Liebe und Sexualität, deren Kult – auch als Kult einer Mutter- oder Erdgottheit bzw. syrischen Astarte – in Kleinasien und in den Ländern und Inseln des östlichen Mittelmeers (Zypern) seinen Ursprung hatte. Von Frauen, die sich in Tempeln der Aphrodite Männern hingaben, berichtet Herodot aus Kleinasien. Anders als im übrigen Griechenland soll ein solcher sexueller Kult auch im Aphrodite-Tempel auf Akrokorinth üblich gewesen sein, mit zeitweise bis zu tausend Frauen (›Hierodulen‹).

Die rund 100 000 Einwohner Korinths und seiner Umgebung (ein rund 30 km² großes Gebiet) machten die Stadt nach Athen zur zweitgrößten Griechenlands. Mit seinen beiden Häfen Lechaíon am Golf von Korinth und Ísthmia am Saronischen Golf sah Korinth in Athen und dessen Hafen Piräus eine existenzbedrohende Konkurrenz. Eine diplomatische Intervention beim Kriegerstaat Sparta löste den fast 30jährigen Peloponnesischen Krieg (431–404 v. Chr.) aus, in dem Athen schließlich kapitulierte, beide Führungsmächte sich aber bis zur Kampfunfähigkeit schwächten. Persien, Makedonien und später Rom waren Nutznießer.

Neuanfang dank Julius Caesar

König Philipp II. von Makedonien kam als Eroberer, ein Jahrhundert später, 223 v. Chr., stellte Rom den Achäischen Bund mitsamt Korinth unter seinen nicht uneigennützigen Schutz.

Mit einer Katastrophe endete Korinths letzter Widerstand gegen Rom. Die Zerstörung im Jahr 146 v. Chr. und die Ermordung oder Versklavung der Korinther war so gründlich, daß erst Julius Caesar die Stadt mit einer Neugründung im Jahr 44 v. Chr. als römische Bürgerkolonie neu beleben konnte. Neuer Reichtum, Zuzug aus allen Ländern des Orients und Tempelprostitution trugen der Stadt den Ruf der moralischen Verderbnis, des Lasters und des Luxus ein.

Im Jahr 50/51 n. Chr. predigte der **Apostel Paulus** in Korinth. ›Unzucht‹ und Zwistigkeiten in der Gemeinde waren die Hauptthemen seiner Briefe. Sie inspirierten den Apostel zu einigen der schönsten Sätze der christlichen Botschaft über die Liebe, mit den Eingangsworten: »Wenn ich in den Zungen der Menschen und der Engel rede, habe aber die Liebe nicht, so bin ich ein tönendes Erz oder eine klingende Schelle ...«

Aus der Zeit der ›Weltherrschaft‹ des Imperium Romanum stammen die meisten Überreste, die heute in Archäa Kórinthos zu sehen sind. Die Wander- und Raubzüge der ursprünglich nordgermanischen Heruler, der Westgoten und Slawen brachten den Niedergang der Stadt. Nach

Korinthía – **Korinth** · *Karte Seite 7, Plan Seite 40*

Erdbeben im 6. Jh. folgten Rettungs- und Wiederaufbauaktionen im Auftrag des oströmischen Kaisers Justinian. Korinth war **Hauptstadt des byzantinischen Verwaltungsbezirks** (›Themas‹) **Moréa,** also des Peloponnes. Im 12. Jh. besetzte der Normanne Roger II. die ehemalige Stadt der Aphrodite.

Das im Vergleich zum Glanz der Antike recht kleine moderne Korinth wurde nach einem schweren Erdbeben in Archäa Kórinthos 1858 etwa 6 km entfernt neu am Meer aufgebaut. Dort traf die Stadt 1928 nochmals ein zerstörendes Erdbeben, auch 1981 erlitt Korinth Erdbebenschäden.

Besichtigung Das moderne Korinth bleibt seitlich am Wege, fährt man vom Isthmus oder auf der Autobahn von Pátra direkt nach Archäa Kórinthos. Aber die 21 000-Einwohner-Stadt lohnt einen Abstecher. Am Yachthafen hat man die Wahl zwischen etlichen Cafés und dem **Museum für griechische Volkskunde**, einer privaten Stiftung (Istorikó Laographikó Moussío, Ermoú 1, Di–So 8.30–13.30 Uhr). Von der Marina geht es über den repräsentativen **Odós Ethnikís Antístassis** mit seinen Palmen und Modeboutiquen entweder in die seitliche Fußgängerzone oder geradeaus zum üppig grünen **Park** mit prächtigen Bougainvilleas und dem **Denkmal** des Athener Erzbischofs Damaskinós (1890–1949), der sich auch im Kampf gegen Hitler hervortat. Vielleicht noch ein Gang zur Markthalle (Ecke Kyprou/Periándrou)? Abends gibt es, was nicht an vielen Orten des Peloponnes geboten wird: Kino.

Wie ein Cañon von Menschenhand: der 6 km lange Kanal von Korinth (1881–93 erbaut)

Korinthía – **Korinth** · *Karte Seite 7*

Der Kanal von Korinth

Unter jedem Lastwagen dröhnt und schwankt die Brücke, die fast alle Fahrer vom griechischen Festland benutzen, seit der schmale Isthmus von der 1881–93 erbauten Wasserstraße durchtrennt ist. Wie mit dem Tortenmesser aus dem Fels geschnitten, rund 6 km lang, aber mit nur 24,5 m breiter und 8 m tiefer Fahrrinne, ist der Kanal von Korinth heute für viele Schiffe zu klein. Andere nehmen wegen der Kanalgebühren die bis zu 130 Seemeilen längere Fahrtstrecke um den Peloponnes in Kauf.

Schon seit 300 v. Chr. gab es Kanalprojekte. Kaiser Nero befahl jüdische Gefangene zum Bau, kam aber über Anfänge nicht hinaus.

Bei Posidonía, östlich von Korinth, kann man am besten noch Spuren des Diolkós sehen, jener **Schleppstrecke**, über die jahrhundertelang kleinere Schiffe vom Golf von Korinth in den Saronischen Golf und umgekehrt gezogen wurden. Die etwa 1,5 m breite Spur der Schleppwagen ist noch erkennbar.

Wer den Kanalverkehr beobachten will, fährt nach Ísthmia [Nr. 15]. An der Brücke vor Korinth trifft man dagegen vor allem auf eine chaotische Verkehrslandschaft mit Schnellimbissen, Parkplätzen, Reklamewänden, Straßenbaumaschinen: der häßlichste Platz des Peloponnes.

Archäa Kórinthos (Alt-Korinth)

Gleich an der Straße der Souvenirbuden und Tavernen blickt man in das Ausgrabungsgelände. Noch immer ist das Stadtgelände nicht freigelegt, es wird weiter gegraben, wegen moderner Überbauung aber eingeschränkt. Der Rundgang erschließt im wesentlichen den antiken Stadtkern, wie er seit dem 2. Jh. n. Chr. wiedererstand:

Nahe beim Eingang stehen die geborstenen Reste der in vorchristlicher Zeit aus dem Fels gehauenen **Brunnenanlage der Glauke** [1], ein Name, der an eine monströse Eifersuchtstat erinnert. Als Jason die Königstochter Glauke heiraten und seine Gattin Medea verstoßen woll-

Alt-Korinth

1 Brunnenanlage der Glauke
2 Museum
3 Octavia-Tempel
4 Hera-Tempel
5 Apollon-Tempel
6 Stoa
7 Markt- und Versammlungsplatz
8 Ladengewölbe
9 Kirche
10 Basilika Julia
11 Víma
12 Heilige Quelle
13 Peiréne-Quelle
14 Lechaíon-Straße
15 Apollon-Tempel
16 Eurýkles-Thermen
17 Odeíon
18 Theater
19 Asklepios-Zentrum

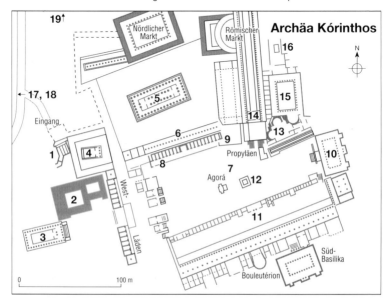

40

Prestel
Landschaftsbücher

Für Weltenbummler und Phantasie-Reisende

»Zu den vielgelobten Reisebuch-Reihen gehören die Prestel-Landschaftsbücher. Weil sie so ordentlich verarbeitet sind, aber natürlich auch, weil die Mehrzahl aller Bände inhaltlich den Ansprüchen gerecht wird, die von der äußeren Form abgeleitet werden können, genießt diese Prestel-Reihe per se Vertrauen.« *Die Zeit*

Die lieferbaren Prestel-Landschaftsbücher

Ägypten. Von Robin Fedden.
ISBN 3-7913-0443-7. DM 42,- / ÖS 328,-

Andalusien. Von Alfonso Lowe.
ISBN 3-7913-1205-7. DM 48,- / ÖS 375,-

Aquitanien. Von Helmut Domke.
ISBN 3-7913-0444-5. DM 44,- / ÖS 343,-

Land um den Ararat. Von Alfred Renz.
ISBN 3-7913-0605-7. DM 42,- / ÖS 328,-

Berchtesgadener Land. H. Schindler.
ISBN 3-7913-0896-3. DM 44,- / ÖS 343,-

Böhmen. Von Lillian Schacherl.
ISBN 3-7913-0240-X. DM 42,- / ÖS 328,-

Bretagne. Von Edith Oppens.
ISBN 3-7913-0758-4. DM 44,- / ÖS 343,-

Burgund. Von Helmut Domke.
ISBN 3-7913-0277-9. DM 44,- / ÖS 343,-

Der Chiemgau. Von Lillian Schacherl.
ISBN 3-7913-0582-4. DM 42,- / ÖS 328,-

Elsass. Von Franz zu Sayn-Wittgenstein.
ISBN 3-7913-0869-6. DM 44,- / ÖS 343,-

Flandern. Von Helmut Domke.
ISBN 3-7913-0272-8. DM 48,- / ÖS 375,-

Frankreich am Mittelmeer.
Von Archibald Lyall.
ISBN 3-7913-1461-0. DM 48,- / ÖS 375,-

Frankreichs Süden. Von Helmut Domke.
ISBN 3-7913-0617-0. DM 44,- / ÖS 343,-

Friaul und Istrien. Von Richard Zürcher.
ISBN 3-7913-0583-2. DM 42,- / ÖS 328,-

Gardasee. Von Werner Krum.
ISBN 3-7913-0460-7. DM 42,- / ÖS 328,-

Gotland. Von Ruth und H.-F. Baessler.
ISBN 3-7913-1044-5. DM 44,- / ÖS 343,-

Griechenland. Von Brian de Jongh.
ISBN 3-7913-1636-2. DM 58,- / ÖS 453,-

Irland. Von Margit Wagner.
ISBN 3-7913-1120-4. DM 48,- / ÖS 375,-

Geschichte des Islam. Von Alfred Renz.
ISBN 3-7913-0360-0. DM 54,- / ÖS 421,-

Istanbul. Von H. Sumner-Boyd / J. Freely.
ISBN 3-7913-0098-9. DM 48,- / ÖS 375,-

Italien. Von Eckart Peterich. 3 Bände.
Band 1: ISBN 3-7913-0297-3.
Band 2: ISBN 3-7913-0298-1.
Band 3: ISBN 3-7913-0015-6.
Jeder Band DM 48,- / ÖS 375,-

Japan. Von Hans Schwalbe.
ISBN 3-7913-0486-0. DM 44,- / ÖS 343,-

Java-Bali. Von Rüdiger Siebert.
ISBN 3-7913-1171-9. DM 48,- / ÖS 375,-

Jura. Von Margit Wagner.
ISBN 3-7913-0832-7. DM 42,- / ÖS 325,-

Kanada. Von Werner Krum.
ISBN 3-7913-1274-X. DM 48,- / ÖS 375,-

Die Kanarischen Inseln. Von Willi Kerl.
ISBN 3-7913-1103-4. DM 48,- / ÖS 375,-

Kaukasus. Von Alfred Renz.
ISBN 3-7913-0725-8. DM 44,- / ÖS 343,-

Kykladen. Von Erica Wünsche.
ISBN 3-7913-1212-X. DM 48,- / ÖS 375,-

Loire-Schlösser. Von B. Champigneulle.
ISBN 3-7913-0276-0. DM 48,- / ÖS 375,-

London. Von David Piper.
ISBN 3-7913-1112-3. DM 48,- / ÖS 375,-

Mani. Von P. Greenhalgh / E. Eliopoulos.
ISBN 3-7913-0864-5. DM 42,- / ÖS 328,-

Marokko. Von Alfred Renz.
ISBN 3-7913-0575-1. DM 44,- / ÖS 343,-

Nepal. Von Ulrich Gruber.
ISBN 3-7913-1121-2. DM 48,- / ÖS 375,-

Neuseeland. Von Karl-Wilhelm Weeber.
ISBN 3-7913-0834-3. DM 48,- / ÖS 375,-

New York. Von Bruni Mayor.
ISBN 3-7913-0644-8. DM 48,- / ÖS 375,-

Korinthía – **Korinth** · *Karte Seite 7*

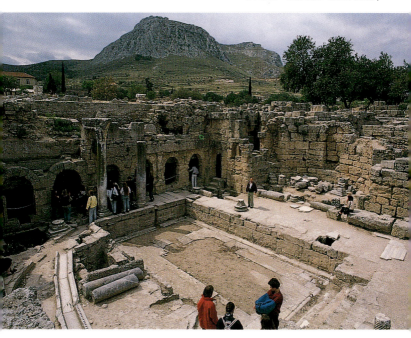

te, schenkte diese der Glauke, Freundlichkeit heuchelnd, ein Hochzeitsgewand, das die Rivalin in Flammen setzte – Glauke soll sich in diesen Brunnen gestürzt haben.

Südwestlich vom **Museum** [2] blieben Säulen des **Octavia-Tempels** [3] erhalten, der der Schwester des Augustus geweiht war. In der Cella war ihre Statue aufgestellt, Beispiel der Vergöttlichung der kaiserlichen Familie.

Neben den Resten des **Hera-Tempels** [4] aus dem 2.Jh. n. Chr. ragen die sieben verbliebenen dorischen Säulen des rund 700 Jahre älteren **Apollon-Tempels** [5] auf (einst 42 Säulen). Jede aus einem Felsen gemeißelt (monolithisch), sind sie künstlerisch das schönste Erbe der antiken Stadt, ein großartiger Anblick vor den Steilhängen von Akrokorinth.

Wenige Schritte weiter südlich steht man in den Resten der **Stoa** [6], der Wandelhalle über dem zentralen **Markt- und Versammlungsplatz** [7] (der deutlich ein römisches Forum der Kaiserzeit und selbst im Grundriß nicht mit der älteren griechischen Agorá identisch ist). **Ladengewölbe** [8] sind noch zu erkennen, auch das Gewölbe einer späteren christlichen **Kirche** [9], vor allem aber – östlich im unteren Teil des Forums – die Reste der **Basilika Julia** [10], in der einst Statuen der julischen Caesarenfamilie standen.

Die Brunnenanlage der Peiréne-Quelle: Hinter den sechs Rundbogen liegen Schöpfbecken, vom zweiten Stockwerk darüber blieben nur geringe Reste erhalten; die Säulen stammen aus byzantinischer Zeit.
Unten: *Kapitell vom Octavia-Tempel*

Korinthía – **Korinth** · Karte Seite 7, Plan Seite 40

Die Mosaiken im Archäologischen Museum von Korinth stammen von Fußböden römischer Villen des 2. Jh. n. Chr.

In der Mitte der südlichen Forumsbegrenzung und ihrer fast 170 m langen Säulenhalle hatte die einst prächtig mit Marmorreliefs geschmückte Rednertribüne, das **Víma** [**11**], ihren Platz. Umstritten ist, ob der Apostel Paulus sich hier gegen den Vorwurf seiner Landsleute zu verteidigen hatte, er vergehe sich gegen jüdische Gesetze.

In vorchristlicher Zeit führten Stufen zur ›**Heiligen Quelle**‹ [**12**] hinunter, die im 4. oder 3. Jh. v. Chr. versiegte und darum zugeschüttet wurde. Ein unterirdischer, begehbarer Gang mit Wasserrinne verband den Quellraum mit einem Orakelheiligtum etwa 10 m nördlich.

Der Hirtengott Pan spielt auf seiner Flöte – schon Roms reiche Bürger idealisierten gern das griechische Landleben

Die uralte **Peiréne-Quelle** [**13**] sprudelt dagegen immer noch. Peiréne hieß eine Nymphe, die aus Kummer über den Tod ihres Sohnes in unendliches Weinen geriet und zur Quelle wurde. Im 2. Jh. n. Chr. ließ der superreiche Herodes Atticus – Athener, Lehrer Marc Aurels, römischer Konsul – die Brunnenanlage prächtig umgestalten.

Die **Lecháion-Straße** [**14**] erstreckte sich von der Peiréne-Quelle an der Agorá zum Hafen Lecháion am Golf von Korinth (heute großenteils überbaut, nur etwa 100 m freigelegt). Sie wurde von Läden, Säulenhallen, dem kleinen römischen **Apollon-Tempel** [**15**] und den nach einem spartanischen Heerführer benannten **Eurýkles-Thermen** [**16**] gesäumt. Gleich neben den Thermen sind noch römische Latrinen aus der Zeit Kaiser Vespasians (reg. 69–79 n. Chr.) zu sehen – man hatte fließendes Wasser.

Außerhalb des umzäunten Geländes liegen das römische **Odeíon** [**17**] und das schon im 5. Jh. v. Chr. errichtete **Theater**, mit rund 18 000 Plätzen [**18**], knapp einen halben Kilometer nördlich davon die Reste eines **Kult- und Kulturzentrums des Heilgottes Asklepios** [**19**].

Das Archäologische Museum
Größter Reichtum der **Sammlung** sind die *Vasenmalereien* aus den Werkstätten Korinths. Schon im späten 8. Jh. v. Chr. erreichte die *Keramikkunst* einen hohen

Standard (protokorinthisch), ein Jahrhundert später, als neben den Tiermotiven der frühen Keramik immer mehr phantastische Flügelwesen, Sphinxe und Löwen dargestellt wurden, spricht man von einer orientalisierenden Epoche. *Römische Porträtplastik* ist u. a. mit einem lockigen Kopf des jungen Nero präsent, leider nicht mit der Aphrodite-Statue von Akrokorinth – doch wird immerhin eine Miniatur-Kopie gezeigt.

Daß Menschen schon in der griechischen Antike *Nachbildungen von Körperteilen* zum Tempel getragen haben, zeigen die Funde aus dem Asklepios-Heiligtum: Brüste, Hände, Augen, Ohren, auch Zeugungsglieder als Votivgaben.

Eine Kuriosität aus dem Alltagsleben: Einige Stücke *Fischhaut* aus dem 5. Jh. v. Chr. belegen nach Meinung der Wissenschaftler, daß schon damals Fische aus dem Atlantik auf den Markt von Korinth kamen.

Öffnungszeiten Ausgrabungsgelände und Museum: 8.45–15, Mitte Juni–Sept. bis 19 Uhr, Tel. 3 12 07.

Über die Küstenstraße und Kiáto ist das antike Gelände von **Sykión** zu erreichen (an der Straße vom Dorf Sikióna, auch Vassilikó genannt, nach Titáni). Allerdings blieben von der einst im Achäischen Bund einflußreichen Stadt nur wenige Reste – Agorá, Tempel, Thermen.

Praktische Hinweise

Tel.-Vorwahl Korinth: 07 41
Postleitzahl: 20100
Touristenpolizei: Tel. 2 32 82
Bahnhof: Verbindungen u. a. nach Athen, Pátra, Árgos, Kalamáta.
Busbahnhof: Zahlreiche Verbindungen, nach Athen anderthalb Stunden. Fährschiffverbindung nach Italien.

Hotels

*Shadow, 20007 Archäa Kórinthos (an der Hauptstraße von Korinth), Tel. 3 14 81. Kleine, sehr adrette Pension, nach Zimmern mit Blick auf Akrokorinth fragen.

Außerhalb von Korinth wohnt man angenehm am Strand des Golfs, z. B. in Kokkóni (16km westlich):
**Hotel Karava's Village, 20002 Kokkóni, Tel. 07 42/3 28 61, Fax 3 40 34. Einstöckige Bungalows in gepflegter Atmosphäre, Swimmingpool, direkt an der kleinen Strandstraße.

*Hedda's Garden Pension, 20002 Kokkóni, Tel. 07 42/3 20 10. In einem exotischen Baumgarten am Badestrand, von Hedda Gregoroyánnis-Hansen deutschsprachig und mit herzlicher Gastlichkeit geführt, einfache Zimmer mit gemeinsamen Duschen.

Restaurant

**Il Capolavoro, Am Yacht- und Fischerhafen von Korinth, Tel. 2 24 49. Ruhiger Platz mit schöner Aussicht, auch Pizzeria und Café.

14 Akrokórinthos

2 km südwestlich von Archäa Kórinthos

Befestigungen aus zwei Jahrtausenden um einen der schönsten Aussichtsplätze des Peloponnes.

In warmer Jahreszeit zu Fuß auf den 575 m hohen **Fels von Akrokorinth**: das ist etwas für Bestkonditionierte (Ausgangspunkt: Museum oder Töpferviertel). Allen anderen wird der Fußpfad vom Ende der Fahrstraße am untersten der drei Tore bis zur Höhe genügen – eine halbstündige Wanderung durch dichtüberwachsenes Gelände und durch Befestigungen aus zwei Jahrtausenden.

Der **Festungsberg** der Stadt Korinth in Stichworten: *unterste Mauer* 14. Jh., im 17. Jh. von Venezianern erneuert; der *Turm* am linken Ende der Mauer türkisch. Das *zweite Tor* im Untergeschoß vermutlich byzantinisch, obere Geschosse wieder venezianisch. Die *nördliche Bastion* zeigt im Unterbau Buckelquader aus hellenistischer Zeit. Noch auf die Antike (4. Jh. v. Chr.) geht im Kern die *dritte Mauer* zurück, man trifft immer wieder auf typische Kalksteinquader mit ungeglätteter Außenfläche. Das mächtige *Tor* und den linken *Turm* (10.–12. Jh.) über dem weiten Vorhof erbauten die Venezianer, später fügten sie Geschützstellungen auf den Türmen hinzu. Innerhalb des dreifachen Mauerrings findet man beim Anstieg zwei kleine *christliche Kirchen*, eine *Moschee* und noch viele *Architekturreste, Zisternen* und *Ruinen von Minaretten*, unweit der Moschee auch eine kleine *Ausfallpforte* in der Mauer.

Auf dem Gipfel war der Aphrodite-Tempel in byzantinischer Zeit mit einer kleinen Kirche überbaut worden. 1926 wurden die dürftigen Reste des Unterbaus freigelegt. Großartiger **Rundumblick**

Korinthía – **Akrokórinthos/Ísthmia** · *Karte Seite 7*

So reich der Peloponnes an Aussichtsbergen ist – Akrokorinth bleibt einer der schönsten

auf Festland, Golf, Inseln und die Gebirge des Peloponnes.
Die beeindruckenden Bauten einer **fränkischen Burg** stehen über dem Steilhang mit Ausblick auf den Golf von Korinth und hinüber zum Festland. In der Tiefe: die neue Autobahn nach Trípolis.
Folgt man von der Frankenburg dem Mauerverlauf noch weiter aufwärts, erreicht man die obere **Peiréne-Quelle**. Felsstufen führen ins Quellhaus hinab. Der mythische erste König Korinths, der später zum ewigen Steinwälzen verurteilte Sisyphos, soll sie vom Flußgott Assopos zum Geschenk erhalten haben. Sisyphos half dafür dem Assopos bei der Suche nach der von Zeus entführten schönen Tochter Ägina – die Insel gleichen Namens ist von Akrokorinth aus gut zu erkennen.
Trotz der vielen Befestigungen wurde Akrokorinth mehrfach erobert, u.a. um 1204 nach sechsjähriger Belagerung von Franken, die dafür eigens die Burg Penteskoúphi auf dem westlich gegenüberliegenden Hügel errichtet hatten.

Öffnungszeiten: tgl. 8 Uhr bis Sonnenuntergang. Vor dem ersten Tor angenehmes kleines Restaurant mit Garten.

15 Ísthmia
4 km östlich von Korinth, antike Stätte westlich der neuen Straße nach Epidauros

Über tausend Jahre lang feierte man hier die Isthmischen Spiele.

<u>Geschichte</u>   Seit 582 oder 570 v. Chr. wurden die Isthmischen Spiele ausgetragen, ursprünglich wohl als Totenfeier für einen Heros namens Palaimón. Der Meergott Poseidon war Stifter und Schutzherr, nach anderer Überlieferung Sisyphos oder, wie die Athener sagten, König Theseus. Noch in römischer Zeit lebten die Spiele fort, erst zur Zeit Justinians brach die Tradition ab. Das unter dessen Regierung im 6. Jh. errichtete Kastell und die sogenannte Hexamilionmauer (Sechsmeilen-Mauer) sind nördlich des Ausgrabungsbezirks noch zu erkennen.

<u>Besichtigung</u>   Hauptattraktion ist die kleine, aber kostbare Sammlung des **Archäologischen Museums** (Archäologikó Moussío, Di–So 8.30–15 Uhr).
Nur hier sieht man eine Spezialität antiker Glaskunst, das *Opus Sectile*, in so anschaulicher Darbietung. Die mit farbigen Glasmassen aus kleinen Platten herge-

stellten *Glasbilder* wurden in Kenchreai gefunden, der nach einem Erdbeben des Jahres 375 unter die Meeresoberfläche abgesunkenen östlichen Hafenstadt von Korinth, 8 km von Ísthmia entfernt [heute Kechriés, Nr. 16]. In das dortige Isis-Heiligtum waren die Glasmosaiken in der Antike transportiert worden. Zwei Wandbilder mit Nil-Szenen brachte man ins Corning Museum of Glass in den USA, wo die korrodierte Oberfläche entfernt wurde, um die Originalfarben wieder sichtbar werden zu lassen.

Auch Beispiele für *Millefiori-Technik* aus Kenchreai sind ausgestellt sowie antike Möbel. Aus dem Poseidon-Heiligtum wird ein von vier Jünglingsstatuen getragenes Weihwasserbecken aus dem 7. Jh. gezeigt, ein sehr seltenes, freilich stark ergänztes Werk.

Nach den Funden im Stadion (südlich der Straße zum Museum) konnte man eine antike *Startanlage für Laufwettbewerbe* rekonstruieren: Über 16 Schnüre löste der Starter Querstäbe und öffnete damit den Läufern die Bahn. Nach anderer Deutung (Siemer Oppermann, 1993) handelt es sich allerdings nicht um eine Startanlage, sondern um eine Zieleinrichtung, die dem Schiedsrichter die Reihenfolge der Läufer im Ziel signalisierte.

Im **Grabungsgelände** beim Museum (geöffnet Di–So 8.30–15 Uhr) sind nur aus Fundamenten noch die Gebäude des heiligen Bezirks zu erschließen: Poseidon-Tempel, Theater und der Rundtempel des Heros Palaimón über seinem Grab. Ein Delphin soll den Toten ans Land getragen haben, Münzbilder des 2. Jh. n. Chr. zeigen den Tempel mit dieser Darstellung.

An der **Brücke** am Ostausgang des Kanals von Korinth hat man unter mehreren Restaurants die Wahl, von denen aus der Schiffsverkehr zu beobachten ist. Für die Durchfahrt wird die Brücke jeweils nicht gehoben oder geöffnet, sondern versenkt.

Praktischer Hinweis

Restaurant

**I Dióriga, Ísthmia, Tel. 07 41/3 73 02 und 3 76 51. Direkt am Kanal bei der Schleuse, Spezialität: Fisch.

16 Kechriés

12 km südöstlich von Korinth

Ehemals Kenchreai, der Osthafen von Korinth, jetzt Unterwasserstadt.

Mehrere Erdbeben im 4. Jh. n. Chr. haben die einst mit Tempeln und Statuen reich geschmückte Hafenstadt zerstört und teilweise unter die Meeresoberfläche absinken lassen. Vom Aphrodite-Tempel, den Pausanias beschrieb, ist nichts gefunden worden, wohl aber ein **römisches Bauwerk** mit Mosaikfußboden am Nordende der Bucht, an der Südmole Reste einer **frühchristlichen Basilika** und dicht unter der Wasseroberfläche Grundmauern sowie ein **System von Röhren und Becken** – möglicherweise zur Aufbewahrung lebender Fische. In diesem Bereich wurden auch die 87 Glasbilder entdeckt, von denen einige im Museum von Ísthmia ausgestellt sind.

Die Bucht von Kechriés ist ein guter **Badeplatz**, wegen der archäologischen Schutzzone fast unbebaut. In der Nachbarschaft schließt sich südlich der Badeort **Loutrá Elénis** an.

17 Kórfos

30 km südöstlich von Korinth

Fischerdorf und neuer Ferienort.

In einer großen geschützten Bucht, von Waldhängen umgeben und 10 km von der Hauptstraße entfernt, verwandelt sich heute der kleine Fischerhafen in einen **Badeort**. Schon gibt es mehrere Hotels, an der Uferstraße Tavernen unter Sonnendächern und einen bescheidenen Yachthafen. Der Strand am westlichen Ortsrand ist kiesig und eher schmal. Als bestes Hotel gilt das ****Korfos** (Tel. 07 41/9 52 17, Fax 9 52 49). Einige Kilometer nördlich zweigt von der Hauptstraße nach Epidauros östlich eine Straße zum **Moní Ag. Marínas** ab (an der Kreuzung, an der es westlich nach Sofiko geht). Die große, von Nonnen sehr gepflegte Anlage kann auch besichtigt werden (8–12 und 14–17.30 Uhr), kennenzulernen ist hier einmal *religiöse Malerei* aus den letzten Jahrzehnten. Die rundum ausgemalte Vorhalle zum Klosterhof zeigt den exemplarischen Lebensweg eines jungen Mannes zwischen den Verführungen der Moderne und dem christlichen Heilsangebot samt drastisch geschildertem Höllensturz und Auferstehungsvision.

Argolís – Tempel, Theater, Königsburgen

Die Argolís ist vielleicht die schönste der sieben Peloponnes-Schwestern. Der **Doppelblick zum Meer** – nach Westen zum Golf von Nauplia, nach Osten zum Saronischen Golf –, so viele und so verlockende Buchten und der Kranz von Inseln, die in der ägäischen Bläue liegen und doch auch leicht zu erreichen sind – all das sind Göttergeschenke an diese Landschaft. Offensichtlich war es kein Zufall, daß die Argolís zum Zentrum der ersten Hochkultur auf europäischem Festlandsboden wurde. **Mykene** [Nr. 32] mit seinem Burgfelsen und der Familientragödie der Atriden kann noch heute zu einem eindrucksvollen, vielleicht auch erschreckenden Erlebnis werden.

Kontrast zu den mykenischen Burgen und längst ausgeraubten Kuppelgräbern: das **Asklepios-Heiligtum von Epidauros** [Nr. 19]. Epidauros mit seinem großartigen Freilichttheater war von Griechenlands klassischer Zeit bis in die römische Ära eines der Zentren antiker Heilkunst. Zur touristischen Saison drängen sich freilich an solchen Argolís-Plätzen mehr Menschen als an den meisten anderen Peloponnes-Orten. Denn von Athen ist man mit dem Wagen oder der Flotte schneller Hydrofoil-Boote rasch an seinem Ferienziel, und im Inneren des Landes bietet die Argolís hinreißend schöne Panoramastraßen.

Und wenn anderswo Angebote an Sportmöglichkeiten, Animation und Disko-Sound eher mager ausfallen, findet sich dies alles in **Toló** [Nr. 28] und **Portochéli** [Nr. 25]. Mit den Mega-Hotelanlagen in ihrem Umkreis stehen diese beiden einstigen Fischerdörfer an der Spitze der peloponnesischen Urlaubsstatistik.

Zu den größten Zitrusplantagen Griechenlands zählt die Ebene von Árgos, die – von Natur aus wasserarm – mit Hilfe intensiver, schon während der türkischen Herrschaft entwickelter Bewässerungstechnik reiche Ernten liefert. Gleich nebenan liegt **Nauplia** [Nr. 30], erste Hauptstadt des modernen Griechenland und mit seiner schönen Altstadt etliche Urlaubstage wert.

18 Palää Epídavros

56 km südöstlich von Korinth,
40 km nordöstlich von Nauplia

Badeort und Yachthafen mit schönen, umgrünten Buchten.

Fischerboote und Segler liegen im Hafen, eine Reihe von nicht übergroßen Hotels und Restaurants säumen die Bucht. Hinter dem offenen Platz am Kai durchstreift man enge Gassen mit Läden, die auch anderes als die üblichen Souvenirs anbieten. Angenehme stille **Badestrände** (Sand und Kiesel) findet man an der Landzunge unter den Resten der antiken Stadt und besonders an den Küsten südlich und nordwestlich der Hafenbucht. Vor dem Gebirge grünen und duften in fruchtbarer Ebene **Orangenpflanzungen**, man sieht auf Inseln und Vorgebirge, die im zarten Licht zu schwimmen scheinen – das Meer ist in ihrem Schutz meist sanft und ruhig.

Viele Gäste bleiben um so lieber, weil sie das nahe antike Heiligtum von Epidauros (15 km südwestlich) mehrmals besuchen wollen. In der Antike gehörte der heilige Bezirk zum Gebiet der heutigen Stadt Palää Epídavros, die groß und einflußreich war und zuerst Herrschaft über die Insel Ägina ausübte, später aber unter die Vormacht Spartas geriet. Hier im Hafen landeten Pilger aus ganz Griechenland und zogen dann in mühsamer stundenlanger Prozession über die Berge zum Heiligtum.

Auf der felsigen Landzunge Nisi südlich des Hafens lag die **Akropolis**. Die sichtbaren *Mauerreste* stammen allerdings großteils erst aus byzantinischer Zeit. Aber ein kleines restauriertes antikes *Theater* kann man am Fuß des Berges besichtigen.

Das Land hat sich seit der Antike um etwa 3 m gesenkt: Vor der Küste südlich von Palää Epídavros sind unter Wasser Grundmauern, sogar eingemauerte Pitoi (Vorratskrüge) zu erkennen.

Schon in römischer Zeit soll der Ort von den meisten seiner Bewohner verlassen worden sein. Das nördlich in 6 km Entfernung landeinwärts an einem hohen Hang gelegene **Néa Epídavros** ist in der

Argolís – **Palää Epídavros** · *Karte Seite 7*

Badestrände, Hotels und Tavernen – trotz heftigen touristischen Getriebes in Palää Epídavros findet man dort auch stille Plätze

Spätantike gegründet worden, damals wahrscheinlich zum Schutz vor Seeräubern. In Néa Epídavros erklärten Freiheitskämpfer 1822 Griechenlands Unabhängigkeit vom osmanischen Reich. Das einfache Dorf unterhalb der Ruine einer fränkischen Burg bietet unverfälschtes Landleben, Tavernen mit Terrassen an steil ansteigenden Gassen und, 1,5 km weiter hinab am Meer, eine kleine Badebucht mit Hotel und Restaurant.
Weitere 6 km nördlich liegt oberhalb der Straße das Nonnenkloster **Moní Agnoúndos**, dessen Kirche Kímisis tís Theotókou (= Schlaf oder Hinscheiden der Gottesmutter) wegen der gut erhaltenen *Fresken* sehenswert ist. Einprägsam sind die Figuren von Heiligen, ein Marienlob zur Rettung vor den Awaren 628 n. Chr. und im Altarraum eine Darstellung von Abrahams Bewirtung der Engel (geöffnet Juni–Sept. 7–18, Okt.–Mai 7–17 Uhr. Mittagspause!).
Schöne *Fresken* zeigt auch die kleine **Kirche Ag. Ioánnis ó Theológos**, 100 m südöstlich in der Wildnis.

Praktische Hinweise

Tel.-Vorwahl Palää Epídavros: 07 53
Postleitzahl: 21059
Busverbindungen: u. a. mit Athen und Nauplia sowie mit dem antiken Heiligtum Epidauros.

Hotels

**Paola Hotel, Tel. 4 13 97. Freundliches ruhiges Hotel unter familiärer Leitung, direkt am Anfang des Strandes nördlich der Stadt. Kein Restaurant.
**Hotel Apollon, Tel. 4 10 51, 4 12 95 Fax 4 17 00. Ca. 2 km südlich vom Hafen, gepflegter Garten direkt am Strand.

Restaurants

**To Akrogiali, Tel. 4 10 60. Taverne mit landestypischer Küche, in Hafennähe, unweit des Sportplatzes.
*Mouria, Tel. 4 12 18. Gute, einfache Taverne eines kleinen Hotels auf einer Gartenterrasse direkt an der Bucht, ca. 1 km südlich vom Hafen.
*Strandtaverne Mike, ca. 1,5 km an der südlichen Bucht, gehört zum Hotel Mike am Hafen. Besonderheit: Man kann ein Glasbodenboot mieten, um über die versunkenen antiken Ruinen zu fahren.

Argolís – **Epidauros** · *Karte Seite 7, Plan Seite 50*

19 Epidauros – Asklepios-Heiligtum

30 km östlich von Nauplia,
70 km südlich von Korinth

Antike Heilungs- und Kultstätte mit einem der schönsten griechischen Theater.

Schon von ferne sieht man das antike Theater, das zum heiligen Bezirk gehörte. Da im Sommer dort festliche Aufführungen stattfinden, weisen ausreichend viele Straßenschilder den Weg.

Geschichte Schon in früh- und mittelhelladischer Zeit gab es hier ein **Heiligtum des Gottes Maleátas**, eines Frühlings- und Wachstumsgottes. Man sah in ihm eine Erscheinungsform Apollons, des Gottes der Musik und der Künste, des Lichts und der Heilkunst und widmete den Kult sowie seine Fest- und Wettspiele zunächst dem Apollon Maleátas, später, im 6. Jh. v. Chr., dem Asklepios. Während einer Epidemie um 430 v. Chr. soll der Ruf des Ortes als **Stätte wunderbarer Heilung** so zugenommen haben, daß danach Pilger aus ganz Griechenland hierher kamen.

Die Behandlungen in Epidauros beruhen zum Teil auf seelischen Einwirkungen – Ruhe und Schlaf, Traumerkenntnis, Erschütterung durch intensives Erleben von Musik- und Theatervorführungen.

Meist erst aus hellenistischer und späterer Zeit (vom 3. Jh. v. Chr. an) stammen die Gebäude, deren Ruinen noch zu sehen sind. Nach dem Verbot heidnischen Kults durch Kaiser Theodosius 391 n. Chr. wurde der Heilbetrieb wahrscheinlich in christlichem Sinne weitergeführt, der Bau einer großen Basilika deutet darauf hin. In der Völkerwanderungszeit wurde Epidauros zerstört und lag danach als überwucherte Fundstätte für wertvolles Baumaterial bis 1879 brach.

Besichtigung Vom Eingang beim Hotel und Restaurant Xenia führt der Weg zunächst am Museum vorbei zum Platz unterhalb des **Theaters [1]**. Es wurde um die Wende vom 4. zum 3. Jh. v. Chr. gebaut, wie Wissenschaftler aus Stilvergleichen mit anderen griechischen Bauten erschlossen haben. Angaben des Schriftstellers Pausanias, der Architekt sei Polykleitos (tätig von 450–410 v. Chr.) gewesen, können dann aber nicht zutreffen.

In einem zweiten Bauabschnitt wurde das Theater im 2. Jh. v. Chr. auf *55 Sitzreihen* erweitert, mit insgesamt bis zu

Das Theater von Epidauros ist berühmt für seine grandiose Akustik. Alljährlich im Juli und August findet auf der antiken Spielstätte ein Theaterfestival mit Stücken der griechischen Klassiker statt

14 000 Plätzen. Die Sitzreihen lehnen sich an den Berghang, nur die keilförmigen Abschnitte an der äußeren rechten und linken Seite ruhen auf Erdaufschüttungen. Sie umschließen die kreisrunde *Orchestra* (Durchmesser: 22 m) über den Halbkreis hinaus. Darauf und auf die Neigung der Steinbänke (nicht senkrecht, sondern 88,5 Grad) wird die exzellente Akustik des Theaters zurückgeführt Noch von der obersten Reihe ist jedes Wort gut zu verstehen.

Der Kreis in der Mitte ist der Fuß eines *Dionysosaltars*, die Aufführungen in antiker Zeit waren Kulthandlungen. Der Chor betrat die Orchestra durch rechts

Argolís – **Epidauros** · *Karte Seite 7, Plan Seite 50*

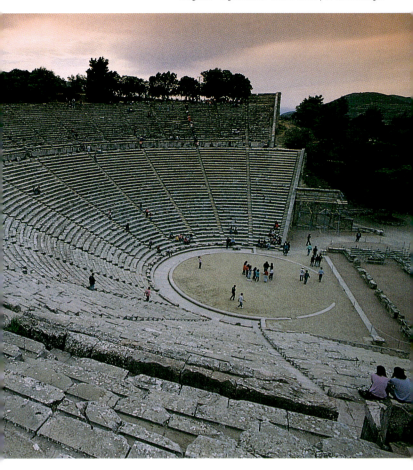

und links gelegene Tore, die man wieder aufgerichtet hat. Die äußere Toröffnung führte auf die Rampe zur Bühne (Proskeníon) am *Skenenbau*. Dieser bestand aus einer offenen Halle (Stoa) mit zwei Seitenräumen hinter der Spielfläche. Man nimmt an, daß auf der Bühne drehbare Holztafeln mit kulissenartigen Bildern angebracht waren, Spuren der Drehzapfen deuten darauf hin.

Die große Architekturform des Epidauros-Theaters, ursprünglich bestimmt, Tausenden das Erleben von kultischen Dramen-Vorführungen zu ermöglichen, übt seine Faszination auch ohne die Aktionen der Schauspieler aus. Hat man alle Stufen erstiegen und steht in der obersten Reihe, wo sich zwischen Marmor und Himmel grünes Baum- und Buschwerk drängt, fühlt man unweigerlich den Sog der trichterförmigen Tiefe, der den Blick auf das Rund weit unten konzentriert.

Durch ein Wäldchen führt der Rundgang zum **Ausgrabungsgelände**. Man wird dort allerdings nichts sehen, was dem Theater künstlerisch und an Eindrucksmacht auch nur annähernd gleichkommt. Um aus Trümmern und Resten das Bild der einstigen Kultstätte heraufzubeschwören, braucht es sogar eine große Portion Phantasie. Zuerst sieht man das Areal des **Gästehauses** (Katagógion) [2]. Der quadratische Bau aus dem 4. Jh. v. Chr. hatte, wie an den Grundmauern noch gut zu erkennen ist, vier Innenhöfe mit Säulenumgang und war vermutlich zweistöckig, mit wohl rund 160 Zimmern.

Weiter westlich kommt man zu den Grundmauern eines **Bades** [3] aus dem 3. Jh. v. Chr., man sieht Ziegelfußböden, Säulenbasen, Reste von Wasserleitungen und eine steinerne Badewanne.

Das Gymnásion, eine **Sporthalle** [4] nördlich vom Bad, wurde in römischer

Argolís – **Epidauros** · *Karte Seite 7*

Schauen, lesen, meditieren ...

Zeit umgebaut. Dabei entstand im quadratischen Säulenhof ein *Odeíon* (Musiktheater) – der Umriß seines halbrunden Zuhörerraums ist noch sichtbar – und im Norden anstelle der ehemaligen Eingangshalle ein **Tempel der Hygieia** [5], der Göttin der Gesundheit.

Nahebei schaut man in eine Talsenke hinab, in der im 5. Jh. v. Chr. ein **Stadion** [6] mit 180 m langer *Laufbahn* und steinernen *Sitzreihen* angelegt wurde. An den grasbewachsenen Seiten sind sie noch erkennbar, ebenso die *Reste der Ehrentribüne* und die *Startmarken der Läufer*.

Zu Ehren des Asklepios wurden Wettkämpfe veranstaltet.

Die Fundamente des **Artemis-Tempels** [7] aus dem 4. Jh. v. Chr. liegen schon im innersten Bereich (Hierón) des heiligen Bezirks, bei der Festungsmauer aus byzantinischer Zeit, die damals zur Verteidigung gegen marodierende Völkerschaften notwendig wurde. Es sind noch *Fundamente eines Altars* und der ins Innere führenden *Rampe* zu sehen.

Religiöses Zentrum des Heiligtums war der **Asklepios-Tempel** [8], die Pilger beteten, hofften und opferten hier vor einem Bild des Gottes aus Gold und Elfenbein. Pausanias beschrieb es so: »Asklepios sitzt auf einem Thron, einen Stab haltend, und die andere Hand hat er über dem Kopf der Schlange, auch ein Hund ist neben ihm liegend dargestellt.«

Leider ist von dem reichen Bauwerk außer geringen *Fundamentresten* kaum mehr etwas zu sehen. Ihnen ist zu entnehmen, daß die Säulen im Inneren der Cella des Tempels dicht an den Wänden standen, der Innenraum also weit war. Vertiefungen deutet man als Basen für das Götterbild oder für das Behältnis des Tempelschatzes. Aus überlieferten Bauinschriften weiß man Einzelheiten über den Tempelbau, seine Kosten und den Namen des Architekten. Skulpturenreste befinden sich im Nationalmuseum von Athen, Abgüsse im Museum auf dem archäologischen Gelände. Südlich vom Asklepios-Tempel sieht man noch das Fundament des Asklepios-Altars.

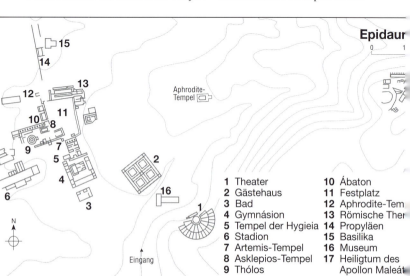

50

Argolís – **Epidauros** · Karte Seite 7

Der Heilgott Asklepios im Museum von Epidauros

Als prächtigstes Gebäude des Heiligtums wurde im 4. Jh. v. Chr. der **Thólos** (Rundbau) [9] errichtet. Wie dieser ausgesehen hat – außen war er von 26 dorischen Säulen umgeben, innen trugen 14 *korinthische Säulen* das spitz zulaufende *Kegeldach*, es gab einen *Mosaikfußboden* und *Wandbilder* –, konnte aus Architekturbruchstücken erschlossen werden, die farbigen Rekonstruktionszeichnungen sind eine Attraktion des Museums.
Immer wieder wird jedoch über Bedeutung und Funktion des Thólos gerätselt. In labyrinthischen Ringen sind die Mauern eines Untergeschosses angelegt, und nur sie sind noch vorhanden. Neuerdings hat man diese Mauern, in denen möglicherweise heilige Schlangen lebten, durch Aufschüttung des Außenrings geschützt. Einige Archäologen sahen im Thólos eine Opferstätte. In römischer Zeit hielten die Pilger ihn sogar für das Grab des Asklepios.
Der Name **Ábaton** [10] bedeutet ›das Unzugängliche‹. Es handelte sich um eine langgestreckte *Säulenhalle* (Stoa), in der die Kranken sich zum Heilschlaf niederlegten. Auch hier wird eine zumindest teilweise Wiederherstellung des Baukörpers versucht.

> **Wer war Asklepios?**
>
> *Die Sage berichtet, Apollon, der als Gott der Heilkunst galt, habe eine Königstochter zur Geliebten genommen. Diese heiratete jedoch, obwohl sie schon von Apoll schwanger war, einen Sterblichen. Der Gott, dem schützende, aber auch zerstörende Kräfte zugeschrieben wurden, erfuhr davon von einer Krähe. Voll Zorn verfluchte er den armen Vogel – seitdem sind die bis dahin weißen Krähen schwarz –, dann tötete er seine Geliebte. Als deren Leiche schon verbrannt wurde, besann sich Apoll jedoch auf das Kind und rettete es aus dem Leib der Toten. Er ließ den Knaben – Asklepios – von dem Kentauren Chiron aufziehen, der ihm die Kenntnis heilender Kräuter lehrte.*
>
> *In Epidauros erzählte man auch eine andere Geschichte, die ohne die Rettung aus dem Leichnam auskam: Die Geliebte des Apollon soll ihr Kind in Epidauros geboren und auf dem Berg ausgesetzt haben, wo es von einer Ziege gesäugt wurde. Ein Hirte erkannte die göttliche Natur des Kindes an dem Glanz, der es umgab.*
>
> *Schon in der Antike brachten die Menschen Asklepios sowohl mit Licht und Helligkeit als auch mit unterweltlichen Symbolen, wie Schlangen, in Zusammenhang. Mehrdeutig war er, daher geheimnisvoll. War Asklepios am Ende nicht nur Sohn des Apollon, sondern Apollon selbst? Asklepios soll geheilt und Tote wiedererweckt haben, deshalb – so die Sage – habe Zeus ihn, den Störer der Weltordnung, durch Blitzschlag getötet.*
>
> *Im antiken Griechenland gab es etwa 500 Kultstätten des Asklepios, Epidauros war die Wichtigste. Asklepios wurde zum Gott der Ärzte. Die Römer nannten ihn Aesculap, der Schlangenstab ist bis heute Symbol der Medizin.*

Nordöstlich des Asklepios-Tempels erstreckte sich ein sehr großer, rechteckiger **Festplatz** [11], der, denkt man sich die für Laien schwer definierbaren Mauerreste ringsum als stattliche Gebäude, einst prächtig anzusehen war. An seiner Westseite standen eine *Bibliothek* und ein *Bad* sowie nördlich ein kleiner **Aphrodite-**

Argolís – **Epidauros** · *Karte Seite 7, Plan Seite 50*

Zweierlei Auffassungen, Menschen abzubilden: antik im kleinen Museum von Epidauros …

Tempel [12], von dem nur noch Fundamentsteine zu sehen sind.
Die **Römischen Thermen** [13] schließen den Festplatz nach Osten ab und weisen zum Teil noch *hohe Mauern* auf. Erkennbar sind *Heizkammern* unter den Fußböden – Reinigungs-Riten gehörten zum Kult. Den Haupteingang zum Heiligtum bezeichnete in der Antike nördlich vom Festplatz über einer Talniederung der mit Rampen und Säulenpaaren aufgeführte, mit Stierköpfen geschmückte Säulenbau der **Propyläen** [14]. Leider ist nur sein mächtiges Fundament erhalten.
In der Niederung findet man noch die Ruine eines um Jahrhunderte jüngeren Bauwerks, einer frühchristlichen fünfschiffigen **Basilika** [15], die um die Wende vom 4. zum 5. Jh. entstand. Die Mauerreste zeigen, daß sie aus Steinen des schon von den Gotenscharen Alarichs zerstörten Heiligtums erbaut worden war. Vor der Kirche öffnete sich ein *säulenumgebener Hof* (Atrium), von dem aus die noch nicht Getauften am Gottesdienst teilnehmen konnten.

Museum [16]
Beim heutigen Ein- und Ausgang in das Grabungsgelände liegt das schlichte kleine Museumsgebäude. *Architektur- und Skulpturfragmente* (z.B. Hundeköpfe vom Artemis-Tempel), *Gewandstatuen* und *Stelen* mit Bauabrechnungen sind hier ausgestellt, auch ein herrlich gearbeitetes *korinthisches Marmorkapitell*.
Am interessantesten sind die mit Originalteilen belegten *Rekonstruktionszeichnungen* von Artemis- und Asklepios-Tempel und vom Thólos – etwa ein Kassettenelement mit eingesetzter steinerner Blüte oder ein Stück Mosaikfußboden, aber auch die Struktur des ganzen Baukörpers. Der Neuaufbau, scheint es, könnte nächstens beginnen.
Links oberhalb des Theaters sind am Hang des Kynórtion-Bergs (heute: Charáni) u.a. Tempelfundamente und Reste eines Brunnenhauses vom **Heiligtum des Apollon Maleátas** [17] erhalten. Ein *Altar für Brandopfer* wurde schon im 7. Jh. v. Chr. benutzt. (Etwa halbstündiger Fußweg, vom oberen Rand des Theaters.)

Öffnungszeiten: Di–So 8–19, Mo 12.30–19 Uhr (im Winter kürzer)

Praktische Hinweise

Tel.-Vorwahl Epidauros: 07 53
Postleitzahl: 21052
Die **Festspiele** von Epidauros finden mit Dramen und Komödien meist von Anfang Juli bis Mitte August statt. Die Schauspieler sprechen den Text entweder alt- oder neugriechisch.

Argolís – **Ligourió/Halbinsel Methánon/Méthana** · *Karte Seite 7*

Busverbindungen von Athen und Nauplia, viele Sonderfahrten. ›Special Service Festival‹ von KTEL-Tours (Nauplia, Syngroú 8, Tel. 07 52/2 73 23), mit Anfahrt von Athen, Nauplia, Argos, Toló, Drépano.

Hotel und Restaurant
**Xenia II, Tel. 2 20 03. Bungalows am Hang in der Nähe des Theaters, während der Festspielsaison sollte man frühzeitig reservieren!
*Taverne Alekos, etwa 1 km westlich der antiken Stätte an der Straße. Wenn das Gedränge im Xenia-Restaurant unerträglich wird, sitzt man hier angenehm im Baumschatten.

20 Ligourió
25 km östlich von Nauplia, 4 km westlich des Asklepios-Heiligtums

Ländlicher Ort mit interessanter mittelalterlicher Kirche.

... und christlich-mittelalterlich in der Kirche von Ligourió

Nahe der östlichen Ortseinfahrt liegt seitlich der Hauptstraße (wenn man von Epidauros kommt: links) an einem offenen Platz die byzantinische **Kreuzkuppelkirche Agíou Ioánnou Theológou,** erbaut wahrscheinlich im 12. Jh. unter Verwendung vieler antiker Spolien aus Epidauros, beispielsweise einer senkrecht eingemauerten marmornen Türschwelle. Im Inneren ruht der Kuppelbau auf Säulen und Pfeilern. An der Nordwand hat der Baumeister eine *Inschrift* hinterlassen: »O Herr, stehe deinem Knecht Theophýlaktos bei, dem Baumeister von der Insel Kea« – unüblich für byzantinische Kirchen dieser Epoche.
In Ligourió einfache Quartiere für Reisende, die dicht bei Epidauros übernachten wollen.

21 Halbinsel Methánon / Méthana
88 km östlich von Nauplia, 54 km südöstlich von Paláa Epídavros

Vulkanische Landschaft mit alten Burgen und Kirchen.

Von ganz besonderer **landschaftlicher Schönheit** ist schon die Fahrt von Paláa Epídavros oder Nauplia nach Méthana über Trachiá, Driópi, Kalloní. Weite Aussichten vom Küstengebirge auf den Saronischen Golf, Inseln und Buchten.

Kurz nachdem man auf kurviger Straße über die 70 m hohe Landbrücke zur Halbinsel hinübergefahren ist, kommt man am Ortseingang von Méthana am **Vromolímni** (= Stinksee) vorbei, der seinem Namen alle Ehre macht.
Méthana ist ein *Badeort mit Schwefelquelle*, aber auch die Halbinsel selbst, offiziell Methánon, wird oft Méthana genannt – ein fast überall gebirgiges, inselhaftes Gebiet von dreieckigem Umriß. Methánons bis 741 m hoch ansteigendes Bergmassiv ist neben Thira/Santorin der einzige griechische **Vulkan,** von dem in historischer Zeit ein Ausbruch bezeugt ist (um 250 v. Chr.). Warme Schwefel- und Kohlensäurequellen wurden schon in der Antike zu Badekuren genutzt. Die heutigen Thermaleinrichtungen muten etwas altmodisch an, sind aber bei Rheuma und Hautkrankheiten äußerst beliebt.
Zum Glück für die Gäste ist Méthanas Uferpromenade mit den Hotels weit genug vom ›Stinksee‹ entfernt. Es lohnt, die Halbinsel mit ihren **alten Burgen** und **byzantinischen Kirchlein** zu erkunden. Im Nordwesten bezeugen die ›Mávri Pétra‹ (blaue Steine) ihre vulkanische Herkunft, beim Dorf Kaiméni Chóra (425 m hoch) findet man den Krater des Ausbruchs, von dem Pausanias und Stra-

Argolís – **Trizín** · Karte Seite 7

Ein seifengrünes Becken voll schwefelduftenden Quellwassers: das Heilbad Méthana

bo berichteten. Im Südwesten liegen Vathý und Alt-Méthana, über der Landbrücke des Kástron Faviérou.
Schöne **Badeplätze** findet man auch an der Bucht von Stenó, gegenüber der Halbinsel.

22 Trizín

55 km südöstlich von Ligourió,
18 km südwestlich von Méthana

Ruinen des antiken Troizen, der legendären Geburtsstadt des Heros Theseus.

<u>*Geschichte*</u> Frühhelladische Besiedelung, in den Perserkriegen 480 v. Chr. ein Zufluchtsort der Athener, im frühen Mittelalter Bischofssitz, später Baronie des fränkischen Herzogtums Athen, von 1363 an dem Despotat Mystrá zugehörig, am Ende der türkischen Ära 1827 Tagungsort der 3. Griechischen Nationalversammlung. Ioánnis Kapodístrias wurde damals in Trizín zum Präsidenten gewählt – in diesem argolischen Ort hat sich vieles überlagert!

<u>*Besichtigung*</u> Westlich vom Dorf Damalás (offiziell Trizín) findet man das antike Gelände. An der ersten größeren Weggabelung wird ein verwitterter **Muschelkalkblock** als jener Fels gezeigt, den Theseus der Sage nach hob, um seines Vaters Schwert zu nehmen und in der Folge Land und Leute von sechs Plagen zu befreien.
Dicht benachbart lag die antike **Agorá**. Man sieht römische Ziegelmauern und die Tonnengewölbe einer **Badeanlage** und eines **Musenheiligtums**. Etwa 100 m nördlich stand der **Tempel der Artemis** Sotíra, der Retterin. Deren Kult wurde offenbar christianisiert: Wiederum 100 m weiter steht eine **Ágios-Sotíras-Kapelle** (Erlöserkapelle).
Dort fand man das wichtigste Zeugnis aus der Geschichte des Ortes: eine *Inschrift*, die von der Evakuierung Athener Frauen und Kinder nach Troizen spricht, als sie vor den Persern in Sicherheit gebracht wurden. Auch **Befestigungsmauern** aus dem 3. Jh. v. Chr. sind noch erhalten. Sie schlossen ursprünglich die südlich auf dem Berg liegende Akropolis (später fränkische Burg) mit ein. Zu einer jüngeren Befestigung gehört der zweigeschossige hellenistische Turm, der ›Theseus-Palast‹ genannt wird (1. Jh. v. Chr., Oberteil fränkisch).
Südwestlich gelangt man auf einem Wanderweg in eine oleanderüberwucherte Schlucht und zu einer **Naturbrücke**, die in fränkischer Zeit untermauert wurde und als ›Teufelsbrücke‹ (Diavologéphyra) bekannt ist.
Nordwestlich führt ein Weg über den meist trockenen Gephyron-Bach in ein **Asklepios-Heiligtum** und zum antiken

Argolís – **Galatás/Ermióni** · *Karte Seite 7*

Stadion. Man glaubt, Spuren von Liegehallen ausmachen zu können, für den Heilschlaf der Patienten.

Unterhalb des einstigen Kultzentrums liegt das Stadion und stehen noch Mauern der Palää Episkopí, einer **Bischofskirche** des frühen Mittelalters.

23 Galatás

59 km südöstlich von Ligourió

Fährort zur gegenüberliegenden Insel Póros.

Die Szenerie gleicht einem Seeufer: Gemächlich ziehen kleine Boote mit Sonnendächern ihre Bahn, Wohnhäuser und Tavernen spiegeln sich im ruhigen Wasser. Häufig kommt aber ein größeres Fährschiff aus Athen – es ist eben doch ein Stück Meer, das hier bei Galatás die **Insel Póros** vom Peloponnes trennt. Bei einem Ausflug zur Insel kann man an Póros' hübscher Hafenfront sitzen, die Gassen des malerischen Orts zum Uhrturm hinaufsteigen oder durch schattige Kiefernwälder zur Stätte des alten Poseidon-Heiligtums (3 km östlich rechts der Straße) wandern.

Im Altertum, als die Insel Kalávria hieß, war der **Poseidon-Tempel** eine berühmte Asylstätte. Den Athener Politiker und berühmten Redner Demosthenes jedoch wollten die makedonischen Verfolger trotz der Heiligkeit des Ortes von hier verschleppen, und er beging Selbstmord.

Einen idyllischen Ruheplatz bietet das **Kloster Zoodóchou Pigís** (der lebensspendenden Quelle) aus dem 18. Jh. mit seinem Innenhof, in grünem Tal an sprudelnden Wassern (6 km vom Hafen).

5 km außerhalb von Galatás an der Festlandsküste: ****Stella Maris**, große Hotelanlage, mit vielen Sportmöglichkeiten, Tel. 02 98/2 21 72-3, April–Okt.

24 Ermióni

18 km nordöstlich von Portochéli,
87 km südöstlich von Nauplia,
54 km südlich von Palää Epídavros

Hafenort an der Südküste, im Umkreis gute Badeplätze und große Hotels.

Ermióni liegt an zwei Buchten und auf einer Landzunge, zwischen Meer und

Vom Hafen- und Fischerort Ermióni an der Argolís-Südküste kann man auch zur Insel Hydra übersetzen

Argolís – **Ermióni/Portochéli** · *Karte Seite 7*

*Reicher und sehr dekorativer Fang:
Tintenfische (griechisch: Kalamarákia)*

Hügelland. Tavernen, Touristen und kleinere Hotels finden sich hauptsächlich am Kai der geschützten nördlichen Bucht, in der auch die Tragflügelboote anlegen. Die einheimischen Fischerboote ankern in der südlichen Bucht Mandrákia.
Die Spitze der Landzunge ist mit ihrem Seekiefernwald Fußgängern und Picknickrunden vorbehalten. Einst wohnten hier die Bürger der **Stadt Hermione**. Man sieht Ruinen der teils antiken, teils byzantinischen Stadtmauer nahe dem Ufer, Fundamente eines Poseidon-Tempels und Reste frühchristlicher Kirchen.
Von Ermióni verkehren Fähren zu der 20 km entfernten **Insel Ýdra** (Hydra). Ihr fast kahler, langgestreckter Felsrücken birgt in einer Hafenbucht den malerischen Ort Ýdra. Die weißen Häuser an steilen Hängen über dem Hafenbecken, Treppengassen und Patrizierresidenzen ziehen seit Jahrzehnten Künstler und schicke Leute in ihrem Gefolge an.

Praktische Hinweise

Tel.-Vorwahl Ermióni: 07 54
Postleitzahl: 21051
Schiffsverbindungen mit Piräus und den Inseln im Saronischen Golf.

Busverbindungen mit Portochéli, Kranídi (weiter nach Nauplia) und Galatás.

Hotels und Restaurants

Außerhalb von Ermióni haben sich einige der größten Hotelanlagen des Peloponnes etabliert, in oberster Preiskategorie u. a. das ******Porto Hydra Hotel** mit 600 Betten, teils in Bungalows. 21051 Plépi, Tel. 07 54/4 11 12 und 4 13 13, Fax 4 12 95. Unter den zahlreichen Restaurants in Ermióni ist die freundliche Fischtaverne ****O Kavos** oberhalb des Hafens Mandrákia besonders empfehlenswert. Von der Terrasse herrlicher Blick übers Meer auf die Inseln. Tel. 07 54/3 21 52.

25 Portochéli

87 km südöstlich von Nauplia,
124 km südlich von Korinth

Vielbesuchter Urlaubsort inmitten einer traumhaften Buchten-, Berg- und Insellandschaft.

Um Portochéli erlebt man kein mächtig aus dem Meer aufsteigendes Gebirge wie an vielen Peloponnes-Küsten. Um seine halbkreisförmige **weite Bucht** vor hügeligem Hinterland kann sich das Dorf immer mehr ausbreiten, mit Yachthafen, kleinem Flugplatz, vielen Hotels und zahlreichen Ferienhäusern.
Der Ort selbst hat bei raschem Wachstum seinen ursprünglichen Charme gegen allerlei touristischen Komfort eingetauscht. Aber die zum Teil sehr großen Hotelanlagen mit Hunderten von Betten sind nicht zu eng benachbart und mit moderater Geschoßzahl gebaut worden. Das Landschaftsbild der Buchten und Landzungen wird darum auch nicht von Architekturmassen beherrscht, sondern hat fast **Parkcharakter**. Kommt noch das zauberhafte Wechselspiel des Lichts zwischen Wasser und Himmel hinzu, kann man die vielen Griechen, Deutschen, Franzosen und Briten verstehen, die hier, in der südlichsten Argolís, ihre Ersparnisse in einem kleinen Stück Land anlegen. Mit dem Tragflügelboot ist der Hafen Zea (Piräus) nur zwei Stunden entfernt. Ferienhäuser jeden Standards kann man auch mieten.
Das **antike Halieis** liegt zum Teil unter Wasser. Im 5. Jh. v. Chr. siedelten sich Vertriebene aus Tiryns hier an und brachten den Ort an der Südseite der Bucht zu

Argolís – **Portochéli/Kiláda/Dídima** · Karte Seite 7

Wohlstand. Auf der *Akropolis* fanden amerikanische Archäologen auch jungsteinzeitliche und frühhelladische Siedlungsspuren. Unweit der Straße nach Kósta kann man im flachen Wasser Hausfundamente sehen.

Praktische Hinweise

Tel.-Vorwahl Portochéli: 07 54
Postleitzahl: 21300
Busverbindungen mit Nauplia, Athen, Kósta, Ermióni.
Schiffsverbindungen (Tragflügelboote) mit Zea (Piräus), Nauplia, mit den Saronischen Inseln.
Flugverbindung vom privaten Flughafen mit gemieteten Flugzeugen.

Hotel

****La Cité, Tel. 5 14 56, Fax 5 12 65. Unterhalb der Straße nach Kósta, etwa 2 km von Portochéli am Meer. Swimmingpool, Tennisplätze, Animationsprogramme. April–Okt.
****Hinitsa Beach Hotel, Tel. 5 14 01, Fax 5 14 02. Großes Hotel (180 Zimmer), an einer eigenen Bucht gelegen, Air-Condition. Viele Sportmöglichkeiten, u. a. Tennis, Wasserski, Gleitschirmfliegen. Swimmingpool, Disko. April–Okt.

Appartements und Ferienhäuser bei **Haleies Travel** am Hafen, Tel. 5 14 56, Fax 5 17 18. Claire und Takis Dimarákis vermitteln auch Boote und Mietwagen.

26 Kiláda

12 km nördlich von Portochéli,
3 km westlich von Kranídi

Ruhiges Fischerdorf und ein uralter Wohnplatz.

An einer von kahlen Felswänden gesäumten Bucht liegt das Dorf Kiláda – mehr Fischerdorf als Ferienort. Doch den Hafen, in dem auch Yachten anlegen, säumen einige Tavernen unter Markisen-Dächern. Hinter dem Dorf dehnt sich ein Kiesstrand aus. Eine Attraktion ist die **Schiffswerft** am Ortseingang, in der Fischerboote (Kaíkis) in traditioneller Art, ganz aus Holz, gebaut werden. Gleich daneben der Campingplatz ›Relax‹.
Auf der gegenüberliegenden Seite der Bucht ist hoch über dem Meer eine große Höhlenöffnung zu sehen. In dieser **Höhle von Franchthi** (albanisch für ›Höhle‹) fand der amerikanische Archäologe Thomas W. Jacobsen einen der frühesten Wohnplätze, seit 30 000 Jahren immer wieder von Jägern und Sammlern benutzt. Keine Straßenzufahrt, keine Fundstücke mehr vor Ort.

27 Dídima

25 km nördlich von Portochéli,
36 km südöstlich von Ligourió

Hier tat sich die Erde auf: zwei der größten Dolinen im Mittelmeerraum.

Im weiten ölbaumgrünen Talgrund des Ermionídos-Gebirges in der Südargolís ist der Ort Dídima an sich nicht sehens-

Die Werkzeuge sind modern, die Kaíkis aber haben noch immer die gleiche Gestalt wie seit Jahrhunderten und wollen auch wie eh und je liebevoll gepflegt sein

Argolís – **Dídima** · *Karte Seite 7*

Wie eine Augenhöhle in der Landschaft: die riesige Doline oberhalb vom Ort Dídima

wert. Westlich davon ist jedoch an der Bergflanke eine riesige, ovale Öffnung mit steilen, felsigen Innenwänden zu bestaunen. Es handelt sich um **eine der weltweit größten Dolinen** – andernorts auch als ›Erdfälle‹ bekannt –, geologische Erscheinungen in Kalkgebirgen, die durch unterirdische Auswaschung und nachfolgenden Einbruch von Karsthöhlen entstehen.

Fährt man auf einer Seitenstraße auf die am Berg sichtbare Doline zu, kommt man nach etwa 500 m rechts in einem kleinen Waldstück zu einer **weiteren Doline** von über 100 m Durchmesser und rund 50 m Tiefe. Unter Bäumen versteckt beginnt außerhalb der Umzäunung eine Treppe, unter noch schmalerem Zugang eine zweite, ein Gang führt unter die Erdoberfläche und in die Innenwand, wo Eremiten-Mönche ein scheinbar zugangsloses *Kirchlein* und eine *Einsiedelei* errichteten (heute verlassen und abgeschlossen). Das ›Naturwunder‹ der Dídima-Dolinen ist im übrigen erfreulich naturbelassen erhalten, zur Doline am Berg führt noch nicht einmal eine Straße.

Westlich von Dídima ist über eine schmale kurvige, aber gut ausgebaute Straße die **Salándi-Bucht** zu erreichen, die sich in stiller Schönheit weit zum Meer öffnet. Leider stört die Kastenarchitektur eines achtstöckigen Hotels, das als einziges Gebäude am Ufer aufragt.

Praktische Hinweise

Tel.-Vorwahl Salándi: 0754
Postleitzahl: 21300
Verkehrsverbindungen: Die Buslinie Portochéli–Athen bzw. –Nauplia berührt Dídima. Autofahrer haben zwei Wege in Richtung Nauplia: den üblichen auf breiter Straße über Ligourió oder den kurvigen, landschaftlich fesselnden von Neochóri westlich von Paralía Iríon an die Bucht von Toló.

Hotel

***Salándi Beach,** 21300 Salándi, Tel. 7 13 91-3. Hotel- und Bungalow-Anlage mit fast 800 Betten, Swimmingpool, Tennis, Wassersport, Nightclub, Air-Condition. Juni–Okt.

Argolís – **Toló** · *Karte Seite 7*

28 Toló

14 km südöstlich von Nauplia

Meistbesuchter Strandort der Argolís.

Am Nordende einer großen, mit vorgelagerten Inseln schön umschlossenen Bucht liegt der internationale **Ferienort Toló**, dem man nicht mehr ansieht, daß er einmal ein Fischerdorf gewesen ist. Die bis zu sechs und acht Stockwerke hohen Hotels stehen dicht den Hang hinauf, ufernah säumt ihre Kette einen kaum 10 m breiten, festgetretenen Sandstrand. Zum östlichen Ortsende wird der Strand breiter. Dort wurde 1958 als erstes Hotel von Toló das ›Solon‹ eröffnet.

Souvenirläden, Fast-Food-Restaurants, Bars, Eisdielen und Diskos sind reichlich vorhanden, wer Unterhaltung und Betrieb bis nach Mitternacht sucht, ist zur Saison hier richtig.

Das Griechenlanderlebnis mit Blick übers klare Meer und stillem Licht im Wechsel der Tageszeiten kann man genießen, wenn man über die Bucht zur unbewohnten **Insel Rómvi** überfährt und – ohne Weg – auf einen der beiden Inselberge steigt oder weiter zur kleinen **Insel Daskalió**, wo die verfallene *Kirche Panagía Zoodóchos Pigí* und *Reste von Befestigungsmauern* zu besichtigen sind. Der Name Daskalió (didáskein = unterrichten) weist auf eine Schule hin, in der während der Osmanenzeit Religion, Lesen und Schreiben gelehrt wurde. Ausblick weit über Meer und Land hat man auch vom **Berg Prophítis Elías**, der Weg hinauf ist an der landzugewandten Seite nicht allzu anstrengend.

Etwa 2 km östlich von Toló erstreckt sich am Meer ein dschungeldicht überwachsener **Felsrücken** ins Meer, einst die Akropolis der antiken Stadt Asíni. Dieser Platz war seit frühhelladischer Zeit (3000 v. Chr.) besiedelt, der hier gefundene mittelhelladische *Porträtkopf des sogenannten Lords von Asíni* beeindruckt im Museum von Nauplia durch seine arrogante Herrscherphysiognomie. Homer pries Asíni in der Ilias, in klassischer Zeit wurde es von Sparta bedrängt, die Einwohner wanderten nach Messenien in das spätere Koróni aus.

Die **antiken Überreste** auf der kleinen Halbinsel sind stark überwachsen, doch gibt es Treppenpfade zum kleinen Kap. Sichtbar sind noch *Festungsmauern*, deren untere Partien aus mykenischer Zeit stammen sollen. Eine *Toranlage* an der Nordostecke sowie ein hoher *Turm* sind am östlichen Rand des Geländes erhalten, zur Straße hin auch Ruinen eines *römischen Bades*. Nach Osten langer Strand!

Toló mit seiner schönen Bucht – der Ort des heftigsten Hotelbooms auf dem Peloponnes

Argolís – **Drépano und der Golf von Toló/Nauplia** · *Karte Seite 7*

Praktische Hinweise

Tel.-Vorwahl Toló: 07 52
Postleitzahl: 21056
Verkehrsverbindungen: Tragflügelboote nach Piräus (Zea), zu verschiedenen Orten der Argolís und zu den Saronischen Inseln.
Bus: u. a. nach Nauplia, tagsüber stündlich.

Hotel und Restaurant
***Solon,** Tel. 5 92 04 und 5 97 00, Fax 5 91 54. Direkt am Strand, Terrasse mit Meerblick, 30 Zimmer, persönliche Atmosphäre. April–Okt.
****To Kastráki,** Fischtaverne und Restaurant, Kastráki Asínis. Tel. 5 99 32. Idyllische Terrasse über der Bucht des antiken Asíni, in Sichtweite von Toló. April–Okt.
In und um Asíni viele Privatzimmer-Angebote!

29 Drépano und der Golf von Toló

10 km südöstlich von Nauplia, 6 km nordöstlich von Toló.

Breite Strände vor fruchtbarer Landschaft.

Vor den Bergen breitet sich eine grüne Landschaft mit Oliven-, Wein- und Orangenpflanzungen aus. In der schmalen langen Meereszunge, die sich von der Bucht von Toló landeinwärts zieht, liegt **Drépano** mit seinem Hafen, den die Venezianer mit einer kleinen Burg befestigten, und seinem weiten, breiten Strand (meist Sand). Der touristische Aufschwung hat das Ortsbild allerdings nicht gerade verschönert. Am Strand haben Camper die Auswahl unter mehreren, teils attraktiven Plätzen. Hotels verbergen sich in üppigen Gärten.
Von Drépano südöstlich wird der Strand schmaler und steiniger, kilometerweit bleibt nur ein schattenloser Streifen zwischen bewirtschafteten Feldern und dem Meer.
Für sehr ruhige, auch preiswerte Ferien empfehlen sich **Kandía** und **Paralía Iríon** als kleine Sommerfrischen, mit Pensionen und Privatquartieren, und demnächst auch Hotels. Mangels Strand weniger empfehlenswert ist **Vivári** an seiner weiten Bucht. Bei Paralía Iríon wendet sich die Straße von der nun felsigen Küste ab und führt landeinwärts übers Gebirge Richtung Dídima.

Praktische Hinweise

Tel.-Vorwahl Drépano: 07 52
Postleitzahl: 21060
Verkehrsverbindungen: u. a. mehrmals täglich Bus nach Nauplia.

Hotel
***Danti's Beach,** Tel. 9 21 91-2, Fax 9 21 93. Großes, einstöckiges Haus mit Garten und Baumpark direkt am Strand, ruhig. Swimmingpool, Wassersportmöglichkeiten.

30 Náfplio (Nauplia)

145 km südwestlich von Athen, 61 km südlich von Korinth

Vereint mehrere Vorzüge in sich: landschaftliche Schönheit, Reichtum an Kultur, guter Ausgangspunkt für Touren in die Argolís.

Geschichte Homer berichtet in der Ilias schlimme Geschichten vom Gründer, Nauplios, und dessen erfinderischem Sohn (nach anderen Quellen: Enkel) Palamedes. Historisch hatte die von Argos abhängige Stadt Nauplia in der Antike keine große Bedeutung und verödete in römischer Zeit. Erst die Byzantiner nutzten den **Naturhafen** wieder und machten 879 Nauplia zum Bischofssitz. Im 13. Jh. kamen zunächst fränkische Ritter, dann Venezianer an die Macht. Maria d'Enghien, die fränkische Witwe des Venezianers Petro Carnaro, überließ der Serenissima im 14. Jh. alle Herrschaftsrechte. Die Venezianer erweiterten und verstärkten die **Festung Akronauplia**, wendeten aber auch die heimische Pfahlbautechnik an und vergrößerten so das Stadtgelände am Meer. Mit der **Inselfestung Bourtsi** wurde der Hafen noch stärker gesichert, nachts konnte er mit einer Kette zwischen der Insel und dem Festland gesperrt werden (›Porto Catene‹). Der Ort hieß jetzt Napoli, später auch Napoli di Romania.
1540 gelang es den Türken, die Stadt nach dreijähriger Belagerung einzunehmen. Anderthalb Jahrhunderte herrschten Friede und wirtschaftlicher Wohlstand unter türkischer Besatzung.
Ende des 17. Jh., nach der Niederlage der Türken vor Wien, ergriffen die Venezianer die Gelegenheit, dem geschwächten osmanischen Reich Besitzungen im Ostmittelmeer streitig zu machen, darunter Nauplia. Die zweite venezianische Herr-

Argolís – **Nauplia** · *Karte Seite 7, Plan Seite 62*

Weit nach Westen ragt Nauplias schöne Altstadt-Halbinsel in den Argolischen Golf

schaft währte aber nur 30 Jahre. Bei der türkischen Wiedereroberung 1715 kam es in Nauplia zu wüsten Massakern, nachdem zuvor schon das Umland durch Krieg entvölkert worden war.
Im griechischen Befreiungskrieg konnte Nauplia 1822 nach mehr als einjähriger Belagerung erobert werden. 1823 wurde es **Sitz einer Revolutionsregierung**. Graf Kapodístrias, der Herkunft nach aus Korfu und zuvor russischer Diplomat, regierte hier von 1828 an als der erste Präsident des neuen Staates. Es gelang ihm nicht, das Land zu befrieden, das unter den Streitigkeiten der selbstherrlichen, gewalttätigen Gruppen aus der Befreiungsbewegung litt. Verwandte eines auf der Festung Palamídi inhaftierten Anführers der Manioten ermordeten Kapodístrias 1831 in Nauplia.
Mit Jubel und Lorbeerzweigen begrüßten die Nafplioten zwei Jahre später, am 30. Januar 1833, ihren neuen König, den jungen Bayernprinzen **Otto von Wittelsbach**. Die Regierungsmacht lag allerdings für die nächsten zwei Jahre bei einer Regentschaft. Auf Drängen seiner Sicherheitsberater residierte Otto fernab vom Volk hoch über Nauplia in den Mauern der Festung Palamídi, verlegte aber seine Residenz und damit die Hauptstadt schon Ende 1834 nach Athen.

Die bayerische Epoche – 1862 wurde Otto zum Thronverzicht genötigt – hinterließ in Nauplias Altstadt harmonische klassizistische Bauten. Mit anderen Gebäuden in venezianischem und türkischem Stil bilden sie ein erfreuliches Stadtensemble. Die Stadt wuchs zum Meer hin um neue, weiträumige Straßenzüge (nördlich der Amalias). Heute ist Nauplia Verwaltungssitz des Nomós Argolís und besonders bei Künstlern und Kunstinteressierten beliebt.

Besichtigung Enge, blütenüberwachsene Gassen und Treppen, Marmorbrunnen mit osmanischen Inschriften, kleine Läden, Tavernen und Cafés laden zu immer neuen Rundgängen ein. Um die Stadt kennenzulernen, beginnt man am besten am **Sýntagma-Platz** [1], der vom Kai etwas landeinwärts liegt. Autofrei, mit blanken großen Steinplatten gepflastert, ist er eine ideale Bühne städtischen Lebens, für Gespräche, Begegnungen, Sehen und Gesehenwerden. Wer unter den Sonnendächern der großen Cafés und Restaurants sitzt, ist zugleich Zuschauer und Mitspieler der Szene.
An der Westseite wird das schlichte wohlproportionierte Gebäude, das die Venezianer 1713 als Magazin ihrer Flotte errichteten, jetzt als **Archäologisches**

Argolís – **Nauplia** · Karte Seite 7

Museum [2] genutzt (Archäologikó Moussío, Di–So 8.30–15 Uhr).
Das architektonische Erbe der Türkenzeit nimmt man erst auf den zweiten Blick wahr. Hinter der Südwestecke des Platzes – man geht an steinernen venezianischen Löwen vorbei – fällt ein aus Quadern gemauertes Gebäude mit großer Kuppel auf, das etwas übereck steht. Dies war einst die große **Moschee** [3], wie alle Moscheen streng nach Mekka ausgerichtet. 1995 gerade in Restauration, diente der Bau zuletzt als Konzertsaal. Gleich nach der Befreiung tagte darin das Parlament. Das Gebäude dahinter mit dreigeschossigen Galerien im Innenhof ist die **ehemalige Koranschule** (Medresé), später Gefängnis, jetzt Magazin und *Werkstatt des Archäologischen Museums*. An der Ostseite des Platzes steht eine zweite **ehemalige Moschee** [4], ein überkuppeltes Gebäude, möglicherweise aus dem 16. Jh. Es war im unabhängigen Griechenland die erste höhere Schule, heute finden dort Kino-, Vortrags- und Theaterveranstaltungen statt.

Zurück über den Platz und am Museum vorbei kommt man zur **Basilika der Panagía** [5] aus der Wende vom 17. zum 18. Jh., die wegen ihrer reichverzierten *Ikonostase* sehenswert ist.

Dem Meer wendet sich die weite Platía Iatroú zu, mit zahllosen Kafeníon-Stühlen, dem spätklassizistischen **Rathaus** (Dimarchío) [6] und – mitten auf dem Platz – der **Gedenksäule** [7] für die beim Befreiungskampf gefallenen französischen Soldaten (Philhellínon).

Postkartenschön liegt die **Insel Bourtsi** [8] im Blick. Die venezianische Burg,

Nauplia

1 Sýntagma-Platz
2 Archäologisches Museum
3 Ehem. Große Moschee
4 Ehem. Kleine Moschee
5 Panagía-Basilika
6 Rathaus
7 Gedenksäule
8 Insel Bourtsi
9 Kapodístrias-Palme
10 Panagía-Felsenkapelle
11 Agía Sophía
12 Metamórphossis-Kirche
13 Kathedrale Ágios Geórgios
14 Busbahnhof
15 Festung Palamídi
16 Postamt
17 Bahnhof
18 Militärmuseum
19 Volkskundemuseum
20 Akronauplia

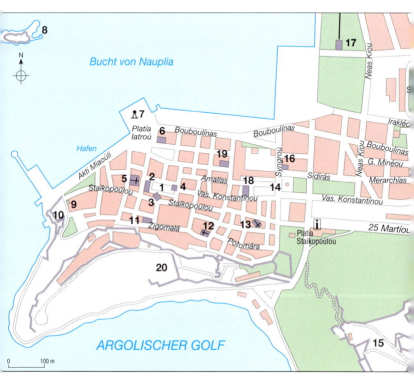

Argolís – **Nauplia** · *Karte Seite 7*

Essen und Trinken von frühmorgens bis spät in die Nacht: die ›Restaurantstraße‹ Staikopoúlou

von den Türken noch verstärkt, war nach der Gründung des neuen griechischen Staates der Wohnsitz des Henkers – die Guillotine dagegen stand in der Festung Palamídi. Mit kleinen Booten kann man sich hinüberfahren lassen.

Nach Südwesten geht es den Kai Akti Miaoúli entlang und an dessen Ende hinauf zur Platía Spiliádou unterhalb der Akronauplia. Dort wächst, oberhalb der Straße, eine **Palme** [**9**], die Kapodístrias selber gepflanzt haben soll. Sie ist allerdings für ihr Alter ziemlich klein. Wer den Stadtrundgang hier unterbrechen will, kann den Fußweg um den Akronauplia-Felsen weitergehen bis zu einer kleinen **Panagía-Felsenkapelle** [**10**] – mit schönstem Ausblick bei Sonnenuntergang. Noch weiter führt der Weg um die Felsnase herum bis zum Arvaníta-Badestrand mit Umkleidekabinen, Duschen und einem großen Park-Café am Hang.

Setzt man den Stadtrundgang fort, so kommt man von der Kapodístrias-Palme über die Staikopoúlou in ein Viertel mit hübschen Läden und vielen Restaurants. Oberhalb des Sýntagma-Platzes geht es noch weiter hinauf zur versteckt liegenden Kirche **Agía Sophía** [**11**]. Sie ist die älteste der Stadt, eine Kreuzkuppelkirche vom Ende des 14. Jh., leider meist verschlossen.

Am östlichen Ende der Staikopoúlou, gegenüber einem grasüberwachsenen türkischen *Hamam*, kann man in die 1702 gestiftete **Kirche Ágios Spyrídon** eintreten. Neben dem Portal ist unter Glas bis heute die Spur der Kugel bewahrt, mit der am 9. Oktober 1831 der erste griechische Präsident Ioánnis Kapodístrias beim Kirchgang getötet wurde – von Verwandten des aufmüpfigen maniotischen Freiheitshelden Petrobey Mavromichális, den Kapodístrias festgesetzt und nicht wieder freigelassen hatte.

Argolís – **Nauplia** · *Karte Seite 7, Plan Seite 62*

Nauplias Kathedralkirche Ágios Geórgios, vermutlich im 16. Jh. als Moschee erbaut

Wenige Schritte weiter in östlicher Richtung gelangt man über eine Treppe zur **Metamórphossis-Kirche** [12], auch Frangoklissiá genannt. Sie ist die von König Otto dazu bestimmte römisch-katholische Kirche Nauplias (ursprünglich als Moschee erbaut). Der volkstümliche Name ›Kirche der Franken‹ kann von der Zugehörigkeit der westlichen Franken zum katholischen Glauben hergeleitet sein.

Den Kirchenraum dominiert ein schlichtes frühes *Denkmal* für die im Kampf gefallenen Philhellenen; auch die Namen Lord Byrons und der deutschen Adligen von Riedesel und von Knobelsdorff sind darunter. Vor der Kirche führt unter einem Metalldeckel eine Treppe zum unterirdischen *Philhellenen-Erinnerungsmal* aus neuerer Zeit hinab.

Am östlichen Rand der Altstadt kommt man über die Kosta Papanikoláu zur **Kathedrale Ágios Geórgios** [13]. Sie hat eine Haupt- und vier Nebenkuppeln und steht schräg zum Straßenraster, war also wohl ebenfalls eine Moschee. Ihr *Glockenturm* ist klassizistisch. Im Innenraum sieht man den *Thron König Ottos* (z. Z. entfernt) und eine Kopie von Leonardo da Vincis *Abendmahl*.

Aus der Altstadt hinaus, quert man die breite **Syngroú** [14] zum **Park** mit den

Denkmalen für Kapodístrias und den Freiheitskämpfer Theódoros Kolokotrónis. Bergwärts beginnt eine lange Treppe, die steil, manchmal überwölbt und in vielen Kehren mit 857 Stufen bis hinauf zur **Festung Palamídi [15]** führt. In der Gegenrichtung, zum Meer hin, befindet sich das **Postamt [16]** und schließlich, etwa 300 m weiter, seitlich des Hafenbeckens, der nostalgische **Mini-Bahnhof [17]**, der nur aus Bahnsteig und einem historischen Waggon als Schalter und Warteraum besteht.

Alternative: Von der Syngroú in die breite Amalías mit dem **Militärmuseum [18]** (s. u.) an der südlichen Straßenseite. Einen Block weiter biegt man nach Norden in die Sofróni ab und kommt nach zwei Querstraßen zum sehr sehenswerten **Volkskundemuseum [19]** (S. 66). Dieses Viertel zwischen Meer und Platía Syntágmatos ist voller Tavernen, kleiner Läden und Boutiquen, in vielen Schattierungen zwischen preiswert und luxuriös.

Museen und Burgen

Archäologisches Museum [2] Eine lebendige Vorstellung vom Wesen der mykenischen Kultur gewinnt man, wenn man vor oder nach dem Besuch von Mykene oder Tiryns dieses Museum besucht. Seine einzigartigen Funde stammen aus diesen und anderen Orten der Umgebung. Auf den ersten Blick meint mancher, vor den *Sälen voller Keramik* kapitulieren zu müssen, auf den zweiten Blick entdeckt man die Eleganz und Phantasie der Formen, zum Beispiel an den Amphoren im Palaststil mit Darstellungen von Seegetier (Oktopus) und Pflanzen. Ein Kühlgefäß mit doppelter Wand zeugt von hochentwickelter keramischer Technik.

Wie schwer Krieger gerüstet waren, sieht man an dem kompletten ›*Anzug*‹ *aus breiten, beweglichen Bronzebändern* (aus dem 15. Jh. v. Chr.), der in einem Grab in Déndra gefunden wurde. Der dazugehörige *Eberzahnhelm* ist mehr Schmuck als Panzerung. Einzigartig die Reihe von *Ton-Idolen aus Mykene*, die mit erhobenen Armen und starren Gesichtern kultische Zeremonien ausführen. Einen Abglanz der heiteren Leichtigkeit des mykenischen Hofes strahlen die kostbaren Reste von *Tiryns-Fresken* aus – die meisten sind allerdings im Athener Nationalmuseum.
(Archaikó Moussío, Di–So 8.30–15 Uhr, Tel. 2 46 90)

Ein Meisterwerk byzantinischer Silberschmiedekunst mit Engelsdarstellungen und Doppeladler

Militärmuseum [18] Das Gebäude war im 19. Jh. die erste Militärakademie Griechenlands, Museum ist es seit 1988. Es zeigt im ersten Stockwerk *griechische Militärgeschichte der letzten 200 Jahre*. Sehenswert sind auch die Serie der im 19. Jh. in München gedruckten *Darstellungen aus dem Unabhängigkeitskrieg* und die vielen ganz unmilitärischen *Kupfer- und Stahlstiche von Peloponnes-Landschaften*.
(Polemikó Moussío, Di–Sa 9–14, So 9.30–14 Uhr, Tel. 2 25 91)

Mykenische Vasenmalerei mit Meeresgetier im Archäologischen Museum von Nauplia

Argolís – **Nauplia** · Karte Seite 7, Plan Seite 62

Volkskundemuseum [19] 1974 als private Stiftung gegründet, präsentiert es in der Ypsilánti 2 auf unterhaltsame und anregende Art eine große *Sammlung von Trachten, Werkzeugen, textilem Kunsthandwerk*. Die Gegenstände stammen hauptsächlich, jedoch nicht ausschließlich aus dem Peloponnes. Eine Boutique verkauft volkstümliches Kunsthandwerk, auch ältere Stücke.
(Folk Art Museum, Mi–Mo 9–14.30 Uhr, Febr. geschlossen, Tel. 2 83 70)

Akronauplia [20] Zum Felsrücken hoch über der Altstadt kommt man auf der Straße zum Xenia-Hotel, dessen Bau den mittelalterlichen Festungscharakter der Anlage stark verwischt hat. Nur eine kundige Führung kann die zahlreichen, zum Teil überwachsenen oder überbauten *Mauerreste* befriedigend deuten. Deutlich erkennbar ist noch die mächtige *Grimáni-Bastion* mit dem *Markuslöwen* beim Eingang (Anfang 18. Jh.). In einer *Toranlage*, dem ehemaligen Zugang zum fränkischen Kastell, wurden *Fresken* aus dem 13. Jh. gefunden. Ruinen stammen von einer byzantinischen und einer fränkischen Burg, älteste Türme gehen bis aufs 3. Jh. n. Chr. zurück, der Unterbau der Umfassungsmauer besteht aus polygonalem antiken Mauerwerk (von der Unterstadt aus erkennbar). Auch *Moscheereste* sind im Dickicht der Feigenkakteen aufzufinden.

Akronauplia wird von manchen noch heute mit türkischem Namen ›Itsch Kale‹ genannt, ›drei Burgen‹, wegen der drei Befestigungswerke: Ganz im Westen bauten die Byzantiner, in der Mitte die Franken, im Osten die Venezianer – aber jede neue Herrschaft überbaute auch die Burgen der Vorgänger. (Frei zugänglich)

Festung Palamídi [15] Als 1686 die venezianischen Truppen Morosinis Nauplia eroberten, brachten sie ihre Kanonen auf dem 220 m hohen Palamídi-Felsen in Stellung und beschossen die tiefer liegenden Befestigungen der Türken auf Akronauplia. Um nicht selbst in eine solche Situation zu geraten, bauten die Venezianer 1711–14 den Palamídi-Felsen nach französischen Plänen zur stärksten Festung Griechenlands aus. Schon im Jahr nach seiner Vollendung fiel das kostspielige Gemäuer den Türken in die Hände, durch Verrat, wie es heißt. Gut ein Jahrhundert später erkletterte Stáikos Staikópoulos in der Nacht zum 30. No-

vember 1822 mit 300 Klephten das später ›Achilleus‹ genannte Fort und konnte die ganze Burg erobern, ein Erfolg mit starker Signalwirkung für die Freiheitskämpfer.

Die *Forts* tragen seit 1822 Namen antiker Helden. Als ein monumentales Beispiel europäischer Festungsbaugeschichte interessant, lohnt Palamídi den Besuch aber auch schon wegen des *fulminanten Ausblicks aufs Meer*. Im Innenraum ist außer einem bescheidenen *Burghof mit Kirche* wenig erhalten. Erinnert man sich an König Otto, der die ersten anderthalb Griechenland-Jahre in dieser Festung verbrachte, versteht man um so besser seine Wahl Athens zur neuen Hauptstadt und Residenz. (Festung geöffnet Mo–Sa 8–18.45, So 8.30–14.45 Uhr)

Außer dem langen Treppenweg von der Syngroú führt auch eine 3 km lange Straße (25 Martíou) über den Vorort Prónia bis ans Festungstor. Auf der Fahrt sieht man das Bild eines **riesigen Löwen** in den Fels gehauen, ein Werk des Wandsbeker Bildhauers Chr. H. Siegel im Auftrag König Ludwigs I. von Bayern. Es ist der Bayerische Löwe (Leontári), der an die vielen hier gestorbenen bayerischen Soldaten erinnert. Zum Teil fielen sie im Kampf mit Aufrührern, meist aber wurden sie Opfer von Seuchen und mangelnder Hygiene.

Praktische Hinweise

Tel.-Vorwahl Nauplia: 07 52
Postleitzahl: 21100
Tourist-Information: 25 Martíou 1 (gegenüber OTE), Tel. 2 44 44, Mo–Sa 9–13, 16–20 Uhr (im Winter verkürzt).
Bahnverbindungen: Bahnhof [17], nördlich in der Fortsetzung der Syngroú, nahe dem Meer. Tel. 2 64 00. Zweimal täglich Zugverbindung mit Athen (dauert länger als die Busfahrt).
Busverbindungen: (Station an der Syngroú [14]) mit Athen, Árgos, Korinth tagsüber stündlich, nach Mykene, Tiryns, Ermióni, Epidauros, Toló mehrmals täglich.
Tragflügelboote u. a. nach Piräus (Zea) und Portochéli im Sommer mehrmals täglich.
Touristenpolizei: Platía Ethnosyneléfseos, Tel. 2 77 76.
Parken: Stark eingeschränkt in der Altstadt, Parkplätze am Bouboulína-Kai.

Argolís – **Nauplia** · *Karte Seite 7, Plan Seite 62*

Die Burg Palamídi ist ein beeindruckendes Beispiel europäischer Festungsbaugeschichte

Hotels

****Xenia Palace, luxuriös ausgestattetes Spitzenhotel auf dem Plateau der Akronauplia, auch Bungalows, voll klimatisiert, Swimmingpool, Fahrstuhl zur Altstadt, Tel. 2 89 81-5, Fax 2 89 87.
***Xenia A, ebenfalls auf der Akronauplia, modernes Haus im Bereich des mittelalterlichen venezianischen Kastells. Tel. 2 89 81-5, Fax 2 89 87.
***Byron (Víron), Platonos 2, bei der Platía Agíou Spirídonos oberhalb einer Treppe, Tel. 2 23 51, Fax 2 63 38. Sehr angenehmes Hotel mit historischem Ambiente und Gartenterrasse, ohne Restaurant.
**Agamémnon, Aktí Miaoulí 3, Tel. 2 80 21-2, Fax 2 80 22. Altbewährtes Haus, Zimmer haben Blick auf die Insel Bourtsi, Halbpension obligatorisch.
**Leto, Zygomalá 28, Tel. 2 80 93. Schöne Lage in der oberen Altstadt, sehr ruhig, einfache Ausstattung, ohne Restaurant. März–Okt.

Restaurants

**Taverne Kakanarákis, Vas. Olgas 18, Tel. 2 53 71. Sehr gute regionale Küche.
**O Vasílis, Staikopoúlou 22 (in der ›Restaurantstraße‹ nahe der Platía Syntágmatos). Großes Angebot an griechischen Speisen.
**Kalamarákia, Papanikoláou 42, Tel. 2 85 62. Einfache kräftige Küche, viele, auch einheimische junge Gäste.

Einkaufen

Juweliere mit kostbarem Goldschmuck und einige Modegeschäfte an der Platía Syntágmatos und in der Nachbarschaft, zum Beispiel **Preludio**, Vas. Konstantínou 2, Tel. 2 52 77. Sehr gute Goldarbeiten, auch in traditionell griechischem Stil.
Avli, Staikopoúlou 10, Tel. 2 12 63 und Spiliádou 7, Tel. 2 10 05. Designermode, zum Teil handbemalt, auch Schmuck.

Ziel für Bootsausflüge: Inselfestung Bourtsi

Argolís – **Tíryns** · *Karte Seite 7*

Chília ké Éna Chrómata (1001 Farben), Kokínou 6, Tel. 2 34 34. Handdrucke, Bilder, Geschenke.
To Enótion, Staikopoúlou/Platías Agíou Georgíou. Neue Figuren des traditionellen griechischen Schattenspiels.

Am Abend

An der Platía Syntágmatos Kino und Kleinkunst, mehrere Bars/Music-Bars am Bouboulína-Kai und als Treffpunkte für die junge Generation das ›Formula 2000‹ und die Disko ›Naós‹ (beide nahe der Post) sowie die Disko ›Idol‹ (1, Fléssa).

31 Tíryns

5 km nördlich von Nauplia,
7 km südöstlich von Árgos

Gewaltige mykenische Mauern, seit Heinrich Schliemann immer wieder Forschungsfeld deutscher Archäologen.

Geschichte Heinrich Schliemann, Amateurarchäologe und zuvor schon in Troja fündig, grub seit 1878 auf dem 20 m hohen, langgestreckten Kalksteinfelsen, zusammen mit seinem jungen Freund Wilhelm Dörpfeld, der bald Direktor des Deutschen Archäologischen Instituts in Athen wurde. Die Grabungsarbeit deutscher und griechischer Archäologen dauert bis heute an.
Nach mythischer Überlieferung ist die Burg älter als Mykene. Perseus, der legendäre Gründer Mykenes, eroberte das schon bestehende, im 3. Jahrtausend v. Chr. von lykischen Kyklopen erbaute Tiryns. Tiryns ist auch der Ort, an dem sich die Geschichte von den wahnsinnigen Töchtern des Königs Proitos ereignet haben soll [siehe Nr. 9]. Hier herrschte jener Eurystheus, in dessen Dienst Herakles scheinbar Unmögliches, selbst für Heroenkräfte Unerreichbares immer wieder möglich machte.
Die mächtige mykenische Burganlage, deren Reste heute sichtbar sind, stammt aus dem 14.–12. Jh. v. Chr., sie wurde vermutlich um 1200 erobert und zerstört. Der Burgberg blieb aber besiedelt, man weiß von einem Hera-Tempel des 8. Jh., der im 5. Jh. bei der Eroberung durch Argos niedergerissen wurde, das Götterbild wurde ins Heraion überführt [siehe Nr. 33]. Damals wanderten die Einwohner aus und gründeten Halieis beim heutigen Portochéli [Nr. 25].

Besichtigung Oberhalb der Straße von Nauplia nach Árgos/Mykene liegt die **Königsburg**. Zu den stärksten Eindrücken von dieser über drei Jahrtausende alten Anlage gehören die kyklopischen Mauern. Schon Pausanias war voller Staunen: »... jeder Stein ist so groß, daß auch der kleinste von ihnen von einem Gespann von Maultieren überhaupt nicht von der Stelle bewegt werden könnte.« Über eine **Rampe [1]**, die ursprünglich fast 5 m breit und auch für Tiere geeignet war, kommt man zum **Burgtor [2]** im Osten der Festung – es ist wie das berühmte Löwentor von Mykene angelegt, trug vielleicht auch einst ein Löwenrelief. Auf schmalem Weg zwischen

Tíryns

1 Rampe	**9** Vorräume
2 Burgtor	**10** Mégaron
3 Haupttor	**11** Baderaum
4 Propylón	**12** Kleines Mégaron
5 Ostgalerie	**13** Mittelburg
6 Vorhof Oberburg	**14** Unterburg
7 Südgalerie	**15** Brunnengänge
8 Palasthof	

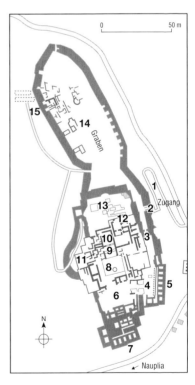

Argolís – **Tiryns** · Karte Seite 7

Die wuchtigen kyklopischen Mauern im Palast von Tiryns, der zwischen dem 14. und 12. Jh. v. Chr. erbaut wurde, beeindruckten schon in der Antike

Mauern geht es rechts weiter zur Unterburg, links ansteigend zur Oberburg. Am **Haupttor** [3] der Oberburg sind die aus einem Stein gehauenen *Türstöcke* erhalten. An der Südostecke öffnet sich am Ende eines schmalen Ganges ein Platz. Die *vier Säulenbasen* an dessen Ostseite blieben von einer Säulenhalle übrig, an der Westseite stand ein weiterer **Torbau** (Propylón) [4].
Hier kann man zur **Ostgalerie** [5] hinuntersteigen, dem faszinierendsten Baurest von Tiryns: Man blickt in einen überdeckten engen Gang – vor Jahren konnte man noch eintreten – mit spitzem ›falschem‹ Gewölbe, dessen Steine Schicht um Schicht bis zum oberen Abschluß etwas vorkragen. Die obersten Steinplatten lehnen zum spitzwinkeligen Abschluß gegeneinander. Im unteren Bereich sind die Wände glänzend poliert, wobei die Erklärung dafür bar jeden königlichen Glanzes ist: Dieses *Ganggewölbe* diente über ein Jahrtausend lang als Schafstallung, darum ist der Stein vom Fell der Tiere blank gescheuert.
Zur Höhe der Oberburg zurückgekehrt, sieht man sich im inneren Palastareal. Die erhaltenen Fundamente geben dem Augenschein allerdings nicht viel, gewinnen erst durch archäologische Erkenntnisse eine historische Bedeutung.

Da ist ein **Vorhof** [6], darunter die **Südgalerie** [7] (ähnlich der Ostgalerie, bisher aber nicht zugänglich), und abermals durch den Überrest eines kleinen Torbaus erreicht man den **Palasthof** [8]. Ein *Rundaltar* stand hier, die Basis im Stuckboden ist noch sichtbar.
Durch zwei **Vorräume** [9] tritt man vom Palasthof in den mit 12 x 11 m Seitenlänge beachtlich großen **Thronsaal** (Mégaron) [10] ein. Tatsächlich sind kaum größere Innenräume aus mykenischer Zeit bekannt. Man fand *Spuren eines Altar-Herdes*, von vier tragenden Säulen und von Octopus- und Delphin-Dekor auf dem Fußboden. *Wandornamente* des Palastes, die mit blauem Glasfluß eingelegt waren, und restaurierte *Wandbilder* aus dem Mégaron mit Jagdszenen und Frauen (Göttinnen?) sind im Athener Nationalmuseum ausgestellt. Ein *Mauerfundament* im Boden ist um Jahrhunderte jünger, stammt wohl vom Hera-Tempel des 8. Jh.
Im Wohnteil des Palastes ist am interessantesten ein **Baderaum** [11], dessen Balkenfußboden auf einem einzigen, rund 20 Tonnen schweren Kalksteinblock ruhte. Eine Abflußrinne ist noch erkennbar. Im vermutlich älteren Nordostteil des Palastes trifft man auf ein zweites, kleineres **Mégaron** [12]. Noch

Argolís – **Mykene** · *Karte Seite 7*

weiter nördlich schließt sich die tiefer gelegene **Mittelburg** an. [**13**].

In der jüngeren, vergleichsweise riesigen **Unterburg** [**14**] (rechts vom Burgtor) sind Ausgrabungen im Gange, das Gelände ist abgesperrt. Im Nordwesten der Umfassungsmauer waren zwei getarnte, fast 30 m lange **Brunnengänge** [**15**] angelegt, durch die man zu Brunnenschächten außerhalb der Mauer gelangte.

Öffnungszeiten: Tgl. 8–19 Uhr (im Winter kürzer). Aus Sicherheitsgründen – Einsturzgefahr – sind immer wieder wichtige Teile der Burg für das Publikum gesperrt.

Praktischer Hinweis

Busverbindung: Árgos–Nauplia, mehrmals täglich.

32 Mykíná (Mykene)

12 km nordöstlich von Árgos, 40 km südwestlich von Korinth

Die Burg, die einer ganzen Kulturepoche den Namen gab.

Geschichte   Schon in der Jungsteinzeit war der **Burgberg** besiedelt, und es hatten dort schon über tausend Jahre lang Menschen gelebt, als zwischen 1600 und 1480 v. Chr. das sogenannte Gräberrund A mit den Königs-Schachtgräbern entstand.

Es lag damals noch außerhalb der Befestigungsmauern. Aus den Funden entnimmt man, daß enge kulturelle Beziehungen zum minoischen Kreta unterhalten wurden. Die Mykener importierten nicht nur Waren, sondern auch Kunsthandwerker und Fertigkeiten. Um 1400 v. Chr. wurde der ältere Palast gebaut, um 1250 v. Chr. entstanden die Mauern, die heute noch zu sehen sind, und das Löwentor. Nun wurde das Gräberrund A in den Mauerring einbezogen. Um 1200 v. Chr. entstand der neuere Palast. Das war die Zeit, in der vermutlich die Ereignisse des Trojanischen Krieges (Expansion nach Kleinasien) stattfanden.

Im folgenden Jahrhundert setzte, wahrscheinlich durch das Eindringen von Eroberern (dorische Wanderung?), der Niedergang ein. Um 1100 v. Chr. zerstörte wohl ein Brand den Palast.

In späteren Jahrhunderten war Mykene von geringerer Bedeutung, bestand aber weiter, schickte zum Beispiel Truppen in die Perserkriege. Der Reiseschriftsteller Pausanias schildert eine Ruinenstadt.

Fast zwei Jahrtausende lag die Burg vergessen. Die Archäologen begannen erst im 18. Jh. mit Ausgrabungen, denen sy-

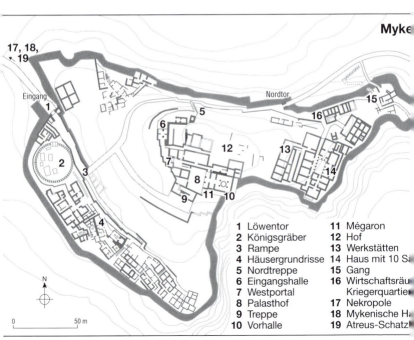

1 Löwentor
2 Königsgräber
3 Rampe
4 Häusergrundrisse
5 Nordtreppe
6 Eingangshalle
7 Westportal
8 Palasthof
9 Treppe
10 Vorhalle
11 Mégaron
12 Hof
13 Werkstätten
14 Haus mit 10 Sä
15 Gang
16 Wirtschaftsräu Kriegerquartier
17 Nekropole
18 Mykenische H
19 Atreus-Schatz

Argolís – **Mykene** · *Karte Seite 7*

Der ›Gräberkreis A‹ mit den Schachtgräbern, in denen Mykenes Könige bestattet wurden

stematischere Nachforschungen im 19. Jh. und Heinrich Schliemanns spektakuläre Entdeckungen 1876 folgten. Seine **Funde** – goldene *Masken, Becher, Waffen* und *Schmuck* – gehören zu den kostbarsten Ausstellungsstücken des Athener Nationalmuseums.

Die späthelladische Epoche wird nach dem Stil der Funde als mykenisch bezeichnet. Im Kontrast zu den wuchtigen Mauern bekommt man beim Studium von Schmuck und Keramik den Eindruck von Zartheit und Eleganz dieser Zeit.

<u>**Besichtigung**</u> Düster dramatisch selbst bei Sonnenlicht steht der monumentale Kegel des Sara-Berges über dem Burghügel, von dem ihn die tiefe, schroffe Chavos-Schlucht trennt. Nach Norden hin schließt der Berg Ágios Ilías den Blick ab, nur nach Westen öffnet sich die Árgos-Ebene, man erkennt fern die Lárissa-Burg von Árgos und noch weiter draußen den hellen Streifen des Meeres.

Der Haupteingang zum Burghügel führt durch das **Löwentor** [1]. Vier mächtige Steinblöcke bilden seinen Rahmen, Spuren der Vertiefungen für die Torflügel sind zu sehen. Über dem Tor ist in der meterdicken Mauer ein Dreieck ausgespart, das durch eine weniger mächtige Steinplatte mit dem *Relief zweier Löwen* links und rechts von einer Säule geschmückt wird. Dies ist eines der frühesten Beispiele europäischer Monumentalplastik. Die Löwenköpfe fehlen, möglicherweise waren sie aus Metall, den Steinleibern auf- und vorgesetzt. Viele unbeweisbare Mutmaßungen gibt es über die Bedeutung der Säule. Das Löwenpaar hatte seinen Platz gewiß nicht nur als Schmuck, sondern auch als Macht- und Abwehrzeichen.

Von der Mauer rechts vor dem Löwentor konnten Angreifer bei der Annäherung bekämpft werden. Das Mauerwerk besteht aus regelmäßigen großen Blöcken, die in Reihen liegen. Andere Arten von Mauerwerk findet man zum Beispiel links hinter dem Tor: *kyklopische Mauern*, also grobe große Steinbrocken ohne Mörtelverbund.

Hinter dem Tor entdeckte Schliemann das Rund der **Königsgräber** [2]. Von Steinplatten umfaßt, mißt dieser ›Gräberkreis A‹ 28 m im Durchmesser. Zu den wichtigsten Stätten am Burgberg gehören die heute leeren sechs rechteckigen Schachtgräber, weil hier die Königsfamilien mit reichen Beigaben bestattet waren und die stattliche Rotunde auf Gräberkultfeiern schließen läßt.

Hinter dem Löwentor geht es aufwärts, über (neue) Stufen auf eine **Rampe** [3], die früher flacher war, aber in hellenistischer Zeit durch den Bau einer Ölmühle verkürzt wurde. Rechts (südwestlich) von der Rampe blickt man in ein Gewirr von **Häusergrundrissen** [4]. Die Häuser haben archäologische Hilfsnamen: u. a.

71

Argolís – **Mykene** · *Karte Seite 7, Plan Seite 70*

Wace (Opferaltar), Tempel der Idole (diese stehen im Museum von Nauplia [Nr. 30]), Tsoúntas-Haus.

Zum Palast auf der Höhe führt die **Nordtreppe [5]** mit dem Propylón, der **Eingangshalle [6]**. Etwa südlich davon zeigt ein rötlicher Schwellenstein quer im Boden die Stelle des **Westportals [7]**. Die Königsgemächer sollen hinter einem Korridor links (nördlich) gelegen haben, sie wurden durch hellenistische Überbauung mit einem Hera-Tempel eingeebnet. Erhalten blieb jedoch hinter einem Durchgang der **Palasthof [8]**, mit festem *Boden aus farbigem Mörtel*. Seine Südseite war nur teilweise durch eine niedrige Mauer begrenzt, schon die Mykener freuten sich am weiten Ausblick.

Den Überblick im Palastgebäude auf dem gewachsenen Fels zu gewinnen, ist inmitten der Reste von Gängen und Seitengängen, Fundamenten, Kammern und Architekturbruchstücken auch mit Übersichtsplänen nicht ganz einfach. Der Weg zum Thronsaal läßt sich aber finden.

Westlich zum Palasthof gab es einen Zugang zu einer **Treppe [9]**, der leider heute gesperrt ist. An der Ostseite des Hofes führt der Weg durch eine **Vorhalle** mit Säulen [**10**] und durch eine Türöffnung in einen Vorraum und von da ins Mégaron [**11**], den **Thronsaal**.

Vorhalle und Mégaron hatten wie der Hof *farbig verzierte Böden*, außerdem *Wandbilder* von Damen, Kriegern und Streitwagen, deren Reste man im Athener Nationalmuseum sehen kann. Das Mégaron, dessen eine Seite in die Schlucht hinuntergebrochen war, haben die Archäologen rekonstruiert. So ist das große, am

---

Schlimmer Anfang, böses Ende: die Atriden

Nie haben die griechischen Mythen, die Schauerliches ja auch sonst nicht aussparen, soviel Schreckliches in eine Familiengeschichte gehäuft wie bei den Atriden. König Atreus von Mykene, erzählt Homer in der ›Ilias‹, besaß das von Hephaistos gefertigte Zepter eines Großkönigs von Griechenland – er wurde die mythische Schlüsselfigur mit größter Machtfülle. Die Vorgeschichte aber war eine Kette von Untaten, die wieder neue blutige Folgen nach sich zog. Macht und Mord, zeigt der Mythos, sind eng verschwistert. Schon der Mykene-Gründer Perseus, Sohn des Zeus und der Königstochter Danae – man erinnere sich: Zeus kam als Goldregen –, hatte unwissentlich seinen Großvater erschlagen.

Perseus' Nachkommen verloren die Burg an die Söhne des Pelops. Dieser hatte in Olympia durch Betrug beim Wagenrennen die Königstochter Hippodámeia und das Land gewonnen, das später nach ihm ›Peloponnes‹ genannt wurde.

Schon vorher hatte Pelops' Vater Tantalos aber den Zorn der Götter erregt, da er sie provozieren wollte, indem er ihnen seinen Sohn Pelops als Braten vorsetzte. Die Götter erweckten den Pelops wieder zum Leben, Tantalos wurde zu ewiger Qual in der Unterwelt verur-

teilt, und die Familie blieb verflucht. Die Söhne des Pelops, Atreus und Thyestes, ermordeten ihren Bruder Chrýsippos und stritten um die Herrschaft in Mykene. Orakel, Ehebruch und ein gestohlenes goldenes Vlies machten den Fall vollends verhängnisvoll.

Atreus setzte dem Thyestes dessen geschlachtete Kinder als Festmahl vor – Familienkannibalismus scheint eines der Hauptlaster dieser barbarischen Sippe gewesen zu sein. Thyestes verfluchte den Bruder und dessen Nachkommen. Es folgte ein Inzest, dessen Frucht Aigisthos den Atreus ermordete. Atreus' Sohn Agamemnon zog in den Trojanischen Krieg, nachdem er seine eigene Tochter Iphigenie geopfert hatte. Seine Gattin Klytämnestra nahm in Abwesenheit Agamemnons auf der Burg Mykene den Aigisthos zum Liebhaber, beide ermordeten den heimkehrenden Agamemnon im Bad.

Dies setzte abermals den Blutrache-Mechanismus in Gang: Agamemnons Sohn Orest tötete nach Jahren seine Mutter und deren Liebhaber und wurde von den Erinnyen, den Rachgöttinnen, verfolgt. Athene entsühnte ihn schließlich. Mit Orest erlosch die Herrschaft der Atriden in Mykene.

Argolís – **Mykene** · *Karte Seite 7, Plan Seite 70*

Ein Macht- und Abwehrzeichen am Eingang zur Königsburg: Mykenes berühmtes Löwenpaar

Rand ornamentierte Rund des *Herdes* zu erkennen. Der Thron ist nicht erhalten, er stand, wie man vom Nestor-Palast bei Pýlos schließt, in der Mitte der südlichen Längsseite.

Weiter nach Osten geht man vom Palast aus über eine jetzt wüste Fläche, die früher ein **Hof** gewesen sein soll [**12**], und kommt nordöstlich zu einigen langgestreckten **Grundmauern** [**13**]. Spuren von Metallen, Edelstein- und Elfenbeinresten führten zu der Vermutung, hier hätten Kunsthändler ihre Werkstätten gehabt. Weiter im äußeren Teil der Burg fand man die Grundmauern eines **Hauses mit zehn Säulenbasen** [**14**].

Das äußerste östliche Ende des Burgbereichs ist erst in spätmykenischer Zeit befestigt worden, um einen sicheren Zugang zu einer Brunnenanlage zu schaffen. Ein **Gang** [**15**] führt durch die Mauer und dann, gedeckt, 98 Stufen tief hinab zu der Stelle, an die das Quellwasser in Tonröhren geleitet wurde.

Zum Eingang zurück kann man über einen Weg entlang der Nordmauer gehen. Die **Hausmauern** [**16**], die man im Nordwesten liegen sieht, gehörten zu Wirtschaftsräumen und Kriegerquartieren. Durch das Nordtor führt aber auch ein Weg ins Tal hinab und zu den Parkplätzen zurück.

Außer- und unterhalb der Burgmauer vor dem Löwentor ist östlich der Straße die **Nekropole** [**17**] sehenswert, mit *Schacht-* und mehreren *Kuppelgräbern*. Sie haben archäologische Hilfsnamen (ohne erwiesene Beziehung zu bestimmten Personen) wie: Grab des Aigisthos, des Löwen, der Klytämnestra und Gräberrund B, das als ältestes gilt. Die Funde wurden meist dem Athener Nationalmuseum übereignet.

Weiter südlich liegen noch Grundmauern **mykenischer Häuser** [**18**], das *Haus der Schilde* (man fand dort Elfenbeinschilde) und das *Haus des Ölhändlers* (mit großen Ölgefäßen in einem Lagerkeller), das *Haus der Sphinx* (Funde mit Sphinxdarstellungen).

Etwa 400 m vom Burgberg entfernt führt westlich der Straße ein Zugang zum sogenannten **Schatzhaus des Atreus** [**19**] aus dem 13. Jh. v. Chr., das tatsächlich aber als Grabbau errichtet wurde. Es gilt als das architektonisch bedeutendste *mykenische Kuppelgrab*. Die Kuppel ist ein Pseudogewölbe von fast 15 m Durchmesser und einer Höhe von 13,5 m.

Das Schatzhaus des Atreus ist zur gleichen Zeit wie das Löwentor entstanden. Wir können nur staunen, wie so riesige Blöcke wie der des Türsturzes gehoben und genau an ihre Stelle gebracht wur-

Argolís · **Mykene** · Karte Seite 7, Plan Seite 70

Der monumentale Eingang zum Schatzhaus des Atreus in Mykene

den. Es werden dazu gewaltige Erdbewegungen zum Rampenbau nötig gewesen sein. Der Türeingang war plastisch und sehr farbig verziert, riesige Türflügel waren aus schwerem Holz. Auch das Innere soll geschmückt gewesen sein, wahrscheinlich mit Ornamenten aus Metall. Auf das Tor des Grabes führt ein Drómos, d. h. ein Mauergang zu, der zum Eingang hin auf Torhöhe wächst.

Öffnungszeiten: Tgl. 8–19 Uhr, im Winter kürzer. Zugang zum Schatzhaus des Atreus mit den Eintrittskarten zur Burg.

Praktische Hinweise

Verkehrsverbindungen: Abzweigung bei Fichtí an der Straße Árgos–Korinth zum Dorf Mykene (Mykíná, auch Mikíni geschrieben) mit einigen kleineren Hotels, dann weiter zur Ausgrabungsstätte (großer Parkplatz). Busse von Árgos im Sommer stündlich. Mykene ist Bahnstation der Strecke Athen–Kalamáta, Züge verkehren etwa fünfmal täglich.
Derbes Schuhwerk zur Besichtigung nützlich – steiniges Gelände!
Tip: Einige schöne byzantinische Kirchen und die Ruinen des antiken Heraíons kann man auf einer Route über die Dörfer östlich der Hauptstraße Nauplia–Korinth kennenlernen. Dies ist

---

Kuppelhallen statt Pyramiden: Totenkult der Mykener

Einige der erstaunlichsten Bauwerke der mykenischen Kultur haben mehr als 3000 Jahre überdauert: Kuppelgräber, die aus Erde oder Gestein ausgehauen und im Innern mit Stein verkleidet wurden. Spyrídon Marinátos, der früh verstorbene Erforscher der minoischen und der mykenischen Welt, hat das sogenannte Atreus-Grab in Mykene eines der Meisterwerke der Baugeschichte der Bronzezeit genannt, »erst viel später sind im hellenistischen Samothrake und in Rom ähnliche Bauten entstanden« (S. Marinatos, M. Hirmer, Kreta, Thera und das mykenische Hellas, München 1959).

Die mykenischen Baumeister errichteten die größten stützenlosen Räume der antiken Welt vor dem römischen Pantheon. Sie mußten aber mangels besserer Kenntnisse noch mit einer Pseudogewölbetechnik arbeiten: Die Reihen der gleichgroßen Steine kragen in gleichmäßigen, mörtellosen Ringen nach oben immer etwas mehr vor, bis die Kuppel geschlossen ist. Der Zugang zur Grabhöhle, der sogenannte Drómos, wurde mit Seitenwänden, der Eingang mit einem monumentalen Torbau versehen. Bis zur iberischen Halbinsel waren solche Grabkuppelbauten verbreitet.

Steht man in diesen unterirdischen, heute vollkommen entleerten Kuppelräumen, ist man fasziniert und ratlos zugleich. Denn bis heute weiß die Archäologie keine gesicherten Antworten auf die Fragen nach dem Zweck und Gebrauch dieser Königsgrabbauten. Anders als die Pyramiden der Pharaonen wurden sie – darauf deuten die riesigen beweglichen Türen – nach der Bestattung wohl nicht für dauernd verschlossen. Erklärungen bieten sich an, können aber nicht belegt werden: Wurde hier den Toten oder für die Toten geopfert, wurden kultische Tänze zelebriert, erschienen den Nachfahren, wie mykenische Überlieferungen nahelegen können, die Toten selber?

Argolís – **Iréon** · *Karte Seite 7*

Im Inneren des Atreus-Schatzhauses: Das besterhaltene der neun mykenischen Kuppelgräber ist 13 Meter hoch gewölbt

auch eine gute Rad- oder Fußwanderstrecke – abseits vom Tourismus und ohne größere Steigungen. Die Ausschilderung der Kirchen ist dürftig, man ist auf Spürsinn und Durchfragen angewiesen.

33 Iréon (Hera-Heiligtum)
7 km südöstlich von Mykene

Ruinen eines Heraíons in herrlicher Lage auf terrassiertem Hang.

Nah den fast steinkahlen, macchiagrünen Berghängen, inmitten von Olivenpflanzungen, liegt das verlassene Heiligtum auf einer Anhöhe mit begeisterndem Ausblick. Im **Iréon Árgous** (Hera-Heiligtum der Argiver, der Bewohner der Argolís) wurde die Gemahlin des Zeus, Beschützerin der Ehe, der Frauen und der Landschaft Argolís verehrt. Zum Fest der Göttin führte alljährlich die Hera-Priesterin, eine verheiratete Frau, die Prozession von Árgos zum Heiligtum an, auf einem von Kühen gezogenen Wagen.
Terrassenförmig ziehen sich die **Tempelanlagen**, von denen nur Grund- und Stützmauern erhalten blieben, auf zwei Ebenen den Berg hinunter. Auf der oberen stand ein archaischer *Hera-Tempel*, aus geometrischer Zeit und vermutlich großenteils aus Holz, der im späten 5. Jh. v. Chr. abbrannte und durch einen neuen ersetzt wurde. Nur kyklopische Stützmauern, Fundamente und die Standspuren von Säulen sind vom archaischen Tempel übrig, auch vom jüngeren fast nur Säulenfundamente. Langgestreckte dorische Säulenhallen, ein Banketthaus und eine breite Freitreppe umgaben den Tempel. Spuren von diesen Bauten sind im Gelände noch auszumachen, im Westen, jenseits eines Bachbetts, auch von einem Gymnasion und einer römischen Badeanlage mit Mosaikfußböden.
Von der Schönheit des leider verlorenen **Goldelfenbein-Kultbildes** der Hera, das der Bildhauer Polyklet geschaffen hatte, berichtet noch Pausanias (2. Jh. n. Chr.). Unter einer Krone thronte die Göttin, in der einen Hand einen Granatapfel, auf dem ein Kuckuck saß, in der anderen ein Zepter. Zeus selbst, so wird erzählt, verwandelte sich im Liebesspiel mit der jungfräulichen Hera in einen Kuckuck, und die Argiver nannten danach einen Berg in der Argolís Kokkýgion, ›Kukkucksberg‹.

Öffnungszeiten: Tgl. 8.30–15 Uhr, die Zufahrt führt vom Ortsrand Chónikas (Néo Iréo) an der Nebenstraße Mykene–Tiryns etwa 2 km nördlich zum Ausgrabungsgelände.

Argolís – **Agía Triáda/Árgos** · *Karte Seite 7*

34 Agía Triáda (Merbakás)
9 km nördlich von Nauplia,
8 km östlich von Árgos

Byzantinische Kirchen und Antikes in der
Gartenlandschaft von Árgos.

Am Rande des ländlichen Ortes, von einem Friedhof mit den typischen marmorweißen Grabbauten umgeben, liegt die **Panagía-Kirche** aus dem 12. Jh. (mit vorgesetzter *Glockenwand* und besonders schönen *dekorativen Ziegellagen* zwischen Mauerwerk aus Hausteinen). Viele antike Steine, auch figürliche Spolien, fanden hier Verwendung, wahrscheinlich aus dem nahen Iréon [Nr. 33]. An den Giebeln wurden farbige Keramikteller eingelassen. In der Türkenzeit hatte an dieser Stelle der Bischof von Nauplia seine Kirche, im 16. Jh. wurde sie im Inneren umgestaltet. Den alten Namen Merbakás trägt Agía Triáda nach dem flämischen Gelehrten und frühen Humanisten, Wilhelm von Moerbeke, der in fränkischer Zeit hier das Bischofsamt innehatte.
Auf dem Wege vom Iréon nach Agía Triáda sind noch weitere orthodoxe Kirchen sehenswert:
In **Chónika** zeigt die *Kímissis-Theotókou-Kirche* zwar weniger reiche Ziegelornamente (dreifache Ziegelreihungen über den Türbögen), sie besitzt aber urtümliche große Steinkreuze an der Fassade und neben den Türen Ziegelmuster, die auf kufische, also frühe arabische Schriftzeichen zurückzugehen scheinen. Wie die Kirche in Agía Triáda wurde auch diese im 12. Jh. erbaut, im Innern aber im 19. und 20. Jh. umgestaltet.
In **Plataníti**, zwischen Chónika und Agía Triáda, kommt man östlich der Straße zu der sehr kleinen *Metamórfossis-Sotíros-Kirche* – wieder aus dem 12. Jh. – bei der die Kuppeltrommel den Bau überproportional beherrscht. Für den Bewunderer byzantinischer Architektur lohnt die Außenansicht, selbst wenn das Innere nicht zugänglich ist.
Östlich von Agía Triáda erreicht man die Orte **Mánesis** und **Midéa** (ca. 4 bzw. 5 km entfernt). Mánesis ist bei Archäologen unter dem alten Namen Déndra wegen der Funde aus Kuppel- und Schachtgräbern (z. B. die Bronzerüstung im Museum in Nauplia) bekannt. Bei Midéa ist eine Akropolis mit kyklopischer Mauer zu sehen, die ehemals zu einem mykenischen Palast gehörte.

35 Árgos
49 km südwestlich von Korinth,
12 km nordwestlich von Nauplia

Ein großes antikes Theater, ein interessantes
Museum und die mächtige Burg Lárissa.

Geschichte Seine kulturelle und politische Blütezeit erlebte Árgos bereits im 8.–6. Jh. v. Chr. Die Stadt, die oft als älteste Griechenlands bezeichnet wurde – der Burgberg Lárissa war schon in frühhelladischer Zeit besiedelt, vor der Gründung Mykenes –, entwickelte sich zur Rivalin Spartas, gegen das sie sich lange siegreich behauptete. Ihr Kunsthandwerk war berühmt, die Keramik der geometrischen Epoche besonders üppig dekoriert, die Bildhauerei hoch entwickelt (Bildhauerschule des Polyklet). Im 5. Jh. gingen die Bürger von Árgos zur demokratischen Regierungsform über. Im Peloponnesischen Krieg gegen Sparta unterlagen sie schließlich. Neuen Aufschwung erlebte die Stadt erst nach 145 v. Chr., unter römischer Herrschaft. Nach den Zerstörungen des Goten-Einfalls 395 n. Chr. folgte bald der Wiederaufbau.
Jahrhundertelang blieb die Festung Lárissa begehrtes Ziel der Eroberer; Byzantiner, Franken, Venezianer und Türken herrschten von hier aus. 1821 und 1829 war das antike Theater Tagungsort der Griechischen Nationalversammlung. Heute ist Árgos (etwa 20 000 Einwohner) das lebhafte städtische Zentrum der Argolís und zugleich Mittelpunkt der großen Zitrusplantagen in der argivischen Ebene.

Besichtigung Die **Ausgrabungen** liegen an der Straße Richtung Trípoli vor dem Ortsende. Vom Eingang aus geht man zunächst durch die **römischen Thermen** [1], von deren *Ziegelmauern* noch ungewöhnlich viel aufrecht steht, wahrscheinlich, weil lange eine Kirche in die Thermen integriert war. Man erkennt den *Auskleideraum mit Bänken* an der Wand und im anschließenden *Frigidarium* (Kaltbad) noch ein Wasserbecken.
Schon von der Straße aus erblickt man das **Theater** [2] aus dem 4. Jh. v. Chr. Es beeindruckt durch seine Größe und außergewöhnliche Steilheit – man kann sich an Pergamon erinnert finden –, trotz des Verfalls mancher Teile. Die *81 Sitzreihen* boten rund 20 000 Menschen Platz. Die Reihen haben zwei Absätze und einen über die 49. Reihe verlaufenden Kanal, der das Regenwasser auffing

Argolís – **Árgos** · *Karte Seite 7*

Argolische Hügellandschaft mit der Stadt Árgos unterhalb des Burgbergs Lárissa

und ableitete. Sie waren einst noch breiter als heute, da die Seiten, die auf Erdaufschüttungen ruhten, längst abgerutscht sind. Zur Orchestra führte ein unterirdischer Gang, für den Auftritt von Personen ›aus der Unterwelt‹. In römischer Zeit baute man ein Bassin, um Seeschlachten aufführen zu können.

100 m südlich vom Theater am Fuß desselben Berges liegt das Halbrund eines **römischen Odeíon** [3], in dem Musik und Lesungen dargeboten wurden. Es

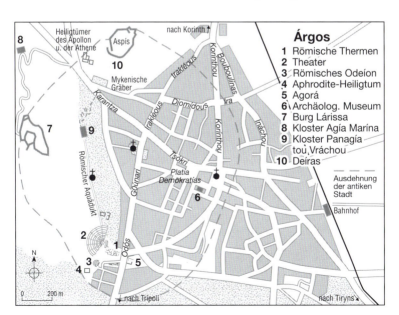

Argolís – **Árgos** · Karte Seite 7, Plan Seite 77

muß ein zierlicher mosaikgeschmückter Bau gewesen sein.

Weitere 50 m südlich schloß sich ein **Aphrodite-Heiligtum** [4] an, die Grundmauern des Tempels und ein länglicher Altar sind noch zu erkennen.

Gegenüber dem Eingang zu Thermen und Theater liegt das umzäunte Gelände der **Agorá** [5]. Wegen der modernen Überbauung ist von der antiken Stadt nur weniges ausgegraben.

(Antike Stätten geöffnet tgl. 8.30–15 Uhr)

Archäologisches Museum

Im Zentrum der modernen Stadt Árgos, die noch viele klassizistische Häuser besitzt, ist die Platía Agíou Pétrou ein Treffpunkt mit mehreren Cafés und Restaurants. In einer kleinen Fußgängerzone findet man dort das **Archäologikó Moussío** [6], das jüngst umgebaut wurde und den Besuch unbedingt lohnt (Di–So 8.30–15 Uhr, Tel. 2 88 19).

Zu den Glanzstücken des Museums zählen Beispiele der argolischen *Keramik* aus der geometrischen Stilepoche mit reichem Dekor, besonders interessant sind Pferdeführer, deren Gestalten erst naturalistisch gesehen, später geometrisch abstrahiert dargestellt wurden. Viele *Gebrauchsgegenstände* aus mittelhelladischer und mykenischer Zeit geben einen Eindruck vom täglichen Leben.

Menschengroße Píthoi (Krüge) dienten als Särge. Eine *bronzene Rüstung* aus der geometrischen Epoche wurde körpergerecht geschmückt, mit Hufeisen-Motiven an Helm-, Brust- und Rückenteil, für den Klangkörper einer Lyra verwendete man einen Schildkrötenpanzer.

Die Sammlung, die 1995 neu aufgestellt wurde, enthält in größerer Zahl auch hellenistische und römische *Skulpturen*, *Reliefs*, *Büsten* und *Statuen*, darunter römische Kopien klassischer Originale. Sehr aufschlußreich, besonders wenn man auch die Ausgrabungen in Lerna [Nr. 36] besucht, sind die Funde von dort: Objekte, die vom Neolithikum bis 1600 v. Chr. entstanden, etwa elegante Schnabelgefäße schon aus dem 3. Jahrtausend v. Chr.

Burg Lárissa

Zur **Burg Lárissa** [7] kann man auf einem steilen Weg vom Bereich des Odeíon aus hinaufsteigen, bequemer führt in weitem Bogen die Fahrstraße über eine schlecht beschilderte Abzweigung von der Straße nach Korinth. Am Ortsausgang von Árgos ist im dicht bewirtschafteten Gewerbegebiet vor der Brücke die Richtung ›Trípoli‹ ausgeschildert, von dieser Straße geht der asphaltierte Weg auf die ›Akropolis Lárissa‹ (die Beschilderung fehlt oder ist unscheinbar).

Auch die Fragmente dieser Kapitelle faszinieren in ihrer Harmonie von Bogen und Spirale

Argolís – **Árgos** · *Karte Seite 7, Plan Seite 77*

Von den Griechen der Antike und später von fränkischen Kreuzfahrern befestigt: Burg Lárissa

Der Burgfelsen bietet einen überwältigenden **Rundumblick** über die Argolís-Landschaft: Stadt und fruchtbares Land, ein Orangengarten bis zur Küste hin, im Kranz violett schimmernder Berge, von blauem Meer gesäumt.

Die Lárissa (289 m hoch) hat zwei starke **Mauerringe**: einen äußeren, von den fränkischen Rittern errichteten, und einen inneren, der an der Nord- und Westseite in unteren Partien aus ungleichmäßigem Gemäuer des 5. Jh. v. Chr. besteht. Die Bruchsteinergänzungen darüber stammen aus byzantinischer Zeit, als die Burg zu einer sechseckigen Zitadelle ausgebaut wurde. Die Südbastion errichteten die Venezianer im 15. Jh. An vielen Stellen ist antikes Material in den Mauern verbaut, doch wurden keine eindeutigen Spuren der Tempel im ruinösen inneren Burggelände gefunden.
(Frei zugänglich)

Unterhalb der Lárissa-Burg liegt das neuzeitliche **Kloster Agía Marína** [8] und auf halber Höhe über der Stadt das **Kloster Panagía tou Vráchou** [9], das schon im 9. Jh. existierte.

Nordöstlich wurden in der Antike die Geschwister Apollon und Athena in einem Heiligtum am Abhang des ›Aspís‹ (Schild) genannten Berges verehrt. Im **Grabungsgelände von Deíras** [10] sind allerdings fast nur noch Fundamente aus antiker Zeit zu erkennen. Direkt in den Fels war ein *Altar* von 14 m Länge gehauen. Der Gipfel der Aspís wurde schon in mittelhelladischer Zeit, in der 1. Hälfte des 2. Jahrtausends v. Chr., mit kyklopischen Mauern befestigt.

Praktische Hinweise

Tel.-Vorwahl Árgos: 0751
Postleitzahl: 21200
Busverbindungen mit Athen, Korinth, Trípoli und Mykene mehrmals täglich, nach Nauplia stündlich.
Bahnverbindung mit Athen, Korinth, Pátra, Trípoli und Kalamáta mehrmals täglich.

Hotels und Restaurants

Nur kleinere Hotels und Restaurants um die Platía Agíou Pétrou.

Immer noch eine Domäne des griechischen Mannes: das Kafeníon – hier eine Runde in Árgos

36 Lérni und Mýli

12 km südlich von Árgos, 50 km westlich von Trípoli

Die wichtigste Grabungsstätte der Jungsteinzeit auf dem Peloponnes.

Lérni (das antike Lerna) bei dem heutigen Dorf Mýli ist **eine der ältesten Siedlungsstätten** des Peloponnes, hier gelang es, das *älteste Hausfundament* der mittleren Jungsteinzeit freizulegen (aus dem Beginn des 3. Jahrtausends v. Chr.). Weitere steinzeitliche Funde gaben Aufschluß über eine bäuerliche Kultur mit Viehhaltung. Bis ins Frühhelladikum (2500 v. Chr.) wuchs die wohl dauernd bewohnte Siedlung. Nach 2500 v. Chr. entstanden eine Befestigung (eine mit Türmen verstärkte Mauer) und das ›Haus der Ziegel‹.
Dieser einst stattliche Bau hatte Wände, die zum Teil mit *gebrannten Ziegeln* überdeckt waren. Auch *Stuck* als Wandverputz wurde gefunden. Treppenstufen verraten, daß es ein Obergeschoß gab. Das Haus – vielleicht ein Palast – besteht aus Vorhof, Hauptraum und korridorengen Nebenräumen, die im überdachten Ausgrabungsgelände klar erkennbar sind. Nach der Zerstörung um 2000 v. Chr. wurden kleinere Apsidenhäuser errichtet, und um 1500 v. Chr. entstand auf dem Areal des ›Hauses der Ziegel‹ ein Gräberrund mit Schachtgräbern. Wahrscheinlich war das Gelände zum geheiligten Bezirk geworden. Die ganze Siedlung muß man sich um ein Vielfaches größer als das umzäunte Ausgrabungsgelände vorstellen.
Die Funde aus Lerna sind größtenteils im Archäologischen Museum von Árgos ausgestellt.

Öffnungszeiten: Tgl. 9–15 Uhr.
Busverbindungen Mýli mit Árgos und Paralía Ástrous, mehrmals täglich.
Das kleine umzäunte und gut gepflegte, teilweise überdachte Grabungsgelände liegt zwischen Orangengärten am südlichen Ortsausgang von Mýli auf der Ostseite der Straße. Es gibt nur eine sehr kleine Hinweistafel, wenn man von Norden kommt.

Wenige Kilometer weiter in Richtung Árgos trifft man etwa 3 km westlich vom Bushaltepunkt **Kefalári** erst auf das gleichnamige Dorf mit schönem *Quellteich* (Quell des Erasinós) und hangaufwärts nach noch einmal 2 km auf eine *antike Pyramide*. Ob Grab oder Wachtturmsockel – die Deutungen gehen weit auseinander –, das nicht mehr ganz erhaltene Bauwerk stammt wahrscheinlich aus hellenistischer Zeit (4. Jh. v. Chr.?). Eine ähnliche Pyramide steht zwischen Epidauros und Ligourió.

Arkadien – Bergklöster und Badeküsten

Wer den Peloponnes durchquert, von West nach Ost oder von Nord nach Süd, reist durch Arkadien (Arkadía). Dieses **Herzland des Peloponnes** ist gleichzeitig seine bergigste Region, voller Karstgebirge, die bis fast 2400 m Höhe aufsteigen und einige Beckenlandschaften umschließen, die größten bei Trípoli und bei Megalópoli. Kein starkes politisches, städtisches Zentrum hat sich hier entwickeln können. Aber auch keine fremde Macht hat Arkadien je ganz beherrschen können, in der Antike nicht Sparta, in der Neuzeit nicht das Osmanische Reich. Es gibt Orte, die sich rühmen, nie von einem Türken betreten worden zu sein.

Mönche bauten in Arkadien schon im Mittelalter ihre **Klöster** als fast unzugängliche Bergnester, eine bis heute bewundernswerte Extrem-Architektur, die auch lange Umwege lohnt. Im Philosophenkloster von **Dimitsána** [Nr. 49] studierte ein junger Mann, der 1821 das Signal zum Freiheitskampf gab, Bischof Germanós. Unzugängliches Arkadien? Das war einmal. Vorzügliche Straßen verkürzen die Entfernungen von Pátra wie von Athen oder Kalamáta. Die antiken Stätten des Zeus und der Déspina, der frühen Fruchtbarkeitsgöttin, die tannengrünen Waldberge und Wandertäler sind leicht erreichbar. Da und dort findet man sich vielleicht an den Schwarzwald erinnert, bis einen die silbergrünen Ölbäume, mannshohe Disteln und Macchia wieder nach Arkadien zurückrufen.

Noch gibt es nicht viele komfortable Hotels. Aber kommt man nicht gerade im Hochsommer, wenn viele Griechen sich in den Bergdörfern einquartieren, findet man gute Plätze. An seiner Küste hat Arkadien einige der schönsten Panoramastraßen Griechenlands. Den Freunden des Meeres bietet sich manche Bucht und mancher Strand, wo ländliche Ursprünglichkeit noch nicht verloren ist.

Den **Traum von Arkadien** als einem heiteren Hirtenland haben die Dichter seit Theokrit und Vergil geträumt. Mit der rauheren Lebenswirklichkeit kalter Winter und backofenheißer Sommer im kargen inneren Peloponnes paßte dieser Traum schlecht zusammen. Aber das glückgewisse Motto »Auch ich in Arkadien«, das Goethe seiner ›Italienischen Reise‹ voranstellte, ohne je in Griechenland gewesen zu sein – dieses Wort kann sich heute für einen Arkadien-Urlaub im guten Sinn erfüllen.

37 Ástros und Paralía Ástrous

32 km südlich von Nauplia

Erinnerung an den griechischen Freiheitskampf und Strandleben in Gesellschaft vieler Einheimischer.

Wunderschön ist die **Küstenstraße** an den Steilhängen der arkadischen Gebirge, streckenweise hoch über dem Meer mit großem Panorama und – bei klarem Wetter – guter Sicht auf die Argolís.
Nördlich von Ástros schiebt sich ein Berg als Halbinsel ins Meer, und die Flüsse Tános und Vrassiótis haben eine kleine fruchtbare Schwemmlandebene geschaffen. Auf niederen Vorhügeln liegt das Landstädtchen **Ástros**. Der Freiheitskämpfer Kolokotrónis brachte hier seine Anhänger 1823 zur Zweiten Nationalversammlung griechischer Revolutionsführer zusammen. Debattiert wurden Strategien gegen die Türken, aber auch gegen andere Fraktionen der Aufständischen. Das Haus des Grundbesitzers Karitsiótis,

in dessen Garten im Frühjahr 1823 getagt wurde, beherbergt heute ein kleines **Museum** (Archäologikó Moussío, zu erreichen von der Platía – die Ausschilderung ist unzureichend. Geöffnet Di–So 8.45–15 Uhr).

Paralía Ástrous: ein neuer Badeort

Das ehemalige Fischerdorf Paralía Ástrous unter den Mauern einer mächtigen venezianischen, im Freiheitskrieg ausgebauten Burg bietet heute mehrere Hotels, Campingplätze und Dutzende von Pensionen und Privatquartieren, eingebettet in kilometerweite Orangen- und Obstgärten. Fischernetze sieht man weniger, doch immer mehr Souvenirläden, es gibt auch einen Park und eine Palmenpromenade. Ein Rest dörflicher Lebensart: Man kommt fast ohne Straßennamen und Straßenschilder aus. An den langen, meist feinkiesigen Badestränden vor schönem Bergpanorama wird's erst in der Hochsaison eng.

Arkadien – **Ástros und Paralía Ástrous/Moní Met. Sotíros Loukoús** · *Karte Seite 7*

Praktische Hinweise

Tel.-Vorwahl Paralía Ástrous: 0755
Postleitzahl: 22019

Hotels
**Crystal, Paralía Ástrous, Tel. 5 13 13 und 5 17 65, Fax 5 17 64. Hotelwohnanlage nahe dem Ortskern, auch mit Appartements für bis zu sechs Personen, Kitchenettes, Restaurant, Air-Condition, etwa 100 m zum Strand.
**Pension Maria, Paralía Ástrous, strandnah, Tel. 5 12 12 und 5 16 12, auch deutschsprachige Buchung über Sabine Straub-Mountzoúris, Tel. 5 12 75 oder über die Ouzerie Rembétiko [siehe unten]. Sehr freundlich geführt, sehr sauber, auch mit Kochgelegenheit.

Restaurants
**Élatos, an der Uferpromenade, Tel. 5 14 94. Schöne Plätze unter Baumgrün bis tief in die Nacht. Inhaber Yánnis Tetóros sorgt für authentische griechische Küche.
*Rembétiko, eine Ouzerie neben dem Bäcker an der Hauptstraße von Paralía Ástrous, Tel. 5 19 61. Musik, kleine Gerichte, leckerer Fisch. Ab 19 Uhr.

Immer wieder überrascht die Westküste des Argolischen Golfs mit bezaubernden Buchten und leeren Stränden

38 Moní Met. Sotíros Loukoús
11 km westlich von Paralía Ástrous

Eines der schönsten griechischen Klöster – in der Antike ein Landsitz?

Unter Zypressenwipfeln, auf waldgrüner Höhe stehen die weißen **Klostergebäude**, die nicht nach dem Evangelisten, sondern nach ihrem Stifter, dem griechischen Kaufmann Sotírios Loukás, heißen. Immer wieder sind Gäste von der Gartenpracht und den alten Bäumen im Klosterhof begeistert, und wer gern antike Spolien entdeckt, findet sie an der **Metamórphossis-Kirche** (Metamórphossis = Verklärung Christi), die wahrscheinlich im 12. und 13. Jh. – andere Datierungen nennen das 14. Jh. – unter Verwendung vieler antiker Architekturteile erbaut wurde. Vom Schmuckverlangen der Bauherrn (früher war das Kloster von Mönchen bewohnt, während der venezianischen Herrschaft von katholischen Kapuzinermönchen) sprechen auch die *farbigen Teller* – wohl Keramiken aus Rhodos – die im Mauerwerk des Giebels eingelassen sind.
Im **Innern** sind eine reichgeschnitzte *Ikonostase* und gut erhaltene *Wandbilder* des 17. Jh. zu bewundern, außerdem das in dunkelgrünen, ockerroten, gelblichen und lichtgrauen Platten ausgelegte *Marmormosaik* des Fußbodens mit dem byzantinischen Doppeladler in der Mitte.
Bei den Nonnen, die heute das Kloster bewohnen, kann man selbstgewebte und

Arkadien – **Kastrí und Moní Prodrómou** · *Karte Seite 7*

Das Loukoús-Kloster mit der Metamórphossis-Kirche und seinen schönen Gartenanlagen ist ein stilles arkadisches Juwel

-gestickte Textilien und die von ihnen gemalten Ikonen erwerben.

Unterhalb der Klostergebäude lag vielleicht die **antike Stadt Eúa**, von der Pausanias berichtet. Inschriften mit dem Namen des Kulturmäzens und römischen Konsuls Herodes Atticus ließen vermuten, daß er sich an der Stelle des späteren Klosters einen Landsitz erbaute.

39 Kastrí und Moní Prodrómou

Ca. 37 km westlich von Ástros wie östlich von Trípoli

Párnon-Fahrt zu einer Klosterburg.

Die Fahrt führt in die nördlichen Höhen des Párnon, die hier teils erosionskarg, teils dicht begrünt sind. Um manches Dorf glänzt scheinbar endlos das Grünsilber der Ölbaumhänge, auch Kirschen, Apfel- und Walnußbäume gedeihen. Mehr und mehr Straßen werden asphaltiert, aber zwischen Stólos (westlich von Káto Dolianá im Tános-Tal) und Kastrí an der Straße Ástros–Trípoli geht es zumeist über Stein und Erde, durch eine schöne, ursprüngliche **Bauernlandschaft** mit Schaf- und Ziegenherden. Vielleicht wird man das **Prodrómou**-**Kloster** (Prodrómos = Vorläufer, ein Beiname Johannes des Täufers) gar nicht von nahem sehen, weil es ohne geländegängigen Wagen nur zu Fuß zu erreichen ist. Und sollte man bis zum Tor kommen, ist es fraglich, ob man Einlaß findet. In den letzten Jahren war das Kloster nahezu verlassen. Seiner Lage nach ist es jedoch einer der faszinierendsten Bauten des Peloponnes, eine Klosterburg, die in einer schmalen Felsnische Platz fand, hoch über der tiefeingeschnittenen Schlucht des Tános. Als Gründungsjahr wird 1704 genannt.

Von dem Dorf **Perdikóvrisi**, das auf der weniger steilen Nordseite der Tánosschlucht auf etwa gleicher Höhe wie Moní Prodrómou liegt, hat man einen vorzüglichen *Ausblick* auf die weißgekalkten Fassaden, die Rundbogen und Steilmauern.

Zwischen Perdikóvrisi und Néa Ora zweigt eine rauhe Schotterstraße steil ins Tános-Tal ab, von dort oder auch von Néa Ora aus kann man in etwa anderthalb Stunden das Kloster auch zu Fuß erreichen. **Kastrí**, 950 m hoch, bietet dem Gast nicht viel mehr als ein paar Tavernen und Kafeníons. Übernachtung besser in Paralía Ástrous oder Trípoli.

Arkadien – **Leonídio und Moní Agíou Nikoláou Síntzas** · *Karte Seite 7*

Wohlgepflegt: Leonídio im Tal des Dafnón, wenige Kilometer vom Meer entfernt

40 Leonídio und Moní Agíou Nikoláou Síntzas

55 km südlich von Paralía Ástrous, 86 km nordöstlich von Sparta (das Kloster liegt etwa 5 km südwestlich von Leonídio)

Ein Landstädtchen am Ausgang einer dramatischen Schlucht und ein Kloster in der Felswand.

Wo vor wenigen Jahren nur Karrenwege waren, führen heute gut ausgebaute Straßen durch Südarkadien, die Reise sowohl die Küste entlang von Norden wie auch über das Párnon-Gebirge in Richtung Sparta ist das reinste Fahrvergnügen. In kleinen Meeresbuchten liegen Dörfer wie **Saritsi** (Olivenhaine an weiter Bucht, Kiesstrand, ein gepflegter Campingplatz) oder **Paralía Tiroú** (freundliche kleine Hotels an Uferpromenade, mäßiger Strand). Zu den meisten Plätzen an der Küste südlich von Paralía Ástrous und nördlich von Monemvassiá finden, zumal in der Vor- und Nachsaison, nur wenige ausländische Touristen.

Nach **Leonídio** fährt man ein Stück landeinwärts in das Tal des Dafnón (Lorbeer-Fluß). Eine malerische Szenerie: Fast senkrecht steigen an der Nordseite des Tals die *roten Felswände* auf, um das sommers trockene Flußbett drängen sich drunten die sauber geweißelten oder mit Natursteinfassaden gebauten Häuser, immer in Gefahr, in ihrem viel zu engen Straßenraum von den schweren Lastern und Tankwagen gerammt zu werden, die von Sparta an die Küste unterwegs sind. Sehr isoliert haben die Menschen hier jahrhundertelang gelebt, es heißt, sie blieben auch in türkischer Zeit frei von Fremdherrschaft. Bis heute überdauert im Párnon-Gebirge östlich von Sparta eine eigene Sprachform des Griechischen, das *Tsakonische*, das sich aus dem Dorischen herleiten soll. ›Tsakónikos‹ ist auch ein traditioneller Volkstanz im südlichen Peloponnes.

Das Kloster ›bei den Feigenbäumen‹
Auch der Klostername **Moní Agíou Nikoláou Síntzas** enthält ein tsakonisches Element: ›Síntzas‹ = Feigenbaum. Also heißt das Kloster, das in einer Seitenschlucht des Dafnón in eine Felswand gebaut wurde, ›Kloster des hl. Nikólaos bei den Feigenbäumen‹. Mit dem Wagen kann man über die steilen Kehren einer nicht asphaltierten Straße bis vor die Klosterpforte fahren (starke Steigung, Kleinwagen sind im letzten Abschnitt vor dem Kloster überfordert). Steigt man den Fahrweg zu Fuß von Leonídio hinauf –

Arkadien – **Leonídio und Moní Agíou Nikoláou Síntzas** · *Karte Seite 7*

von der Brücke im Dorf, südlich vom Flußbett, Gehzeit aufwärts etwa anderthalb Stunden – staunt man um so mehr, wie die Mönche hinaufgekommen sind, als es – bis 1974 – nur den Fußpfad gab. Die Nonnen, denen heute das Nikólaos-Kloster gehört, leben zumeist in Leonídio im **Moní Agíou Charalámbous** (des Freudestrahlenden). Man kann dort um einen Schlüssel oder einen Begleiter bitten. In der kleinräumigen **Kirche** des Klosters – der Architekt mußte mit schmalstem Bauplatz auskommen – ist unter anderem eine *Ikone* des auferstandenen Christus zu sehen, in großer roter Mantellohe. Aber auch der Anblick des Klosters von außen, wie es sich im Schutz eines Felsüberhangs seit Jahrhunderten erhalten hat (erste Erwähnung 1622), lohnt den Weg ins Gebirge. Oberhalb des Klosters kann man noch zu einer Höhle aufsteigen.

Wie eingenistet in die Felswand erscheint das Kloster des hl. Nikolaus (**oben**)
Unten: »*Christós anésti*« (*Christus ist auferstanden*) *– Osterfeier in Leonídio*

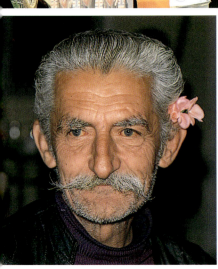

Arkadien – **Pláka und Poulíthra/Kosmás und Moní Elónis** · *Karte Seite 7*

Pláka mit seinem langen Kies- und Sandstrand ist immer noch ein Tip für Ferien der ruhigen Art

41 Pláka und Poulíthra

4 bzw. 9 km südöstlich von Leonídio

Geruhsame Badeorte, von Orangen- und Olivenhainen umgeben.

Gänse laufen noch auf dem Kai des dörflichen Hafenbeckens spazieren, auf der Tavernenterrasse bei Michael und Margarita (Tel. 07 57/2 23 79) treffen sich die Segler, die von Nauplia oder Paralía Ástrous die Küste entlanggesegelt sind, und seit zehn Jahren hat das *Hotel Diónysos,* das auch nur Komfort der schlichten Art bietet, keine ernsthafte Konkurrenz bekommen: **Pláka**, der Fischer- und Hafenort Leonídios, gehört zu den raren Plätzen des Mittelmeers, wo alles noch in kleinem Maßstab läuft und ohne hektischen Kommerz. Obwohl der Strand lang und sandig ist, das Gebirge eine schöne Horizontlinie hinter die weite Bucht zeichnet und kein Lärm von Straßen in diese *ländliche Idylle* dringt. Wer hier Urlaub macht, wird sich meistens ein Privatquartier suchen. Ähnlich auch im südlich benachbarten, noch ruhigeren Ort **Poulíthra**: Inmitten von Olivenbäumen, Bananenstauden und Blumengärten bieten viele Häuser Zimmer an. Unmittelbar beim Ort findet man nur schmalere *Kiesstrände*. Der Ortskern liegt ein Stück weiter landeinwärts. Ruhig, noch ruhiger als in Pláka, ist es hier auch darum, weil vorerst noch keine Küstenstraße weiter nach Süden führt.

◁ *Athen und Pátra sind fern: Ländliches Leben um Leonídio*

Praktische Hinweise

Hotel

****Diónysos,** Pláka (postalisch: 22300 Leonídio), Tel. 07 57/2 23 79 und 2 34 55. Am Strand und Hafen. Reservieren Sie Zimmer mit Meerblick! Frühstück in der Taverne gegenüber.

Schiffsverbindungen: u. a. mit Aígina, Ástros, Hýdra, Kyparíssi, Kýthira, Monemvassiá, Neápoli, Póros, Portochéli, Spétsai, Týros und Zéa. Auch mit Hydrofoil-Booten.

42 Kosmás im Párnon-Gebirge und Moní Elónis

Kosmás liegt 30 km südwestlich von Leonídio und 56 km östlich von Sparta, das Kloster 17 km südlich von Kosmás

Auf den Höhen des Párnon: Tannenwälder, abgelegene Dörfer und Kirchen.

Wer von Leonídio ins Landesinnere fährt, ist meist unterwegs nach Sparta und Mystrá, nach Lakonien also. Schon in Arkadien sind die Schluchten und die Hochebene des rund 90 km langen **Párnon-Massivs** zu erleben. Dichte Tannenwälder überwachsen die Kuppen in erfrischender Bergluft, bis zu 2000 m hoch. Lange Zeit war das Párnon-Gebirge ein unzugänglicher Riegel zwischen der Ebene von Sparta und der Küste.
Das Dorf **Kosmás** (1150 m), schon westlich der Paßhöhe, lädt mit einem einzigartig schönen *Platanenplatz* zur Rast; un-

87

Arkadien – **Tegéa** · *Karte Seite 7*

ter den prächtigen Baumkronen haben nicht weniger als vier Kafeníons ihre Stühle hinausgestellt, alle mit kundenfreundlichen Preisen. In einem Keramikladen trifft man auf Dinge über dem Souvenir-Durchschnitt.

Das **Kloster Elónis** hat sich in ›nur‹ 650 m Höhe in einen Steilhang des Párnon genistet, wirkt jedoch vom Talgrund aus (Anfahrt von Leonídio) fast unersteigbar. Schon seit dem 15. oder 16. Jh. besteht das von Nonnen bewohnte Kloster, die **Kirche** stammt aus dem Jahr 1809. Ihre wundertätige *Ikone* der Panagía Elóna, golden übermantelt, wird von vielen Gläubigen angerufen, die ihre Votivgaben in der Kirche hinterlassen. Noch höher am Berg steht die Allerheiligenkapelle von 1454 (Ágii Pantes). Über eine Abzweigung der Hauptstraße ist das Elónis-Kloster mit dem Wagen zu erreichen.

43 Tegéa

40 km westlich von Paralía Ástrous, 10 km südöstlich von Trípoli

Ruinenstätte. In der Antike einer der Hauptorte Arkadiens.

<u>Geschichte</u> Anders als in Epidauros oder Olympía, Korinth oder Árgos ist man in Tegéa fast ganz auf die Auskünfte von Archäologen und Historikern angewiesen, kann die einst glanzvolle Architektur nicht einmal als Ruine, sondern nur noch als Grundmauer-Puzzle wahrnehmen. Aufgrund der Quellen und Funde stellt sich das antike Tegéa bis ins 6. Jh. v. Chr. als **einer der stärksten Stadtstaaten Arkadiens** dar, wurde erst dann von Sparta überrundet und blieb noch bis zur Römerzeit ein wichtiger Ort. Mythische Überlieferung verbindet Tegéa mit Herakles, mit dem mykenischen

Obgleich man es nicht für möglich hält: Es gibt eine Fahrstraße zum Kloster Elónis!

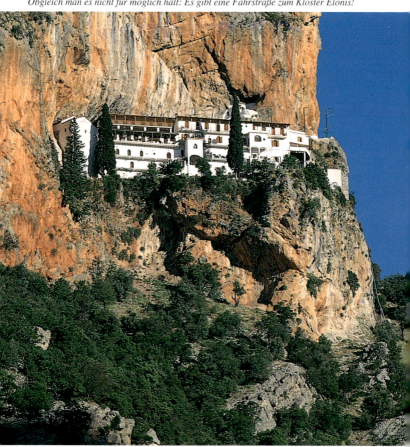

88

Arkadien – **Tegéa** · *Karte Seite 7*

Kosmás im Párnon-Gebirge – neue Straßen haben touristisches Leben in einst abgeschiedene Dörfer gebracht

König Aleos (deshalb hieß das Heiligtum in Tegéa ›Tempel der Athena Alea‹) und mit der Gründung des Königreichs Pergamon in Kleinasien. Zerstörung brachte das Gotenheer Alarichs im Jahr 395 n. Chr. In byzantinischer Zeit war Tegéa unter dem Namen Nikli ein einflußreicher Bischofssitz.

<u>Besichtigung</u> Erst auf den zweiten Blick nimmt man das umzäunte **archäologische Gelände** wahr, deutlich tiefer liegend als das heutige Siedlungsniveau. Nur Bruchstücke blieben vom *Athena-Tempel*, einem Meisterwerk des Architekten und Bildhauers Skópas. Skópas, auf der Insel Páros geboren, baute den Tempel nach einem Brand des Jahres 394 v. Chr. um 350 neu auf, als ersten Marmortempel auf dem Peloponnes. Die *Giebelfiguren* und andere *Skulpturen* stammten gleichfalls von Skópas. Einen Platz in der Architekturgeschichte behält der zerstörte Athena-Tempel auch wegen des damals neuen Konzepts der erweiterten, nicht mehr durch Säulenreihen geteilten Cella.

Im **Archäologischen Museum** (Archäologikó Moussío, Di–So 8–15 Uhr) sind *Kopien von Skópas-Werken, Baufragmente* und einige kleine *Funde* aus dem Tempel ausgestellt. Den Ostgiebel schmückte eine *Darstellung der Kalydonischen Eberjagd*, den Westgiebel der *Kampf des arkadischen Heros Telephos mit Achill*. Die Giebelfiguren sind ebenso verloren wie das elfenbeinerne *Kultbild der Athena*, das Kaiser Augustus nach Rom bringen ließ.

Die Jagd auf den furchtbaren Eber fand zwar in Aitolien nördlich des Golfs von Korinth statt – die Göttin Artemis hatte den König der Stadt Kalydón wegen eines versäumten Opfers mit dem Untier gestraft –, der Eber wurde aber dank der Mithilfe der Atalante, einer starken Jägerin aus Arkadien, bezwungen. Vielleicht weist diese Überlieferung auf die Wildheit der arkadischen Gebirge, die solche Jägerinnen hervorbrachte; es heißt auch, daß Atalante von einer Bärin gesäugt wurde. Alle Freier, die sie im Wettlauf besiegte, tötete Atalante, bis ein gewisser

Arkadien – **Trípoli** · *Karte Seite 7*

Letzte Zeugen eines mächtigen Stadtstaates: die Grundmauern von Tegéa bei Trípoli

Meilanion mitten im Lauf drei goldene Äpfel, ein Geschenk der Aphrodite, fallen ließ. Atalante las sie auf – und Meilanion hatte gewonnen.
Etwa 2 km entfernt findet man in dem Dorf **Palää Episkopí** eine Kirche vom Ende des 19. Jh., mit der das antike Theater teilweise überbaut ist (wie zuvor schon von einer älteren Kirche). Westlich benachbart sind in einem Park mit den Grundmauern einer **Kirche des 5. Jh.** auch *Mosaiken mit Monatsbildern* und *Allegorien der Paradiesflüsse* erhalten geblieben.

44 Trípoli

72 km westlich von Nauplia,
130 km östlich von Olympía, 60 km nördlich von Sparta, 109 km südwestlich von Korinth

Kreuzungspunkt der Peloponnes-Fernstraßen und ein attraktives neues Museum.

Für eine Stadt mit 22 000 Einwohnern sprüht Trípoli geradezu von Leben, zeigt in seinen Hauptstraßen einen Hauch von modischer Eleganz und an den Zeitungskiosken internationale Presse. Mangels antiker Monumente und freier Parkplätze verzichten jedoch die meisten Touristen auf einen Stop. Erst allmählich spricht sich herum, daß die kleine Landstadt – eine Gründung des 14./15. Jh., unter den Osmanen nach 1715 Verwaltungszentrum des Peloponnes – nicht nur ein Verkehrskreuz ist. 1986 legte sich Trípoli **eines der interessantesten archäologischen Museen** der Halbinsel zu, mit vielen neuen Funden der mykenischen Kultur und einem Skulpturensaal mit Werken des 5.–3. Jh. v. Chr. Zu seinen Glanzstücken zählt ein *Athletenkopf* von Skópas.
Eine Übersichtskarte im Museum zeigt über hundert namhafte archäologische Stätten in Arkadien: Das Spektrum reicht von prähistorischen Werkzeugen bis zu mittelalterlichen Waffen. Nirgends kann man die Ernte der Archäologen besser als hier in Augenschein nehmen. Mantinía, Megalópoli und Tegéa gehören zu den wichtigsten Grabungsplätzen. Bis ins Jahr 3000 v. Chr. reichen die Funde aus Sakovoúni nordöstlich von Langádia im Ménalo-Gebirge zurück. Im Distrikt Górtys wurde ein *mykenischer Friedhof* mit reichen Grabbeigaben – Bronzewaffen und Schmuck – freigelegt, Górtys selbst war ein *Asklepios-Heiligtum*, mit

Mohnrot ist der Frühling im Peloponnes

Arkadien – **Trípoli/Mantinía** · Karte Seite 6/7

Ein Landstädtchen, das dank seiner günstigen Lage recht lebhaft und gut versorgt mit Waren ist: Trípoli

einer älteren (5. Jh. v. Chr.) und einer jüngeren Kultstätte (4./3. Jh. v. Chr.).

Öffnungszeiten Archäologikó Moussío, Odós Spileopoúlou/Evangelistrías (von der Platía Kolokotróni her ausgeschildert – rechts von der Kirche): Di–So 8.30–15 Uhr. Fotografieren verboten.

Wie das Museum (Architekt Ernst Ziller, ehemals Hospital) existieren noch weitere **klassizistische Gebäude**, so das *Gericht* an der Platía Áreos, das *Theater* und die *Kathedrale* – Zeugnisse der Wiederaufbauphase nach der Zerstörung der Stadt im Jahr 1828 durch osmanische Truppen Ibrahim Paschas.

Praktische Hinweise

Tel.-Vorwahl Trípoli: 071
Postleitzahl: 22100
Touristenpolizei: Odós Spetzeropoúlou 20, Tel. 22 48 47.
Bahnverbindungen u. a. mit Athen über Árgos und Korinth, mit Kalamáta über Megalópolis.
Busbahnhof: An der Platía Kolokotróni. Verbindungen zu allen größeren Städten.

Hotel

**Galaxy, Platía Agíou Vassilíou, Tel. 22 51 96, Fax 22 51 77. Zentrales Stadthotel, mit Restaurant und Bar.

45 Mantinía

13 km nördlich von Trípoli, 30 km südöstlich von Vytína, die Abzweigung an der Straße Trípoli–Pýrgos ist ausgeschildert.

Antikes Ruinengelände und Griechenlands merkwürdigste Kirche.

Geschichte Das antike Mantinía ist im Lexikon als **Austragungsort großer Schlachten** verzeichnet, für die es in der Ebene nördlich von Trípoli hinreichend Raum gab. Mal siegten die Spartaner triumphal gegen Athen und seine Verbündeten (418 v. Chr. im Peloponnesischen Krieg), später siegte und starb hier der Thebaner Epaminóndas im Kampf gegen die Spartaner (362 v. Chr.) – beide Male standen die Bürger von Mantinía auf der Seite der Verlierer. Der Makedone Antígonos Dóson zerstörte ihre Stadt und ließ eine neue namens Antigoneia erbauen. Erst seit Kaiser Hadrians Besuch im Jahr 125 n. Chr. trug sie wieder den Namen Mantinía. Vor den Slawenzügen flohen viele Einwohner nach Messenien und gründeten dort den Ort Mikra Mantineia, südlich von Kalamáta.

Besichtigung Im Sommer wird es auf dem fast brettflachen Gelände gnadenlos heiß, doch im Frühjahr sind die **Ruinen des Stadtzentrums** von Mantinía ein anrührender Anblick inmitten der grünenden Felder. Das kleine **Theater** gilt als das erste Griechenlands, das an einen künstlich aufgeschütteten Hügel statt an eine natürliche Bodenerhebung gebaut

Arkadien – **Mantinía/Orchomenós** · *Karte Seite 6*

Bei den Ruinen von Mantinía steht die wohl eigenwilligste Kirche Griechenlands. Sie ist ein bizarres Gemisch aus unterschiedlichen Bauformen und Stilen

wurde (um 360 v. Chr.). Einige *Sitzreihen* sind noch sichtbar, dazu die *Reste von Tempeln* (aus römischer Zeit), von *Säulenreihen* und der *Agorá*. Das große Oval der rund 4 km langen Stadtbefestigung mit ihren einst 105 Türmen und zehn Toren, ist nur noch streckenweise gut erkennbar.

Ein Architekt unserer Zeit, K. Papatheódoros, fand sich von der Ruinenstätte zu einem individualistischen Kontrapunkt motiviert. Er baute 1970/72 die **merkwürdigste Kirche Griechenlands**, eine Collage aus klassisch griechischer und byzantinischer Architektur, mit indischen Einsprengeln. Offiziell kann dies keine Kirche für orthodoxe Gläubige sein, da statt des verbindlichen Formenkanons die Phantasie des Künstlers Stil und Ausstattung bestimmt hat. Vertragen sich Uranos und Gaia über dem Eingang mit dem Christusfresko im Altarraum? Oder weisen die beabsichtigten flagranten Stilbrüche dieser von einem Tempelgiebel gekrönten Kirche doch auf eine letzte Unvereinbarkeit von Christentum und antikem Götterhimmel?

46 Orchomenós

30 km nördlich von Trípoli, 56 km nordöstlich von Vytína. Von Levídi aus in Richtung Paläópyrgos

Wanderung zu überwachsenen Ruinen.

<u>*Geschichte*</u> Vermutlich wurde der Ort bereits in mittelhelladischer Zeit gegründet (1900–1600 v. Chr.). Schon von Homer als reiche Stadt bezeichnet, war Orchomenós in klassischer Zeit mit Sparta verbündet, verlor aber nach der Gründung von Megalopolis an Einwohnern [siehe Megalópoli, Nr. 52] und an Einfluß. Heute heißt das Dorf am Fuße des 936 m hohen Stadthügels wieder Orchomenós.

<u>*Besichtigung*</u> Hinter der kleinen Kirche am südwestlichen Dorfausgang liegen noch **Kapitelle** eines Tempels aus dem 6. Jh. v. Chr. Geht man den Hang über der Kirche auf einer Erdstraße leicht bergan (auch mit dem Wagen zu schaffen), kommt man nach einer knappen halben Stunde an eine **Eckmauer**, Überrest einer hellenistischen Stadtbefestigung. Die Erdstraße endet, schmale Fußpfade führen auf den baum-, dornbusch- und grasüberwachsenen Hügel des antiken Stadtgeländes. Keine Wegweiser, keine Beschilderung der Ruinen: Entdeckersinn ist gefordert.

Nahe der Höhe trifft man zwischen dem Buschwerk auf die **Grundmauern eines Artemis-Tempels** – Archäologen fanden eine Inschrift, die auf die ›Artemis Mesopotamítes‹ weist –, nördlich davon auf die **Reste eines Altars**. Die Basen einer Säulenhalle und die Fundamente des Bouleutérions, des ›Rathauses‹, bezeichnen den Platz der **Agorá**. Reizvoll ist das kleine, östlich davon und etwas tiefer gelegene **Theater** mit grandiosem Ausblick in die Berglandschaft. Marmorweiße Sitze sind noch erhalten. Geht man noch weiter auf die nächste Höhe zu, trifft man

Arkadien – **Vytína** · *Karte Seite 6*

auf einen **byzantinischen Turm**. Park-ähnlich schöne, von der grünen Natur zurückgewonnene Landschaft.
Auch ein Halt kurz nach der Ortsausfahrt von Levídi bei der kleinen alten **Kímissis-tis-Theotókou-Kirche** lohnt. In die Bruchsteinmauern der dreischiffigen Basilika sind antike Spolien und Marmorplatten einer Kirche aus dem 10./11. Jh. eingebaut. Eine *freihängende Glocke* und die alte *Brunnenanlage* tragen zur Schönheit des Platzes bei.
Für eine Stärkung bietet sich der Ort Levídi mit seinen Tavernen und dem Baumschatten am Hauptplatz an.

47 Vytína

44 km nordwestlich von Trípoli,
90 km östlich von Olympía

Erholungsort in waldreicher Umgebung mit reizvollen Ausflugsmöglichkeiten.

Arkadische Abgeschiedenheit ist in Vytína noch zu spüren, zugleich stimmt sich das **Bergdorf** aber merklich auf seine touristische Zukunft ein. Zwischen traditionellen Tavernen und halbdunklen Ladenhöhlen siedelt sich hier eine Pizzeria, dort ein Souvenirhandel mit den regionaltypischen Holzschnitzereien an. Kaum irgendwo auf dem Peloponnes gibt es einen so schönen *Käseladen* wie den gegenüber der Taverne ›Ta Andonia‹.
Ein Athener Galeristenpaar zeigt sich mit dem Erfolg seines *Art-Hotels* durchaus zufrieden, 1995 wurde das Haus bereits erweitert [siehe Praktische Hinweise, S. 94: Hotel Mainalon].
Für streß- und smoggeplagte Großstädter bieten die **tannengrünen Höhen** im Umkreis (Vytína liegt rund 1000 m hoch) eine ideale Erholung, und mit der neuen Autobahn Korinth–Trípoli und der zügig zu befahrenden Schnellstraße von Trípoli Richtung Olympía ist die 250-km-Entfernung von der Hauptstadt kein Hindernis mehr für Wochenendausflügler. Winters ist im Ménalo-Gebirge auch **Skisport** möglich, auf 1600 m Höhe (Anfahrt vom Dorf Kápsas zwischen Levídi und Trípoli).
Von der Bergsteigerhütte des griechischen Alpenvereins EOS ist der 1980-m-**Gipfel des Prophítis Elías** (Ostrakína) zu ersteigen (markiert). Der Fernwanderweg E4 in Nord-Süd-Richtung über das Ménalo-Gebirge war dagegen bis vor kurzem kaum ohne Kompaß zu finden.

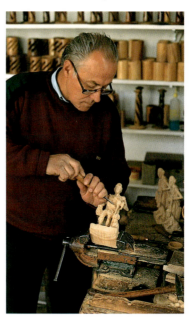

Das Kunsthandwerk – nicht nur in Holz – hat Tradition in Arkadien

Nach Kernítsas, Limborítsi und Valtesíniko

Durch eine waldgrün-romantische Felsschlucht – das Tal des Tragós-Flusses – führt das Schlußstück der Straße zum Frauenkloster von **Kernítsas** hinauf (von Vytína erst nördlich auf der Hauptstraße Richtung Trípoli, dann links nach Nimfadía und Kernítsas abbiegen, insgesamt etwa 10 km). Das **Moní Kímissis Theotókou** (wörtlich: Entschlafen der Gottesmutter) liegt pittoresk auf der Höhe über der Schlucht, an einem starken Quell. Die **Kirche** ist reich ausgemalt, zeigt in den Fensterwölbungen *Engelsgestalten* und als *Wandbild* einen naiv-dramatischen Höllensturz, aber auch eine schöne *Madonna*, deren Kind die Weltkugel trägt. Ein seltenes Motiv sind zwei ineinander verschlungene *Ringe*, jeder mit vier Flügeln – und jeder Flügel hat ein Auge, goldgelb auf dunklem Grund. Draußen im Hof bieten die Nonnen dem Gast einen kühlen Trunk und eine kleine Süßigkeit.
Natur pur erlebt man auf einem Ausflug in die **Waldlandschaft**, die sich südlich von Vytína rund 30 km weit bis Stemnítsa [Nr. 50] erstreckt: Wiesenauen und Hochwald, einmal trifft man auch auf ein verlassenes Dorf, **Pyrgáki**, dessen alte

Arkadien – **Vytína/Langádia/Dimitsána** · *Karte Seite 6*

Bruchsteinhäuser eines ums andere einstürzen. Wanderer sind unterwegs und andere, die sich lieber mit ihrem Wagen einen Picknickplatz suchen. Schmalere Straßen führen zum Dorf **Limboritsi**. Wanderwege wie in Mitteleuropa gibt es im Ménalo-Gebirge noch kaum. Auch das gehört zu seinem urtümlichen Reiz.

Zum Bergdorf **Valtesíniko** fährt man über **Magouliáná** – mit dem Turm einer Burg über dem Ort – etwa 20 km, Hauptrichtung Nordwesten. Von einer Bergkuppe noch im Ortsbereich (mit kleiner *Kapelle* und einem Telekommunikationsmast) öffnet sich ein großartiger *Ausblick* auf die Ménalo-Höhenzüge und, im Nordosten, die Gipfel des Kyllíni-Gebirges. Kleine, altertümliche Tavernen mit grauhaarigen Männern davor laden zum Eintreten. Gut, wenn man etwas griechisch spricht: Die **Grottenkirche**, die sich in der nahen Schlucht bei Olomades befindet, wird man auf eigene Faust und ohne Führer vielleicht nur schwer aufspüren. Stattlich ist aber auch die Kirche Ágios Geórgios von 1830, noch im Ort Valtesíniko.

Praktische Hinweise

Tel.-Vorwahl Vytína: 0795
Postleitzahl: 22010

Hotels

**Mainalon, Vytína, Tel. 2 22 17 und 2 22 00. Ein behutsam wiederhergestelltes altes Haus, von dem Inhaber-Ehepaar, das zugleich eine Galerie in Athen führt, mit zeitgenössischen Bildern und auch sonst stilvoll ausgestattet.
**Xenia, Tel. 2 22 18-19. Außerhalb von Vytína an der Straße Trípoli–Olympía, alleinstehend am Wald.

48 Langádia

25 km westlich von Vytína,
65 km östlich von Olympía

Ein pittoreskes Dorf am Berghang – ein ›Balkon‹ Westarkadiens.

Wer in Langádia wohnt, muß gut zu Fuß sein, über mehrere hundert Meter Höhenunterschied ist das Dorf an den Berghang gebaut. Langádia hat etwa 3000 Einwohner und ist damit **der größte Ort Westarkadiens**. Die aus Bruchsteinen aufgemauerten Häuser erinnern an die harten Zeiten, als die Menschen sich aus berechtigter Furcht vor Überfällen in die Berge zurückzogen. Heute sind manche der schön mit steinernen Balkonen, schmückenden Fensterumrahmungen und Fassadenfriesen ausgestatteten Häuser verlassen. Auf der Hauptstraße aber ist Leben, Touristen freuen sich auf der Tavernenterrasse am großartigen Ausblick ins Tal und zu den Gebirgshöhen.

Auch in Langádia (wörtlich: die Schluchten) lebt man nicht mehr abgeschieden, die komfortabel ausgebaute Straße Olympía–Trípoli bringt mehr als genug Schwerverkehr in die schmale Ortsdurchfahrt. Sie bringt aber auch Gäste, und diesen werden außer Hotelzimmern auch schon Touristenläden geboten – das Angebot reicht von alten Waffen über Wolldecken bis zu Holzgeschnitztem.

Eine reizvolle Routen-Alternative zur Weiterfahrt nach Olympía oder nach Trípoli ist in Richtung Süden das **Loúsios-Tal** mit Dimitsána und Stemnítsa: eine der großartigsten Peloponnes-Landschaften.

Praktische Hinweise

Tel.-Vorwahl Langádia: 0795
Postleitzahl: 22003

Hotels

*Maniátis-Kentrikon, Tel. 4 32 21 und 4 35 40, Fax 4 32 21. An der Hauptstraße, Vorderzimmer mit weitem Ausblick.
*Hotel Langádia, Tel. 4 32 02, Fax 4 32 15. Westlich vom Ort, einfach.

49 Dimitsána

21 km südwestlich von Vytína,
83 km östlich von Olympía

Dorf und Kloster mit Freiheitstradition.

Geschichte Wie von einem übergroßen Balkon blickt man von dem **Felssporn**, auf dem das Dorf Dimitsána über dem Loúsios-Tal liegt, in die arkadische Gebirgslandschaft. Herzstück des Peloponnes, war diese Region mit ihren Schluchten, Steilhängen und dichten Wäldern auch von mächtigen Eroberern nicht wirklich beherrschbar. Nicht einmal die Osmanen konnten verhindern, daß an der Schule des Philosophenklosters ein Zentrum des Widerstands wuchs. Der spätere Bischof von Pátra, Germanós, der 1821 zum Freiheitskampf aufrief, studierte hier. Ebenso Gregor V., Patriarch

Arkadien – **Dimitsána** · *Karte Seite 6*

Wer hier wohnt, hat täglich einiges an Steigungen zu bewältigen: das arkadische Bergdorf Dimitsána über dem Loúsios-Tal

von Konstantinopel, der ein Märtyrer dieses Kampfes wurde. Die ›Philikí Etería‹, ein Widerstandsbund aus der gleichen Zeit, sammelte sich in Dimitsána. Heute ist der Ort mit dem Wagen von allen Himmelsrichtungen auf gut ausgebauten Straßen erreichbar.

<u>Besichtigung</u> Auf einem Rundgang durch die schmalen Gassen nimmt man **ein Dutzend Kirchen** wahr (die meisten verschlossen), Häuser noch aus dem 17. Jh. und neben dem freistehenden **Glockenturm** der Taxiarchen-(Erzengel-)Kirche den stämmigen **Uhrturm**, den Amerika-Auswanderer ihrem Heimatdorf stifteten. Manches Baufällige sieht man. Bei der Charalambos-Kirche und der Volksschule steht das Gebäude, das Mitte des 19. Jh. für die kostbare Bibliothek aus dem Philosophenkloster errichtet wurde. Eine kleine **Sammlung zur Ortsgeschichte** wird hier gezeigt (Mo–Fr 9–14 Uhr).

Überraschend: Am Ortsrand zur Loúsios-Schlucht hin entsteht unterhalb von einem starken Quell ein originelles **Freilichtmuseum der Wasserströmungen** (Moussío Ydrokínissis).

Weiter abwärts kommt man zum **Moní Aimialón** mit einer Kirche, die halb in den Fels hineingebaut ist (Wandbilder aus dem frühen 17. Jh.).

Philosophenkloster
Jenseits der Loúsios-Schlucht liegt auf einer Terrasse mit Steilabstürzen nach drei Seiten das **Moní Philosóphou**. Dies ist das Neue Philosophenkloster, seit 1641 erbaut, mit einer kleinen *Kreuzkuppelkirche*, die mit *Ikonen* und *Fresken* wohl aus dem 17. Jh. geschmückt ist. Jüngst sehr gut renoviert.

Über einen Pfad geht es weiter zum burgähnlichen, halbverfallenen Alten Philosophenkloster, das mindestens bis ins 12. Jh. zurückreicht. Eine, möglicherweise gefälschte, Urkunde nennt sogar das Jahr 964. Jahrhundertelang wurde in der Klosterschule die Lehre des orthodoxen Christentums vermittelt, 1764 wurde die Schule nach Dimitsána verlegt.

Zugang zum Philosophenkloster: Zu Fuß über das Dorf Paläochóri und einen schmalen, streckenweise rot markierten Steig (etwa 8 km). Mit dem Wagen in Richtung Aráchova fahren, nach etwa 6 km in Richtung Márkos abbiegen.

Praktischer Hinweis

Hotel

**Hotel Dimitsána, 22007 Dimitsána, Tel. 07 95/3 15 18-20, Fax 0 71/22 24 84. Hervorragende Lage im Wald über tiefer Schlucht, mit weitem Ausblick.

Arkadien – **Stemnítsa und Moní Prodrómou** · *Karte Seite 6*

Urtümliches Arkadien: Das Prodrómou-Kloster ist auf dem letzten Stück nur zu Fuß erreichbar

50 Stemnítsa und Moní Prodrómou

8 km südlich von Dimitsána,
32 km nördlich von Megalópoli

Bergdorf mit interessantem Museum und phantastische Klosterarchitektur.

Die Steinkuben der alten Häuser in diesem über 1000 m hoch gelegenen Dorf sind großenteils gut hergerichtet, viele neue Ziegeldächer zeigen Wohlstand an, in der Taverne und dem Kafeníon am kleinen Hauptplatz – hübsch mit seinem Glockenturm – sitzen auch junge Leute. **Stemnítsa** gehört nicht zu den sterbenden Dörfern des Peloponnes, auch wenn sich die Zahl der Einwohner durch Abwanderung drastisch vermindert hat. Private Initiativen geben neue Impulse, eine **Goldschmiedeschule** wurde gegründet und ein **Volkskundemuseum**, man findet auch ein angenehmes Hotel. Im Volkskundemuseum gegenüber der Kirche der Drei Hierarchen (am Südende des Dorfes) werden *Werkstätten der Metallverarbeitung* gezeigt, für die Stemnítsa seit langem einen guten Namen hat: Silber- und Goldschmiedekunst sowie eine Glockengießerei. Die *Ikonensammlung* zeigt die religiöse Malerei von der mittelalterlichen, spätbyzantinischen Ära bis in die Moderne in guten Beispielen, das Museum profiliert sich mit seiner insgesamt eher kleinen Ausstellung als eines der interessantesten im Peloponnes.

Öffnungszeiten Moussío Laografiko Stemnítsas: Mo, Mi, Fr 17–19, Sa und So 11–13 und 17–19 Uhr. Außerhalb dieser sehr kurzen regulären Öffnungszeiten im Hotel Trikolonio nachfragen.

Die **Kirchen** von Stemnítsa sind meist verschlossen. Für die **Hierarchenkirche** kann man den Schlüssel beim benachbarten Volkskundemuseum erfragen, um die 24 Szenen aus dem Leben der Muttergottes zu sehen, wie sie zum *Akáthistos-Hymnos* dargestellt sind (›akathistos‹: dieser Hymnos wird traditionell ›nicht sitzend‹, also im Stehen gesungen). Im Stil des Malers Pedros Pediótis, der den Zyklus 1715 malte, wurden italienische Einflüsse nachgewiesen.
Andere kleine Kirchen mit schönen Fresken sind beim Friedhof zu finden, vor allem die **Panagía-i-Baphíro-Kirche**, die noch Wandbilder aus dem 15./16. Jh. enthält. Im oberen Teil des Ortes erinnert das ehemalige **Panagía-Kloster** an den Freiheitskampf, hier fand sich 1821 die Geroussía, der Altenrat des Peloponnes, zusammen.

Moní Prodrómou

Von Stemnítsa aus ist über eine Erdstraße das Prodrómou-Kloster (Johannes-Kloster) an der steilen Bergflanke der Loúsios-Schlucht zu erreichen (etwa 7 km in Serpentinen gleichförmig bergab bis zu einer kleinen Kapelle mit Brunnen, von dort nur Fußweg). Die Landschaft der **Loúsios-Schlucht** gehört zu den schönsten des Peloponnes: menschenleere Berge, mit Buschwald und Steilabstürzen und dem Silberband des Flusses in der Tiefe, erfüllt von Vogelstimmen und Schmetterlingen.
Das **Kloster** besteht seit etwa 1600, am Platz einer noch älteren Einsiedelei. Kühn sind die vier Stockwerke in eine Felsnische hineingebaut und abgestützt, kaum bleibt Raum für einen *Hof* mit *Brunnen* und *Ruheplatz*, der von Zypressen umrahmt ist.
Künstlerischen Rang haben vor allem die *Fresken* der halb in den Felsen hineingebauten Kirche (außerdem sind auch kleine, meist nicht zugängliche Kapellen in den oberen Stockwerken ausgemalt). Die Datierung ist nicht entschieden, die Zu-

Arkadien – **Karýtena/Megalópoli** · *Karte Seite 6*

ordnungen reichen vom Mittelalter bis ins 19.Jh. Ein seltenes Motiv der Vergänglichkeit von irdischer Macht zeigt ein *Fels-Fresko* beim Kircheneingang: der hl. Sisois mit erhobenen Händen vor dem Grab Alexanders des Großen, in dem dessen Skelett zu erkennen ist.

Praktische Hinweise

Hotel

Trikolonio, Tel. 07 95/8 12 97. Neben dem Museum am Südausgang des Dorfes. Im Landhausstil, wenige Zimmer, preisgünstig und empfehlenswert.

Wanderung: Sehr gut kann man vom Prodrómou-Kloster zum Fluß hinabsteigen, flußaufwärts wandern und auf dem rechten Ufer zum Philosophenkloster [siehe Nr. 49] aufsteigen. Gehzeit: etwa zwei Stunden. Am Philosophenkloster keine Busverbindung.

51 Karýtena

16 km südlich von Stemnítsa (kürzerer Weg auf einer rauhen Straße), 30 km östlich von Andrítsena

Frankenburg auf steilem Fels.

Wandern auf Hirtenpfaden im Alfíos-Tal

Geschichte Vermutlich auf den Resten einer antiken Siedlung bauten die fränkischen Eroberer unter Hugo von Bruyère (nach anderen Quellen: Hugo de Brienne) 1254 eine der mächtigsten Burgen dieser Zeit. Karýtena schützte vor allem die Megalópoli-Ebene, wurde Zentrum einer der zwölf fränkischen Baronien des Peloponnes, war später in der Hand von Byzantinern, Türken, Venezianern und wieder Türken und konnte von den Freiheitskämpfern unter Theódoros Kolokotrónis bereits 1821 erobert werden.

Besichtigung Zwei Felshügel stehen über dem Tal des Alfiós, der schroffere trägt die Burg, der zweite das Dorf Karýtena, das auch den Sattel zwischen beiden besetzt. Bis dorthin kann man mit dem Wagen fahren. Zur **Burg** steigt man einen steilen Pfad hinauf, quert die Reste des äußeren Mauerrings und kommt durch ein Vorwerk und einen überwölbten Torgang in die zweigeteilte Burganlage. *Burghof, Palas* mit romanischen Rundbogenfenstern, *Zisternen, Magazine* und die Reste eines noch älteren *Turmes* sind noch zu sehen.

Die **Burgkapelle** (Panagía tou Kástrou, unterhalb der Burg) zeigt an ihren Marmorsäulen schöne *Kapitelle* mit Rosetten und Flechtwerk, unter der Kuppel am Boden ein stilisiertes *Rosenrelief*. Im sogenannten **Haus des Kolokotrónis** hielt sich der Freiheitskämpfer vermutlich nach der Eroberung im Jahr 1821 auf. Sehr schöner **Ausblick** auf das Lykéon-Gebirge, die Ebene von Megalópoli und die Alfiós-Schlucht.

Im Umkreis sind mehrere byzantinische Kirchen erhalten.

Auch wenn man nicht zur Burg hinauffahren will, lohnt sich ein kurzer Halt an der **Brücke** über dem Alfiós. Unter der modernen, die Schlucht hoch überspannenden Straßenbrücke sind direkt über dem Fluß die gemauerten Bögen der mittelalterlichen Brücke erhalten, von Hirten noch immer benutzt.

52 Megalópoli

35 km südlich von Trípoli,
56 km nördlich von Kalamáta

Ein Ort des starken Kontrasts: antikes Theater und Kohlekraftwerk in Blickkonkurrenz.

Geschichte Die ›Große Stadt‹ verdankt ihre Gründung dem Machtkampf zwischen Sparta und der mittelgriechischen

97

Arkadien – **Megalópoli** · *Karte Seite 6*

Megalópoli besaß in der Antike eines der größten Theater Griechenlands

Stadt Theben. Der thebanische Politiker und Heerführer Epaminóndas hatte die Vormacht Spartas gebrochen (371 v. Chr.). Um in Westarkadien einen dauerhaften Machtschwerpunkt gegen Sparta zu schaffen, setzte Epaminóndas bei rund 40 arkadischen Städten die Zahlung von Geldern für die Neugründung Megalopolis' und die Entsendung von Siedlern durch. Hier tagten die Volksversammlung der Zehntausend und der Arkadische Bund. Trotzdem war das von einer 8,4 km langen Mauer umschlossene Stadtgebiet zu groß und schwer gegen die immer neuen Angriffe Spartas zu verteidigen.
Aus Megalopolis stammt auch der Historiker Polýbios (um 200–120 v. Chr.), Verfasser der ersten Universalgeschichte. In spätrömischer Zeit noch Sitz eines Bischofs, ging die Stadt wohl nach den Slaweneinfällen in den Peloponnes unter und wurde erst in der Neuzeit wieder besiedelt.

Besichtigung Der antike Ort lag knapp 2 km nördlich der heutigen kleinen Stadt an der Straße nach Pýrgos (Hinweisschild). Rasch ist man beim **Theater**, das schön in den Baumschatten eines Berghangs gebaut ist und mit seinen *50 Sitzreihen* Platz für rund 20 000 Zuschauer bot – eines der größten, wenn nicht das

> **Pan – nicht nur Arkadiens Hirtengott**
>
> *Pan, der behaarte, bocksfüßige Hirtengott, der Schilfrohre abschnitt und seither auf seiner Flöte, der Syrinx, spielt, Sohn des Hermes und einer Nymphe, ist in Arkadien zu Hause. Syrinx war eigentlich eine Nymphe, von Pan umworben und verfolgt, bis ihre Schwestern sie in Schilfrohr verwandelten. Die arkadischen Hirten beteten zu Pan als Fruchtbarkeitsgott, der aber in der mittäglichen ›Pan-Stunde‹ erschrecken und schaden kann. Als Gefährte des Weingotts Dionysos treibt er Scherze, seine erotische Kraft deutet sich an, wenn er als Begleiter der Großen Mutter oder – in römischer Zeit – als ›All-Gott‹ (griech. ›pan‹ = ganz, jedes) verehrt wird. Im europäischen Symbolismus und Jugendstil wurde der »heiter heilige Werdegeist« (Otto Julius Bierbaum) wiederentdeckt, Künstler wie Böcklin und Burne-Jones, Matisse und Picasso haben den bocksfüßigen Flötenspieler lange nach den griechischen Vasenmalern in ihre Bilder geholt.*

größte Theater Griechenlands. Zugleich steht ein rauchendes Monstrum, ein riesiges **Braunkohlenkraftwerk** im Blick, das seit 1968 die Region mit Energie versorgt. Da die Braunkohle unweit im Tagebau gewonnen wird, ist die Energie billig und ein Ende der Umweltbelastung nicht abzusehen.

Gleich beim Theater sieht man auf ebenem Boden eine Vielzahl von scheinbar unregelmäßig angeordneten **Säulenbasen**. Sie sind der Überrest der wohl größten *Versammlungshalle* des antiken Griechenlands, des sogenannten *Thersileíons* (nach dem Namen des Architekten), das für den Rat des Arkadischen Bundes errichtet wurde und groß genug war, um auch 10 000 Zuhörer unter seinem Dach aufzunehmen. Die in fünf großen U-Reihen im Raum verteilten hölzernen Säulen sollten vermutlich möglichst Vielen Sicht auf die Redner geben. Weitere Bauten sind teils vom Fluß Helísson unterspült und fortgeschwemmt, teils bis auf die Grundmauern abgebrochen worden. Ganz verschwunden sind die fast zahllosen Götterbilder und Statuen, von denen Pausanias, der unentbehrliche griechische Reiseschriftsteller des 2. Jh. n. Chr., in seiner ausführlichen Beschreibung von Megalopolis berichtet.

In der Nachbarschaft von Megalópoli findet man noch die Reste des antiken Ortes **Aséa** (23 km östlich, nördlich der Straße Trípoli–Megalópoli). Schwedische Archäologen wiesen auf den Akropolishügel eine Besiedlung schon in der Jungsteinzeit nach.

Von Megalópoli aus sind Kalamáta und Sparta fast gleich nah (doch führt die größere Straße nach Sparta über Trípoli). Wer den ganzen Peloponnes kennenlernen will, folgt dieser Route nach Lakonien. Zuvor aber noch ein Vorschlag für archäologisch Interessierte.

53 Lykósoura und Lýkeon

12 bzw. 25 km westlich von Megalópoli

Fruchtbarkeitsgöttinnen und der arkadische Olympos.

Die *Kultstätte* einer arkadischen Erd- und Fruchtbarkeitsgöttin, der sogenannten Déspina (Herrin, Mächtige) war seit Ende des 4. Jh. v. Chr. an einem Berghang beim Dorf **Lykósoura** auf einem dreistufigen Unterbau errichtet worden. Vermutlich waren im Tempel neben der sitzenden Déspina die gleichfalls sitzende Demeter, ihre Tochter, dargestellt, im Hintergrund Artemis und der Pflegevater der Déspina, Ánytos. Nach Pausanias wurden die Statuen vom damals berühmten messenischen Bildhauer Damophón um 180–160 v. Chr. geschaffen, der auch die Zeuss-Statue in Olympía restaurierte (Teile dieser Gruppe sind im Nationalmuseum Athen). Darstellungen auf erhaltenen Gewandfragmenten weisen auf einen Fruchtbarkeitskult hin, Archäologen vermuten Beziehungen zu den Mysterien von Eleusis. Im Umkreis sind unter anderem Reste einer **Säulenhalle** (Stoa), eines **Brunnenhauses**, mehrerer **Altäre** und vom Tempel die Hälfte eines **Fußbodenmosaiks** erhalten, mit einer Löwendarstellung.

Der Déspina-Kult von Lykósoura ist viel älter als der Tempel, der Ort selber galt in der Antike – wieder nach Pausanias – als die älteste Stadt der bekannten Erde: »... diese sah die Sonne als erste. Von dieser haben die Menschen gelernt, Städte zu bauen.«

Öffnungszeiten Archäologikó Moussío, am Grabungsgelände: Di–So 9–15 Uhr (der Wächter schließt auf). Kopien der Skulpturenfragmente vom Déspina-Tempel.

Ist Lykósoura vor allem ein Kultort von Göttinnen, so wurde auf dem nahen Berg **Lýkeon**, dem *Heiligen Berg Arkadiens*, der Herrscher des griechischen Olymp, Zeus, verehrt. Nach arkadischem Glauben wurde er sogar hier und nicht auf Kreta geboren. Auf dem 1420 m hohen Gipfel ist vom heiligen Bezirk allerdings wenig übriggeblieben, nur Grundplatten eines Tempels sind erkennbar. Auch ein Stadion und eine Pferderennbahn wurden in der Ebene von Káto Kámbos entdeckt, nicht weit von dem Heiligtum des Hirtengotts Pan. Vom Lýkeon-Gipfel, der bei den Arkadern auch Olympos hieß, bietet sich ein großartiger Rundblick.

Praktische Hinweise

Busverbindung von Megalópoli zum Dorf Lykósoura, auf Wunsch Halt bei Museum und Grabungsstätte. Mit dem Wagen von Megalópoli in Richtung Kalamáta nach 6 km rechts abbiegen. Bei nächster Abzweigung rechts halten. – Der Aufstieg zum Lýkeon beginnt vor dem Dorf Ano Kariés, etwa 10 km von Lykósoura, eine neue Straße führt zum Gipfel hinauf.

Lakonien – Mystrá, Máni und mehr

Zu **Mystrás** Ruinenromantik am Taýgetos [Nr. 56] und zur **Halbinsel Máni** [Nr. 62–73] mit ihren Felsbuchten und steinernen Geschlechtertürmen muß gleich noch ein dritter Name genannt werden, ein einzigartiger Ort, der die Reise nach Lakonien (Lakonía) lohnt: **Monemvassiá** [Nr. 58], der Inselfels mit dem Mittelalter-Ambiente, auf dessen schmalen Kopfsteingassen man immer mehr wohlhabende Urlauber aus Athen trifft.

Lakonien zeigt ein Doppelgesicht: Es wendet sich dem Meer zu und ist in seinem historischen Kern doch von entschieden binnenländischer Art. Zwei der drei Halbinseln im Süden des Peloponnes gehören zu Lakonien, mit **Kap Ténaro** [Nr. 70] und **Kap Maléas** [Nr. 61] und den langen Küsten, die vorzügliche Seefahrer hervorgebracht haben. Andererseits ist die fast rings umschlossene Evrótas-Ebene, ein rund 10 x 30 km großes fruchtbares Becken zu Füßen des Taýgetos-Gebirges, ein Kernstück Lakoniens. Sie hat jenen Staat groß werden lassen, der sich mit seiner Lebensweise vom übrigen Hellas abschloß und zugleich aggressiv nach Herrschaft strebte: das antike **Sparta** [Nr. 54]. Von Spartas Nachfolgestadt Mystrá aus regierten im Mittelalter die ›Despoten‹ (umfassend bevollmächtigte Gouverneure der Kaiser von Byzanz) den Peloponnes.

Die Manioten dagegen verweigerten Gehorsam und Steuern, lebten jahrhundertelang in Armut und Abgeschiedenheit, voll von ungezähmt leidenschaftlichem Freiheitsverlangen. Reisende mit Abenteuerlust im Blut waren seit je von der Halbinsel Máni fasziniert. Vor zwanzig Jahren dauerte es noch Wochen, auf Karrenwegen ihre Gebirge und Küsten zu durchreisen. Heute führen die Straßen zu immer mehr schönen Buchten, und in manchem pittoresken Máni-Turm findet man nun sein Hotelbett. Aus den steinigen Dörfern der Máni wandern die Bewohner aber noch immer ab.

Die vorgeschlagene Rundfahrt führt hier zunächst nach Sparta und Mystrá, dann in den Südosten des Peloponnes zum Felsen von Monemvassía und in die Einsamkeit von Kap Maléas. Schließlich umrundet sie die Máni.

54 Spárti (Sparta)

60 km südlich von Trípoli,
169 km südlich von Korinth,
60 km östlich von Kalamáta

Hauptstadt von Lakonien, einst militärische Vormacht des Peloponnes.

Geschichte Der Stadtname ist zum Adjektiv geworden, und jeder weiß Bescheid: karg, genügsam, militärisch streng, das alles ist spartanisch, die Tötung schwächlicher Neugeborener inbegriffen. Die schreckenerregende Macht Spartas im antiken Griechenland basierte auf einer aggressiven Kollektivdisziplin, die in der hellenistischen Welt glücklicherweise einzigartig blieb – bis in die jüngste Geschichte allerdings ihre Nachahmer hatte. Um 950 v. Chr. von dorischen Einwanderern unter dem Namen Lakedaimon in der Evrótas-Ebene gegründet, herrschte Sparta bald bis Kap Ténaro an der Südspitze der Halbinsel und auch über große Teile Messeniens. Im 6. Jh. v. Chr. zwangen die Spartaner fast den ganzen Peloponnes (außer Achäa und Árgos) in den von ihnen beherrschten Peloponnesischen Bund. Mit der ›Xenelasía‹, der Ausweisung von Fremden, einem zumindest zeitweiligen Ausreiseverbot für Spartas Bürger und dem Verzicht auf Gold- und Silbermünzen begann die Abkapselung von griechischer Kultur und Wirtschaft.

Die ›freigeborenen‹ Spartiaten herrschten über die Periöken, die im Umland der Stadt wohnten und keinerlei Mitspracherecht hatten, und über die Heloten, Staatssklaven, die 50 Prozent ihrer landwirtschaftlichen Erträge abliefern mußten. Jährlich gewählte Ephóren (höchste Beamte) kontrollierten den Staat durch die ›Krypteía‹, einen Geheimdienst mit totalitären Machtbefugnissen.

Nach den **Regeln des Lykurg**, des sagenhaften Schöpfers der spartanischen Verfassung, lebten männliche Spartaner vom 7. bis mindestens zum 30. Lebensjahr in Gemeinschaftsunterkünften. Auch Frauen nahmen an den sportlichen Wett-

Lakonien – **Sparta** · *Karte Seite 7*

Die antiken Reste Spartas sind spärlich – großartig aber die Ausblicke auf den Taýgetos

kämpfen teil, trugen einen geschlitzten Chiton (im übrigen Griechenland nannte man sie empört ›Schenkelzeigerinnen‹) und gingen wie die jungen Männer bei Prozessionen, Festen und Tänzen nackt. Homosexualität der Männer wurde gefördert, junge Ehemänner begaben sich nur für eine kurze Nachtstunde zu ihren Frauen. Wer keine männlichen Nachkommen hatte, verlor allerdings seine Bürgerrechte. Mangel an Kriegernachwuchs war ein Staatsproblem erster Ordnung, im 5. Jh. v. Chr. waren es schätzungsweise nur rund 5000 Spartiaten, die die Vormacht Lakedaimons aufrechtzuerhalten hatten.

Erstaunlich genug, dies gelang über fast drei Jahrhunderte hin, gegen immer neue Aufstände und Gegenkoalitionen. Zum Zusammenbruch der spartanischen Vormacht kam es im 4. Jh. v. Chr. Aber auch in der hellenistischen Welt blieb Sparta noch ein Machtfaktor. Erst der Makedone Antígonos Dóson konnte 222 v. Chr. mit seinen Truppen in das besiegte Sparta einziehen. Die disziplinierte Sozialstruktur zerbrach, Versuche der Erneuerung blieben äußerlich. Alarichs Goten zerstörten 395 n. Chr. den Ort.

Die **Auferstehung aus Ruinen** kam nach dem Freiheitskrieg des 19. Jh. Im Auftrag der bayerischen Regentschaft König Ottos entwarf der Hamburger Architekt und Philhellene August Jochmus Pläne für das neue Sparta, das wieder Hauptstadt Lakoniens werden sollte – aus hygienischen Gründen, denn Mystrá galt als ungesund. 1862 besucht König Otto mit seiner Gattin Amalia für zwei Tage Sparta. Als die königliche Karawane der 130 Pferde und Maultiere an der nächsten Station, in Kalamáta, ankam, erwartete sie die Nachricht vom Putsch der Offiziere in Athen. Es war dies somit die letzte Griechenlandreise des bayerisch-oldenburgischen Königspaars.

<u>*Besichtigung*</u> Nach Sparta kommt man, um Mystrá zu sehen. Aber es lohnt durchaus, sich auch in Sparta umzuschauen. Die dank ihres **Schachbrettmusters** recht übersichtliche Stadtlandschaft bietet breite Straßen zum Bummeln mit Kafeníon-Pausen. Die meisten Café- und Restauranttische findet man auf der quadratischen Platía wenige Schritte südwestlich vom zentralen Straßenkreuz Konstantínou Paleológou/Lykoúrgou.

Lakonien – **Sparta** · *Karte Seite 7*

Mit Helden-Statur: der Spartaner Leonídas an Spártis modernem Sportplatz

Dort steht auch das Dimarchío, das Rathaus, in einem stattlichen neoklassizistischen Bau des Jahres 1906 (mit Tourist Information).

Das antike Sparta im Museum
Sehr beachtlich ist die Sammlung des **Archäologischen Museums** an der Lykoúrgou östlich der Platía (Archäologikó Moussío, Di–Sa 8.30–15, So 8.30–14.30 Uhr. Tel. 2 85 75). In einem neu eröffneten Saal wird mit einer Vielzahl von Funden die *helladische und mykenische Kultur Lakoniens* vor der dorischen Besiedlung dokumentiert.
Zum spartanischen Kult der Göttin Ártemis Orthía gehörten Tänze, wie sie der Lyriker Alkman (7. Jh. v. Chr.) in seinen Chorliedern geschildert hat. Die jungen Tänzer und Tänzerinnen trugen *Masken*, die man – teils skurril und grotesk – ausgestellt sehen kann. Zu den interessantesten Stücken der Sammlung zählen auch *Votivgaben* aus dem Artemis-Heiligtum (8.–4. Jh. v. Chr.), das halbmetergroße Tonmodell einer *römischen Kriegsgaleere* (auch eine Votivgabe?) und guterhaltene *Tiermosaiken* aus römischer Zeit.
Das bekannteste Werk des Museums aber ist ein lebensgroßer marmorner *Krieger-Torso* mit Helm, der auf der Akropolis gefunden wurde. Um 490/480 v. Chr. entstanden, stellt er möglicherweise jenen Heerführer Leonídas dar, der mit Hunderten anderen am Thermopylen-Paß im Kampf gegen die persische Invasion starb. Im selben Raum ist auch ein schönes Relief vom Ende des 5. Jh. v. Chr. zu sehen, das Apollon und Artemis darstellt.

Akropolis-Park und andere Antiken
Sparta ist mit rund 12 000 Einwohnern eine fußgängerfreundliche Kleinstadt. Für die Besichtigung der kargen antiken Überreste am Stadtrand ist der Wagen aber nützlich. Am nördlichen Ende der Konstantínou Paleológou steht ein modernes **Leonídas-Denkmal** an einem gepflegten Sportplatz. An dessen Westmauer entlang gelangt man zur **ehemaligen Akropolis**, heute ein allseits beliebtes hügeliges Grüngelände mit asphaltierten Wegen und knorrig schönen Ölbäumen. Man sieht noch **Reste einer spätantiken Stadtmauer** (bis zum Niedergang ihrer Macht haben sich die Spartaner den Aufwand für Verteidigungsanlagen gespart), die freigelegten Steinplatten eines Rundbaus aus archaischer Zeit mit benachbarten Grabkammern, Grundmauern einer byzantinischen Basilika (später Moschee) und das an einen Hügel gelehnte **Theater** aus römischer Zeit.
Nur dürftige Reste blieben auf dem höchsten Hügel, an der Stelle des Wasserreservoirs von 1931, vom **Tempel der Athena**, der in der Antike wegen seiner Bronzereliefs u. a. mit Darstellungen des Herakles berühmt war und ›chalkioios‹ (= Bronze) genannt wurde. Überliefert ist, daß in diesem Tempel der spartanische König Pausanias nach dem fehlgeschlagenen Versuch einer Tyrannis im Jahre 467 v. Chr. Asyl gesucht hat, aber auf Beschluß der Ephóren eingemauert wurde und verhungerte.
An der Ausfahrt nach Trípoli (Ecke Odós ton 118/Orthías Artémidos) führt eine schmale Straße ins **Evrótas-Tal** hinab und von dort zum **Heiligtum der Ártemis Orthía**. Für ihren Namen ›Orthía‹ (die Aufrechte) werden mehrere Deutungen angeboten. Eine erzählt von dem hölzernen Kultbild der Artemis, das Iphigenie und Orest den Tauriern des Schwarzen Meeres raubten und das später aufrecht stehend aufgefunden wurde. Der Zugang zur Ausgrabungsstätte ist z. Z. fest verschlossen, sichtbar zwischen hohen Bäumen und Zitruspflanzungen sind eine etwa 7 m lange Mauer eines

Altars (8./7. Jh. v. Chr.) und Reste eines Rundbaus, wohl für Zuschauer des Artemis-Kults. Außer Tänzen wurden anstelle früherer Menschenopfer auch Geißelungen vollzogen, bei denen das Kultbild mit Blut besprizt wurde – eine spartanische Weise der Humanisierung. Außerhalb der Stadt ist nach etwa 5 km oberhalb der Straße nach Geráki der Zugang zum **Menelaíon** zu erreichen. Dieses selbst liegt versteckt, der Pfad führt von der kleinen *Kirche Zoodóchos Pigí* zu einem Bergsporn über der Straße (rund 10 Min.), heute *Ágios Ilías* genannt. Der monumentale Stufenbau des Heiligtums trug wohl einen Tempel aus dem 5. Jh. v. Chr., der vielleicht auch der Grabbau des Königs Menelaus und der schönen Helena war. Beide wurden an dieser Stelle verehrt, spätestens seit dem 7. Jh., wie aus Weihegaben erschlossen werden konnte. Vom Menelaíon hat man einen wunderbaren Ausblick auf die Flußlandschaft und das gewaltige Taýgetos-Massiv dahinter – am beeindruckendsten am frühen Vormittag und zu einer Jahreszeit mit schneebedecktem Gebirge.

Praktische Hinweise

Tel.-Vorwahl Sparta: 0731
Postleitzahl: 23100
Tourist Information: Auskunft im Rathaus, Tel. 2 48 52, Mo–Sa 8–14.30 Uhr, Okt.–April nur Mo–Fr.

Die Hyazinthen Apolls

In der mythischen Überlieferung tötet Apollon seinen Liebling, den Jüngling Hyakinthos, unbeabsichtigt mit einem Diskos und läßt aus dem Blut Hyazinthen blühen. Der sehr alte Kult des Fruchtbarkeitsgottes Hyakinthos übertrug sich auf Apoll und wurde alljährlich im Sommer mit einem dreitägigen Fest am Amyklaion-Tempel gefeiert, den Hyakinthien. Mittelpunkt war eine Säulenhalle, in der das wohl über 10 m hohe Kultbild Apolls aufgestellt war.
Die Hyakinthien wurden vom 10. Jh. v. Chr. bis in die Zeit römischer Herrschaft gefeiert; es war eines der wichtigsten Feste Spartas, das man ähnlich aber auch an der kleinasiatischen Küste kannte.

Stadtpläne, Literatur: im Fotoladen Georgiadis an der Lykoúrgou, der freundliche Inhaber spricht deutsch.
Busverbindungen: Tel. 2 64 41. Häufig nach Athen und Gýthio, auch nach Kalamáta sowie zu den Höhlen von Pýrgos Dyroú. Die Busse nach Mystrá fahren von der Leonídou/Ecke Lykoúrgou ab (westlich der Platía).

Parken

Dank der großzügigen Stadtplanung meist ohne größere Probleme.

Hotels

***Lida Hotel,** Atrídon/Ananíou, Tel. 2 36 01-2, Fax 2 44 93. In der Oberstadt, Air-Condition, Bar, reservieren Sie Zimmer mit Taýgetos-Blick.
****Maniátis,** Paleológou 72–76, Ecke Lykoúrgou, Tel. 2 26 65, Fax 2 99 94. Zentral gelegenes Traditionshotel, 1992 mit postmodernem Touch erneuert. Air-Condition, Fernsehraum, Bar.
****Meneláon,** K. Paleológou 65, Tel. 2 21 61-5, Fax 2 63 32. Zentrale Lage, freundlicher Service.
****Sparta Inn,** Thermopílou 109, Tel. 2 10 21 und 2 50 21, Fax 2 48 55. Mit Dachgarten und zwei Swimmingpools. Viele Reisegruppen.

Restaurants

****Diethnés,** K. Paleológou 113, Tel. 2 86 36. Mit schattigem, ruhigem Garten und überdurchschnittlicher Küche, auch Gemüsegerichte.
****Elysée,** K. Paleológou 105, Tel. 2 98 96. Modern, hell, gleich neben dem Diethnés.

Nachtleben

Mehrere **Diskotheken,** erkundigen Sie sich nach ›Ekstasi‹, ›Imago‹ und ›Bizarr‹. Auch Kinos sowie Hotelbars.

55 Amíkle und Vafió

6 bzw. 8 km südlich von Sparta

Kultort des Apollon und mykenisches Kuppelgrab.

Geschichte Amyklaion war eines der zu Sparta gehörigen Dörfer, zuvor aber von Achäern besiedelt und schon in spätmykenischer Zeit Kultort eines Fruchtbarkeitsgottes, des Hyakinthos. Die dorischen Einwanderer setzten einen Apollon-Kult ein.

Lakonien – **Mystrá** · Karte Seite 7, Plan Seite 106

Besichtigung Auf dem Hügel über der Talbreite mit weitem Ausblick aufs Taýgetos-Gebirge sind die monumentalen Blöcke des **Tempelfundaments** und östlich eine **Stützmauer** zu erkennen. Weihegaben und weitere Architekturteile befinden sich im Museum von Sparta. Beste Besuchszeit: später Nachmittag.

Den Abstecher zum Dorf **Vafió** unternimmt man wegen einem der markanten mykenischen *Kuppelgräber*. Dieses ist noch älter als das sogenannte Schatzhaus des Atreus bei Mykene und wurde erst in jüngster Zeit restauriert. Mit einem Durchmesser von 10 m und fast 30 m langem aufgemauerten Zugang (Drómos) gehört es zu den größten Griechenlands. Obwohl das Grab schon vor langer Zeit ausgeraubt worden war, fanden Archäologen noch zwei exquisite Goldbecher mit Darstellungen vom Stierfang mit Netzen – dramatisch bewegte Szenen, in außerordentlich schöner Treibarbeit (heute im Nationalmuseum in Athen).

Praktische Hinweise

Auf der Straße nach Gýthio weist am Ortseingang vom Dorf Amíkle/Mykale ein Schild ›Amiklaion‹ nach Osten, von dort führt ein befestigter Weg etwa 1 km bis zum Hügel mit der Kapelle Agía Kyriakí. Busverbindung von Spárti nach Amíkle/Mykale.

Noch 2 km weiter südlich auf der Hauptstraße, von dort Ausschilderung ›Vafió Tólos Tomb‹ zur Hügelkuppe, am Dorfausgang links.

56 Mystrá

5 km westlich von Sparta

Romantisch-stimmungsvoller Ruinenort oberhalb vom heutigen Dorf. Einst die Peloponnes-Hauptstadt der byzantinischen Kaiser.

Geschichte Aus dem Schatten der Geschichte trat die Region westlich von Sparta nach dem 4. Kreuzzug (1202-04), auf dem die christlichen Ritter des Abendlands über das christliche Byzanz herfielen und sich auch zu Herren im Peloponnes erhoben – immer in Konkurrenz mit Venedig und Genua. Geoffroy de Villehardouin aus dem nordfranzösischen Bar-sur-Aube avancierte zum Fürsten von Acháa. Sein Sohn Guillaume II. (reg. 1245–1278) gewann Lakonien dazu und wählte Mystrá sowie Monemvassiá und wohl auch die Halbinsel Tigáni (Burg Máina [siehe Nr. 66]) als Standorte für seine Burgen.

Villehardouin blieb nicht lange Herr von Mystrá. Von byzantinischen Truppen gefangen, mußte er sich mit der Herausgabe von Mystrá und anderen Burgen freikaufen. In der Folge entstand das byzantinische Despotat Moréa, und Mystrá wurde dessen politisches und kulturelles Zentrum, zugleich ein Ort kulturellen Austauschs mit Italien und Frankreich. Geistige Schlüsselfigur war der in Byzanz geborene Philosoph und Rechtsgelehrte **Georgios Gemistós, genannt Plíthon** (um 1355–1452). Seine Erneuerung platonischer und neuplatonischer Philosophie wirkte auf die Gründung der Platonischen Akademie in Florenz und – über seinen Schüler Hieronymus Charitónymos – auch auf Reuchlin und Erasmus von Rotterdam.

Statthalter (›Despoten‹) in Mystrá waren zumeist Familienmitglieder des byzantinischen Kaiserhauses. In Mystrá wurde der letzte Kaiser von Byzanz gekrönt. Konstantinos XII. Paläológos, der 1453 im Kampf starb, als der Osmane Mehmed II. die Kaiserstadt am Goldenen Horn eroberte und Byzanz/Konstantinopel zu Istanbul wurde. 1460 mußte auch Mystrá an die Türken übergeben werden. Minarette wuchsen zwischen Kirchen und Klöstern auf, ohne deren christliche Gottesdienste zu behindern.

Der Peloponnes-Feldzug Francesco Morosinis brachte die Stadt 1687–1715 in venezianischen Besitz. Danach folgte noch ein Jahrhundert geschwächter türkischer Herrschaft. 1770 erlitt Mystrás Glanz schwere Schäden, als von den Türken gegen den Orlow-Aufstand zu Hilfe gerufene albanische Scharen in den Peloponnes einfielen. Im griechischen Freiheitskampf wurde die Stadt von den Truppen Ibrahim Paschas schließlich so stark zerstört, daß auf den Wiederaufbau verzichtet wurde. Statt dessen erstand Sparta neu [siehe Nr. 54]. Mystrá wurde zum legendären Ort – im zweiten Teil seiner ›Faust‹-Dichtung läßt Goethe hier Faust und Helena einander begegnen.

Besichtigung Den Zauber dieser **Ruinenlandschaft** kann keine Fotografie ganz einfangen. Nur mit eigenen Augen und Sinnen kann man erleben, wie an dieser Bergflanke unter den Taýgetos-Gipfeln Natur und Architektur zusammenstimmen, kann man die lebendige Harmonie von Blüten, Duft und kostbaren

Lakonien – **Mystrá** · *Karte Seite 7, Plan Seite 106*

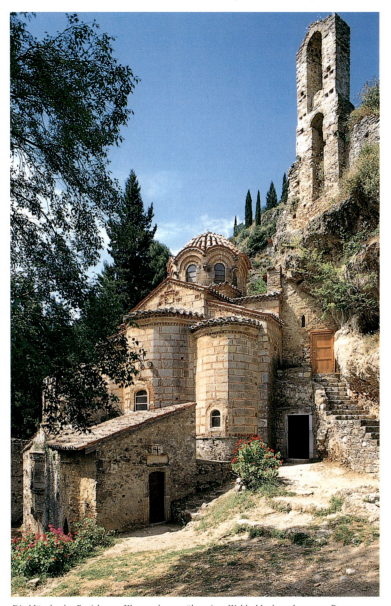

Die Mönche des Perívleptos-Klosters bauten über einer Waldschlucht auf engstem Raum

Resten jahrhundertealter Bildwerke erleben. Eine sensible Denkmalsverwaltung verzichtet darauf, für die Besucherscharen breite Wege anzulegen, läßt bei allen restauratorischen Leistungen – aktuell: der Wiederaufbau des Despotenpalastes – die Mystrá-Romantik bestehen.

Vom oberen Eingang führt der Weg abwärts in die Stadt, aufwärts jedoch zum ältesten Bauwerk Mystrás, dem 1249 erbauten fränkischen **Kástron [1]** des Guillaume II de Villehardouin. Für Liebhaber glanzvoller Aussichten lohnt der etwa viertelstündige Aufstieg! In der weitläufigen Anlage, die den Gipfel mit einer byzantinisch-türkischen Unterburg und der fränkischen Oberburg besetzt, kann man Bastionen und Mauern erklettern.

Lakonien – **Mystrá** · *Karte Seite 7*

Vom oberen Eingang nach unten gehend, trifft man zuerst auf die **Palastkirche Agía Sophía [2]**, die Kirche der heiligen Weisheit, erbaut um die Mitte des 14. Jh., mit schönen *Marien-Darstellungen* und erhaltenem *Mosaikfußboden* (unter der Kuppel: fünf ineinander verschlungene Kreise, Symbol der Kirche, die mit den vier Himmelsrichtungen verbunden ist).
Ein wenig unterhalb: die dreischiffige **Kirche Ágios Nikólaos [3]**, erst im 17. Jh., also in türkischer Zeit, errichtet und zum Teil eingestürzt.
Am Palatikí vorbei, einem kleinen Palast, der derzeit gesperrt ist, kommt man zum dominierenden Bau des **Despotenpalasts [4]**. Noch bis vor kurzem eine Ruine mit geborstenen Mauern und ohne Dach, wird der im Kern über 700 Jahre alte Palast nun wiederaufgebaut. Seine wichtigsten Bauteile: *östlicher Flügel* mit schmuckloser Bruchsteinfassade, aus der Zeit Villehardouins; westlich anschließend der Trakt des byzantinischen Despoten Manuel Kantakouzenós (seit 1348), zur Talseite hin mit *sechsbogiger Arkade* und *hochgotischem Maßwerk*; rechtwinklig dazu steht der 1383 begonnene *Thronsaalflügel* mit dem 10 x 36 m großen Saal im Obergeschoß, mit Arkaden, Spitzgiebel – und Rundfenstern. Der nach zwei Seiten offene *Palasthof* wurde als Versammlungs- und Gerichtsplatz, in türkischer Zeit auch als Basar benutzt. Ein *Minarettstumpf* bezeichnet den Platz einer ehemaligen Moschee.
Eine schöne Wegstrecke in südlicher Richtung führt durch das sogenannte Monemvassiá-Tor zum **Pantánassa-Kloster [5]**, an steilem Hang errichtet und rechtwinklig ummauert. Das Kloster der Panagía Pantánassa, der Allherrscherin-Muttergottes, wurde im 14./15. Jh. erbaut (Stifter: Ioánnis Phrangópoulos)

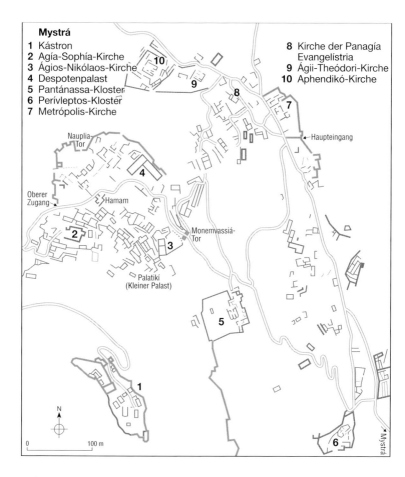

Mystrá
1 Kástron
2 Agía-Sophía-Kirche
3 Ágios-Nikólaos-Kirche
4 Despotenpalast
5 Pantánassa-Kloster
6 Perívleptos-Kloster
7 Metrópolis-Kirche
8 Kirche der Panagía Evangelístria
9 Ágii-Theódori-Kirche
10 Aphendikó-Kirche

Lakonien – **Mystrá** · *Karte Seite 7*

In der Pantánassa-Kirche zeigt sich die ganze Vielfalt des Kirchenbaus von Mystrá zu einem harmonischen Ganzen vereinigt

und wird wieder von Nonnen bewohnt, die freundlich ihre Textilarbeiten anbieten.

Viele Kuppeln, ein vierstöckiger Glockenturm und die breite Aussichtsterrasse vor der Kirche fügen sich zu einem Ensemble von heiterer Feierlichkeit. Die schwungvoll, aber auch detailverliebt und eher volkstümlich gemalten Fresken sind nur in der höheren Zone leidlich erhalten. An der *Ikonostase* viele metallene Votivgaben (Arme, Augen, Herzen).

Zu den kostbarsten *Fresken* Mystrás führt der Weg noch ein Stück weiter südlich, am Phrangópoulos-Haus vorbei, einem Herrenhaus mit Altan aus dem 15. Jh. Das **Perívleptos-Kloster [6]** vor romantisch-düsterer Waldschlucht wurde schon im 13. Jh. erbaut, mit einer in den Felsen gehauenen *Katharinenkapelle* und einer wegen des schmalen Raumes schiefwinkligen *Kreuzkuppelkirche* – wie eine Bühnenkulisse mutet das Gemäuer an. Dessen künstlerischen Reichtum entdeckt man nach dem Eintreten in den *kleinen hohen Raum*, der rundum ausgemalt ist. Besonders schön: der Einzug in Jerusalem, das Abendmahl und eine von Engelsgewändern umwehte Himmelfahrt Christi. Stilistisch erkennt man Formen und Details hellenistischer Kunst wieder, spürt an einzelnen Figuren aber auch eine der italienischen Frührenaissance verwandte Formenklarheit, die sich von der byzantinischen Tradition abhebt. Um 1350 geschaffen, wurden die Fresken 1962 restauriert und zum Teil ergänzt.

An der längeren Wegstrecke in nördlicher Richtung zur Metrópolis-Kirche sieht man noch eine *Georgskapelle* mit schönem Ziegelwerk, die *Ágios-Christóphoros-Kapelle*, einen türkischen *Brunnen* und Reste von *Herrenhäusern*. Die **Metrópolis-Kirche [7]**, ehemals Sitz der

Die farbenfrohen Fresken der Pantánassa-Kirche sind teilweise gut erhalten

107

Lakonien – **Mystrá** · *Karte Seite 7, Plan Seite 106*

Bischöfe (Metropoliten) von Mystrá, wurde gemäß der Widmungsinschrift 1291 als dreischiffige Basilika erbaut, im 15. Jh. aber in eine *Kreuzkuppelkirche* verändert. Sie liegt mit dem kleinen Bischofspalast (gleichfalls 15. Jh.) in einem ummauerten Bezirk mit idyllischen *Arkadenhöfen* und einem 1802 gestifteten *Brunnen*. Die dem hl. Demetrios von Thessaloniki geweihte Kirche enthält u. a. *Fresken* aus dem 13. Jh. mit Darstellungen aus dem Leben des Heiligen und den hölzernen *Bischofsstuhl* des 17. Jh. Vor der *Ikonostase* bezeichnet das Bild des *doppelköpfigen Reichsadlers* am Boden die Stelle der Krönung des letzten Kaisers von Byzanz.

Das im Bischofspalast eingerichtete **Museum** zeigt u. a. *Architekturteile*, Bruchstücke von *Fresken* und hervorragende *Ikonen* (Fotografieren nicht erlaubt). An der Außenmauer des Areals erinnert ein konservierter *Blutfleck* an das Martyrium, das Bischof Anánias wegen des Verdachts der Verschwörung gegen die Türken 1767 erlitt.

Oberhalb der Metrópolis-Kirche kann man noch drei weitere Kirchen sehen: die **Kirche der Panagía Evangelístria** [8] mit sehr schönem Marmorschmuck im Innern, die **Ágii-Theódori-Kirche** [9] mit einer riesigen, in den dreißiger Jahren erneuerten Kuppel, reichem Ziegelschmuck und Darstellungen der ›Soldaten-Heiligen‹ und drittens die **Aphendikó-Kirche** (die Gebieterische) [10], die ebenso wie die Theódori-Kirche zum ehemaligen Vrontóchion-Kloster gehört und auch Panagía Odigítria genannt wird (wegweisende Muttergottes). Architektonisch gilt sie als besonders interessant, weil hier der Grundriß einer Basilika mit einer Kreuzkuppelstruktur verbunden wurde (wie es erst nachträglich bei der Metrópolis-Kirche geschah). Daraus ergab sich eine ungewohnte Vielfalt von Formen, die durch den zweigeschossigen Glockenturm noch bereichert wird. Sehr schön sind im Narthex die Wundertaten Christi dargestellt.

Mondnacht in Mystrá

Als einer der ersten Reisenden erkundete der schlesische Fürst Hermann von Pückler-Muskau 1835/36 das befreite Griechenland und kam nach Mystrá: »Die laue, transparente Nacht ward vom früh aufgehenden Monde verklärt, und ich beschloß, in seinem Dämmerlicht noch einmal der Venezianer Geisterstadt zu durchstreifen. Es war eine Szene voll unaussprechlicher Erregung! Wohl eine Stunde lang, durch Schutt und Dornen auf- und abkletternd, irrte ich einsam in dem nächtlichen Ruinenlabyrinth umher, welches, in romantischer Hinsicht wenigstens, die antiken Reste Spartas weit übertrifft und überhaupt wenig seinesgleichen finden wird. Nur von längst abgeschiedenen Wesen umschwebt, durch süße Schauer phantastischer Gebilde im Innersten bewegt, suchte ich endlich einen Ruhepunkt unter den verlassenen Säulenhallen des alten Frauenklosters, zwischen denen das schon in Nebelschleier gehüllte Tal sich nur noch undeutlich einrahmte. Die morschen Türen standen offen, und der glanzvoll schimmernde Mond verbreitete Helle genug, um im Inneren noch einige Figuren auf Goldgrund zu unterscheiden ...«

Praktische Hinweise

Tel.-Vorwahl Mystrá: 0731
Postleitzahl: 23100
Häufige **Busverbindung** mit Sparta.

Zugang zum Ruinengelände: Es gibt zwei Eingänge. Wegen der 300 m Höhenunterschied lohnt es, die Besichtigung beim oberen Eingang zu beginnen (der Bus fährt in der Regel auch dorthin, andernfalls Taxi vom Dorf Mystrá). Dauer mindestens 3–4 Stunden, beste Zeit zum Fotografieren morgens (gegen Abend liegt Mystrá großenteils im Schatten). Im Gelände keinerlei Verkauf, bei heißem Wetter sollte man Trinkbares mitnehmen.
Geöffnet 8.30–15 Uhr, in der Hauptsaison auch länger. Für Individualbesucher sonn- und feiertags freier Eintritt.

Hotel und Restaurant

**Vyzántion, Tel. 9 33 09, Fax 2 00 19. Das beste Hotel im Dorf, Zimmer teils mit schöner Aussicht.
**To Kástro, am Hauptplatz des Dorfes, Tel. 9 35 26. Treffpunkt.
*I Klimatariá – Nico's Tavern, hinter dem Hotel Vyzántion, mit hübschem kleinen Weinlaub-Garten.

Lakonien – **Geráki** · *Karte Seite 7*

Ein Ort der Stille: die byzantinischen Kirchen und die fränkische Burgruine von Geráki

57 Geráki

38 km östlich von Sparta, 52 km nordwestlich von Monemvassiá

Für Liebhaber byzantinischer Kirchenkunst ein noch unerschlossenes Paradies.

<u>*Geschichte*</u> Der schon in der Jungsteinzeit besiedelte Ort auf einem Kalksteinhügel am Párnon-Gebirge wurde in der Antike von Sparta beherrscht; zu dieser Zeit hieß er Geronthrai. Mächtiger Aufschwung kam erst mit dem Bau byzantinischer Kirchen im 12. Jh., sodann mit einer fränkischen Burg, die Guy de Nivelet 1254 auf steilem Fels südöstlich vom heutigen Dorf anlegen ließ. Geráki war als Bischofssitz und als Station zwischen Monemvassiá und dem Evrótas-Tal ein wichtiger Posten.

Nachrichten zwischen Mystrá und Monemvassiá wurden mit Leuchtzeichen über die Burg von Geráki ausgetauscht. Nach dem allmählichen Niedergang Gerákis, das von Mystrá überrundet worden war, setzte die Zerstörung durch die Truppen Ibrahim Paschas den Schlußpunkt. Anders als das vielbesuchte Mystrá ist das alte Geráki um das fränkische Kastron heute eine Geisterstadt.

<u>*Besichtigung*</u> Eine erste Gruppe von Kirchen liegt südlich unterhalb des Dorfes Geráki bei den Olivenbäumen, eine andere östlich beim Friedhof. Besonders schöne *Fresken* aus der Entstehungszeit im 11./12. Jh. kann man in der **Evangelístria-Kirche** sehen (unter Zypressen am Ostrand des Dorfes).

Das fränkische **Kástron**, das von einer weiteren Gruppe von Kirchen umgeben ist, liegt auf einem steinigen Hügel östlich von Geráki; für den Aufstieg (keine Fahrstraße) sollte man annähernd eine Stunde rechnen. In der verlassenen Stadt um das Kástron sind die meisten Häuser zerstört, auch von der Burg selbst (auf 591 m Höhe) ist im wesentlichen nur die Ummauerung erhalten – und die **Ágios-Geórgios-Kirche.** Sie wurde, heißt es, mit ihren zwei Schiffen sowohl für katholischen wie für griechisch-orthodoxen Gottesdienst benutzt und später noch um ein drittes Schiff erweitert. Ein *Baldachin-Schrein* aus fränkischer Zeit mit reichem Flechtwerk-Dekor und Wappen, ein sehr ungewöhnliches Stück, enthielt einst wohl die *Georgs-Ikone*. Ein Halbmond mit Sternen deutet auf den Islam, eine Lilie auf Frankreich.

Lakonien – **Monemvassiá** · *Karte Seite 7*

Ähnlich wie in Geráki sind auch bei dem Dorf **Chrysápha** (17 km östlich von Sparta) noch etliche Kirchen aus dem 13. und 14. Jh. mit Freskenschmuck erhalten.

Praktische Hinweise

Mehrmals täglich **Busse** Sparta–Geráki. **Übernachtung** in Privatquartieren. Das **Ruinengelände** ist frei zugänglich. Da die **Kirchen** meistens abgeschlossen sind, kommt man nicht ohne Führer aus. Man fragt an der Platía nach dem ›Fýlakes‹ – in Geráki gibt es zwei, die staatlich bezahlt werden, aber natürlich Anspruch auf ein Trinkgeld haben.

58 Monemvassiá

TOPTEN

52 km südöstl. von Geráki
90 km südöstl. von Sparta

Eine byzantinische Ruinenstadt wandelt sich zum Luxusquartier.

Geschichte So abgelegen wie Monemvassiá sind selbst im Peloponnes nicht viele Orte. Der rund 300 m hohe Inselberg Monemvassiá über der Bucht des antiken Handelshafens Epídavros Liméra wurde wohl während der Araberstürme im 6. Jh. zum Zufluchtsort: abweisend steil, unfruchtbar, mit dem Festland nur durch eine Brücke verbunden (griechisch ›mone embasis‹ = einziger Zugang). Wiederholter Rollenwechsel zwischen Handelsplatz und Zuflucht: Wohl schon im 8./9. Jh. transportierten Schiffe von Monemvassiá den süffig schweren **Malvasier-Wein**, nach dem die Stadt bei den Venezianern auch Napoli di Malvasia hieß. Im 13. Jh. nährten sich die Einwohner während der dreijährigen Belagerung durch Guillaume de Villehardouin von Mäusen und Gras. Am Ende mußten sie ihre Tore öffnen. Nach dem schon bald von den byzantinischen Herrschern erzwungenen Abzug der Franken wurde Monemvassiá nicht einmal für zwei Jahrhunderte byzantinischer Bischofssitz. Während der Türkenbedrohung fand die Stadt eine neue Herrin in der Serenissima, und Venedig konnte sich immerhin bis 1540 gegen den Druck der osmanischen Sultane behaupten.
Nach der langen Türkenherrschaft, in der Weinanbau angeblich untersagt war, nach einem venezianischen Intermezzo von 1687 bis 1715 und nach der Befreiung Griechenlands Anfang des 19. Jh. war Monemvassiá nur noch ein Schatten seines früheren Glanzes. Angesehene griechische Familien – wie die des Lyrikers Giánnis Ritsos – hatten ihre Häuser hier, wohnten aber in Athen oder anderswo, nur nicht in Monemvassiá. Die Oberstadt war schon vor dem Ersten Weltkrieg menschenleer, in der Unterstadt (auf halber Höhe am Inselfelsen) lebte um 1970 kaum noch ein halbes Dutzend Familien. Kaum eines der schönen alten Steinhäuser, viele noch aus dem 18. Jh., das damals nicht baufällig oder schon eingestürzt war.

Besichtigung Auf dem Peloponnes, der seit Jahren von Abwanderung gezeichnet ist, gehört Monemvassiá mittlerweile zu den Orten mit Bevölkerungszuwachs. Das gilt für die **Unterstadt** an der Südflanke des Felsens wie für die neuere Ortschaft gegenüber auf dem Festland (auch Géfyra genannt), während die **Oberstadt** ein von Macchia überwachsenes, *pittoreskes Ruinengelände* geblieben ist. Der Romantik-Effekt der alten Gemäuer und neue schnelle Verbindungen mit Athen haben Monemvassiá zu einem Treffpunkt gutverdienender Athener fürs verlängerte Wochenende oder einen Ferienaufenthalt gemacht.

Unterstadt: Schick und autofrei

Wenn man keine Probleme mit Kopfsteinpflaster hat und nicht zur Hochsaison kommt, wo sich alles drängt, ist Monemvassiá ein verlockender Ort für Spaziergänger: schmale Gassen, überraschende Durchgänge, immer neue Ausblicke aufs Meer und alles autofrei! An der **Stadtmauer** kann man auch direkt über dem anbrandenden Meer spazieren oder zu einer Badestelle hinunterklettern. Nach verfallenen Gebäuden muß man heute schon suchen: Was noch nicht renoviert wurde, ist meist eine Baustelle, und wo eine Ruine nicht mehr respektabel war, baut man neu – im alten Stil. Boutiquen und Café-Terrassen, Souvenirläden und Bars ziehen in die Gewölbe ein, Makler bieten Ferienwohnungen.
Dieses Ortsbild allein ist schon sehenswert, es gibt aber auch einige alte Kirchen. Am adrett hergerichteten kleinen Hauptplatz neben dem Haus des Bischofs (erkennbar am Markuslöwen über dem Eingang) steht die **Bischofskirche Christós Elkómenos** (gemarterter Christus) [1]. Sie wurde wohl um 1300 erbaut und bei einer Restaurierung 1697 von den Venezianern um eine Vorhalle erweitert.

110

Lakonien – **Monemvassiá** · *Karte Seite* 7

Vom Monemvassiá-Felsen bietet sich ein großartiger Blick auf die restaurierte Unterstadt und die Festlandsküste

Die namengebende Christus-Ikone erneuerte man zweimal: Eine erste gelangte auf kaiserliches Verlangen nach Konstantinopel, eine zweite wurde bei der Flucht vor den Türken 1540 nach Kerkyra (Korfu) gebracht. Am Eingang in das Mittelschiff sieht man rechts und links zwei merkwürdige Throne; sie können als Fürstensitze des Mittelalters gedeutet werden. Die große Marmor-Ikonostase ersetzte eine ältere reich geschnitzte hölzerne, die sich jetzt in der **Panagía-Myrtidiótissa-Kirche** [2] befindet, nur wenig oberhalb der Elkómenos-Kirche.

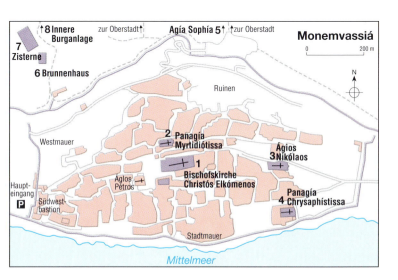

111

Lakonien – **Monemvassiá** · *Karte Seite 7, Plan Seite III*

Myrtidiótissa bedeutet myrtenbekränzt und ist zugleich der Name eines Nonnenordens auf der Insel Kýthira. Für diesen Orden wurde die heute fast schmucklose Kirche mit großer Kuppel um 1700 von den Venezianern errichtet.

Weiter östlich steht die aus gleicher Zeit stammende **Kirche Ágios Nikólaos** [3], laut Inschrift über der Tür von einem griechischen Arzt gestiftet.

Mit der **Kirche Panagía Chrysaphítissa** [4] verbindet sich eine der vielen Ikonenlegenden, nach der eine wundertätige Marien-Ikone auf Befehl der Mutter Maria von Chryápha nach Monemvassiá flog. Der Platz wird auch wegen einer Quelle verehrt.

Oberstadt: Windumwehter Fels

Von der schmalen Hauptgasse der Unterstadt kommt man an mehreren Stellen über steile Treppen an den Befestigungsring der einstigen Oberstadt. Durch einen überwölbten Gang geht es weiter hinauf, und gleich steht man inmitten der archäologisch offenbar noch nicht aufgearbeiteten, dichtüberwachsenen Mauerreste. Der Kontrast dieser windumwehten Wildnis zur Unterstadt lohnt allein schon den halbstündigen Aufstieg zur **Agía Sophía** [5], der grandiose Ausblick kommt noch hinzu. Ein Pfad in nördlicher Richtung führt zu dieser schönstgelegenen Kirche Monemvassiás.

Die Agía Sophía wird auch für **eine der ältesten Kirchen des Peloponnes** gehalten und auf das Ende des 11. Jh. datiert, von anderen allerdings ins 13. Jh. Die Eingangsloggia ist viel jünger und venezianisch. Eine Restaurierung der Kirche 1958 hinterließ den unverfälscht byzantinischen achteckigen Innenraum unter der riesigen Kuppel eher nüchtern. Aus der osmanischen Ära, als die Kirche in eine Moschee umgewandelt war, ist an der Südwand noch ein Mirhab (Gebetsnische) übrig.

Erst wenn man um die Kirche herumgeht, nimmt man die Kühnheit von Bauherr und Architekten wahr. Der Kuppelbau steht fast unmittelbar über dem hier 135 m hohen Steilabfall des Felsens; ohne jede zusätzliche Überbauung, frei im Gelände kommt die Architektur unverdorben ursprünglich zur Wirkung. Zugleich ist dies einer der schönsten Aussichtsplätze am Mittelmeer.

Auf dem Burghügel kann man noch mehrere Stunden wandern. Zur Ostspitze, wo noch Gewölbe erhalten sind, oder nach Westen, wo ein **Brunnenhaus** [6], eine eindrucksvoll große **Zisterne** [7] und die **innere Burganlage** [8] zu finden sind. Von dieser Burg sind vor allem noch Mauern aus dem 17. und 18. Jh. erhalten, türkisch und venezianisch.

Auf dem Festland

Das wachsende Dorf ist ganz auf Tourismus eingestellt, mit Restaurants, Hotels, Busbahnhof, Postamt, Supermarkt, Reiseagentur und vielen Privatquartieren. Zumal in der Hochsaison wird an manchen Adressen preislich mehr verlangt als an Leistung geboten. Badestrände sind unmittelbar beim Ort nur klein, nach Norden an der weiten Bucht von Kremídi mit Ölbäumen und neuen Feriendomizilen aber länger.

Epídavros Liméra

Man fährt Richtung Sparta, biegt nach etwa 5 km rechts nach Ágios Ioánnis ab

Einladung zur Rast – famoser Ausblick inklusive

Lakonien – **Monemvassiá** · Karte Seite 7, Plan Seite III

Über einem dramatischem Steilabfall wurde im Mittelalter Monemvassiás Agía Sophía erbaut, eine der ältesten Kirchen des Peloponnes

und bei einer am Straßenrand aufgestellten Ikone noch einmal rechts zum Meer. Die antike Stadt war von Epidauros [Nr. 18, 19] gegründet worden und hatte eine *Asklepios-Kultstätte*. Eine rechteckige Stadtmauer aus polygonalen, genau aufeinandergefügten Kalksteinblöcken ist am Hügel noch zu sehen, ebenso Spuren von Tempeln. Wenige Fischerhäuser, keine Badeeinrichtungen, aber Strand.

Praktische Hinweise

Tel.-Vorwahl Monemvassiá: 07 32
Postleitzahl: 23070

Hotels

*****Malvasia,** Tel. 6 11 13, 6 13 23 und 6 14 35, Fax 6 17 22. Rustikaler Schick in altem Gemäuer, an mehreren Plätzen der Unterstadt.
*****Vyzántino,** Tel. 6 12 54 und 6 15 62, Fax 6 13 51. In historischem Wohnambiente der Unterstadt, mit Air-Condition. Auch Appartements für 3 und 4 Personen, einige mit Küche.
****Kelliá,** Tel. 6 15 20. Vom EOT (Nationales Fremdenverkehrsamt) geführt, in historischem Gebäude, sehr ruhig bei der Ágios-Nikólaos-Kirche gelegen.

Lakonien – **Monemvassiá** · *Karte Seite 7, Plan Seite III*

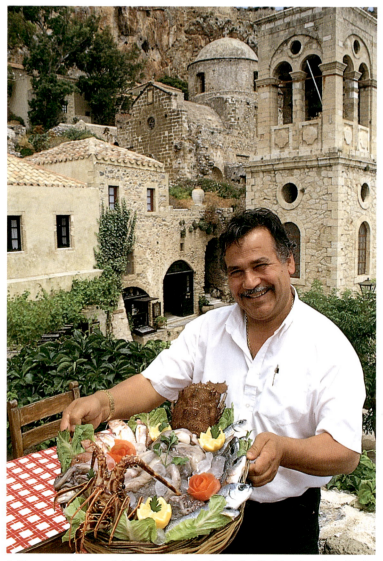

In Monemvassiá ist man auf viele Besucher eingestellt. Der Ort gilt nicht zuletzt als Treffpunkt der Schönen und Reichen

**Villa Diámanti, Tel. 6 11 96 und 6 15 34. Von Maria Pánou und ihrem Mann sehr gut und freundlich geführte Pension direkt am Strand und zwölf Ferienhäuser ›Panorama‹ in ruhiger Lage über dem Ort Géfyra. Englischsprechend.

Restaurant
**Pipinéllis, Tel. 6 10 44, Gartenrestaurant ca. 2 km südlich an der Küste, mit guter Küche und Baum-Bar.

Schiffsverbindung mit Piräus, Kreta, Kýthira, Neápoli, Gýthio. Autofähre von Piräus etwa 5 Stunden. ›Flying Dolphins‹ nach Zéa (Piräus) schneller.

Parken: Die Unterstadt ist autofrei, man parkt auf der Zufahrtsstraße vom Festlandsdamm am Berghang und muß notfalls eine längere Strecke zu Fuß hinaufgehen (für Gepäck stellen die besseren Hotels Träger).

Lakonien – **Kyparissí/Neápoli** · *Karte Seite 7*

59 Kyparissí

54 km östlich von Geráki, 65 km nördlich von Monemvassiá

Stiller Fischerort und Badestrand.

Weil der kleine Ort zu Lande noch immer nur mühsam auf rauhen Straßen zu erreichen ist, wird er sich vielleicht auch in den nächsten Jahren so langsam verändern wie in den letzten. Die von Höhen eingerahmte Bucht hat seit je Fischern einen Hafen geboten, Gastfreundschaft gilt noch. Die Quartiere – vor allem Privatzimmer – sind einfach, man kann gut baden.

Praktischer Hinweis

Schiffsverbindung mit den Häfen der Halbinsel, mit Zéa (Piräus) und den Inseln Spétse und Hýdra.

60 Neápoli

41 km südlich von Monemvassiá

Die südöstlichste Stadt des Peloponnes. Fährverbindungen zu Badeinseln und schönen Wandermöglichkeiten.

Wer Griechenland schon in den sechziger und siebziger Jahren kannte, findet an der Hafenpromenade von Neápoli vertraute Bilder und Stimmungen wieder. Wie in einem alten Film stehen die schmalen einstöckigen Häuser südöstlich vom Anlegeplatz der Fährschiffe. Neápoli, erst im 19. Jh. als Hafen gegründet, bietet keine antiken Sehenswürdigkeiten, aber einen prächtigen **Rundblick über die Bucht**, die durch die vorgelagerte **Insel Elafónissos** zum Hufeisen geformt wird. Elafónissos ist nur durch einen flachen Sund von der Küstenebene getrennt, möglicherweise ist hier in historischer Zeit Land abgesunken. Fischfang und Olivenhaine sind die wichtigsten Einkommensquellen. Dünen und kleine Inselchen vor der Küste, Wechsel von Strand und Felsen und ein bis zu 276 m hoher Bergrücken prägen das noch weithin ursprüngliche, ägäische Landschaftsbild. Das Dorf Elafónissos liegt an der Nordspitze, wo die Schiffe landen.

Weiter draußen im Meer liegt die **Aphrodite-Insel Kýthira**. Dort und auf Elafónissos (Strand von Símos, neue Straßenverbindung!) sind die besten Badeplätze zu finden.

Eine antike Stätte ist **Boiai** westlich von Neápoli; vermutlich handelt es sich um ein Zentrum der frühen Eisengewinnung (Schlackenfunde).

Stille Ferientage am Meer bietet 35 km nordwestlich von Neápoli das Fischerdorf **Archángelos** in weiter, bis auf eini-

Verlockend: der feine Sand der Dünen auf der Insel Elafónissos, gegenüber von Neápoli

Lakonien – **Kap Maléas/Gýthio** · *Karte Seite 7*

ge Ferienhäuser und Zweitwohnungen noch ursprünglicher Bucht. Schmale Kiesstrände (17-Zimmer-Hotel ****Palazzo** gleich am Dorfplatz, Besitzerin spricht englisch).

Praktischer Hinweis

Fährschiffe von Neápoli nach Elafónissos und Kýthira, in der Hauptsaison mehrmals täglich. Schnellere, weil kürzere Verbindung nach Elafónissos im Sommer von Poúnta (Vinglafía, 13 km westlich von Neápoli).

61 Kap Maléas

Ca. 30 km südöstlich von Neápoli

Die äußerste Südspitze des Párnon-Gebirges – auch ein Wanderziel.

Der letzte asphaltierte Straßenzipfel südlich von Neápoli läuft ins Innere des Landes nach Ágios Nikólaos. Zum **Kap Maléas** kommt man deshalb nur auf einem Maultier oder zu Fuß. Bis Paläó Kástro noch Schotterstraße, dann wechseln Erdwege, Pfade, mal ein trockenes Flußbett: So kann man sich von Landeskundigen über Limnákia und Kórakas bis zum Kap Makriá Poúnta führen lassen. Von dort aus geht es in Ostrichtung weiter, oft ein gutes Stück oberhalb des Meeres. Wenn man die wenigen Häuser von Profítis Ilías und die Kapelle Agía Marína hinter sich gelassen hat, beginnt bald der reizvollste Teil des Weges. Etwa anderthalb Stunden lang kann man an steil abfallenden Felsen vorbei über der unabsehbaren Meeresbläue wandern, bis man das verlassene **Kloster Agía Iríni** erreicht. Sechs Mönchszellen, eine weiße Kapelle, eine Zypresse, Feigenkakteen, eine Zisterne.

Über längere Strecken weglos ging es von **Agía Marína** noch vor wenigen Jahren nordwärts nach **Ágios Mýron** und von dessen kleiner Kirche weiter nach **Velanídia**. Inzwischen ist eine Straße gebaut worden. Über großartig weiter Bucht mit Steilküsten und kleinen Badenischen liegen die weißen Häuser von Velanídia am Berghang, reizvoll mit grünen, braunen und roten Türen und Fensterläden. Velanídia hat noch kein Hotel, wenn man nicht privat Quartier bekommt, ist man am besten im Schlafsack aufgehoben.

Auch der Weg von Velanídia über **Ágios Thomás** zum Kap Maléas, der Südostspitze der Halbinsel, ist streckenweise kaum noch ein Pfad. Die Masten der Telefonleitung zum Leuchtturm nützen dem Wanderer als Wegweiser. Großartiger Ausblick! Direkt zum Kap und von dort wieder zurück nach Agía Iríni kommt man nur mit Felskletterei.

Praktische Hinweise

Straße Neápoli–Velanídia etwa 20 km, seltene Busverbindung. Von Neápoli bis Agía Iríni etwa 7 Stunden, von Agía Marína nach Velanídia etwa 3 Stunden, von Velanídia zum Leuchtturm Kap Maléas etwa 3 Stunden.

62 Gýthio

65 km westlich von Monemvassiá, 47 km südlich von Sparta, 24 km nordöstlich von Areópoli

Hafenstadt mit Helena-Insel: das östliche Tor zur Máni.

Auch in Lakonien: Esel sind gegenüber den Mopeds inzwischen in der Minderzahl …

<u>**Geschichte**</u> Die Phöniker, die einen Hafen- und Handelsplatz auf der winzigen Insel Kranae (heute Marathoníssi) hatten, sollen den Aphrodite-Kult nach Gýthio gebracht haben. Dieselbe Insel,

Lakonien – **Gýthio** · *Karte Seite 7*

... und in manchem Hafen (wie hier in Gýthio) liegen bald mehr Yachten als Fischerboote

erzählt Homer, war erste Fluchtstation von Helena und Paris auf dem Weg von Sparta nach Troja, und Ort ihrer ersten Liebesnacht. Dem trojanischen Prinzen Paris wird die Gründung des Aphrodite-Heiligtums zugeschrieben.
In historischer Zeit wurde Gýthio Spartas Hafen, anstelle des weiter östlich in der Küstenebene gelegenen Hélos. Auch die Römer landeten und lebten hier, doch nach langem Verfall wurde Gýthio erst im 18. Jh. neu gegründet. Heute ist der Ort mit rund 7000 Einwohnern Hauptstadt der lakonischen Máni.

Besichtigung Mit seinen hügelan gestaffelten Häusern, der sichelförmigen Hafenbucht, den steilen Altstadtgassen und Dutzenden von Restaurants und Kafeníons unter Sonnenschirmen am Meer ist Gýthio einer der reizvollsten mediterranen Hafenplätze des Peloponnes. Zu besichtigen ist jedoch eher wenig. Nördlich vom Dimarchío (Rathaus) sind Reste

der römischen **Agorá**, am Nordrand der
Stadt (Straße in Richtung Skála) bei einer
Kasernenmauer am Olivenhang ist auch
ein kleines antikes **Theater** zu finden.
Darüber vermutet man die ehemalige
Akropolis.
Auch die **Insel Marathoníssi** (Fenchel-
insel) mit ihren Seekiefern und Pinien,
heute über einen Damm zu erreichen, hat
nichts Spektakuläres, immerhin aber einen Park, eine Taverne und im ehemaligen Wohnturm der Familie Grigorákis
das historisch-ethnologische **Museum
der Máni** (tgl. 9–17 Uhr). Die Sammlung ist noch im Aufbau, zumeist sind
Leihgaben und Schriftdokumente zu sehen, schön präsentiert. – Der Insel gegenüber lag nach einem Bericht des
Pausanias das Heiligtum der Aphrodite
Migonítis (der Liebesumarmung).
Kommt man von Monemvassiá nach
Gýthio, lohnt es, die Strecke über **Skála**
und **Asopós** zu fahren, mit Abstechern zu
den kleinen Strandorten wie **Leímonas**
und **Paralía Poúnka**.
Zwischen der Straße und der Küste breiten sich kilometerweit Orangenplantagen, Olivengärten und Gemüsekulturen
unter Plastikdächern aus. Man trifft aber
auch auf Landfahrer-Lager und am fein-
sandigen, überraschend langen Strand
von **Paralía Eloús** auf Hütten, die aus
Wellblech und Holzresten zusammenge-
nagelt sind und auf hohen Stelzen stehen.
Früher lebten hier, zwischen Küste und
Gebirge, Halbnomaden mit ihren Herden, ähnlich wie in der Türkei. Schmaler
ist der Strandstreifen beim Fischerort
Eléa am Golf von Makrýgialos, mit be-
scheidenem Hotel.

> **Praktische Hinweise**

Tel.-Vorwahl Gýthio: 07 33
Postleitzahl: 23200
Busbahnhof: an der Hafenstraße,
Tel. 2 22 28. Verbindungen nach Areó-
poli, Kalamáta, Monemvassiá und
Sparta, zumeist mehrmals täglich.
Schiffsverbindungen mit Kastélli/Kreta,
Kýthira, Monemvassiá, Neápoli, Piräus.

Einkaufen

Antique Shop Kóstas N. Vrettós,
Vas. Pávlou 25, Tel. 2 28 06 und 2 29 44.
Antiquitätenladen mit wirklich alten
Objekten aus Seefahrt, Landwirtschaft
und Handwerk – auf dem Peloponnes
derzeit selten!

Hotels
****Pantheon,** Vas. Pávlou, Tel. 2 21 66,
Fax 2 22 84. Am Hafen, modernes
57-Zimmer-Haus, Bad und Telefon.
****Lakonís Bungalows,** Tel. 2 26 66/7,
2 km nördlich von Gýthio, große Anlage
über langem Strand.

Restaurant
****Avra,** am Kai gegenüber von Mara-
thoníssi, Tel. 9 32 32.

63 Burg Passavá, Ageranós und Skoutári

5–15 km südwestlich von Gýthio

*Badestrände und eine fränkische Burg in
paradiesisch grüner Landschaft.*

So kennt man die Máni nicht, die überall
als rauh, hart und unzugänglich gilt. Südlich von Gýthio und seinem freundlichen
Vorort Moúnda breitet sich mit Hügeln,
Schluchten und Buchten eine **zauberhaft
grüne Landschaft** aus. Diese Region des
›Äußeren Máni‹ ist völlig verschieden
von der ›Inneren‹ oder ›Tiefen Máni‹
(Méssa Máni). Weinberge, Olivenhaine
und Getreidefelder, dazu üppiges Bou-
gainvillea-Rot, Agaven und Aloen sowie
dichtes Grün von Wäldern begleiten die
Fahrt in Richtung Areópolis. Vom Tal aus
kaum wahrnehmbar, thront auf einer der
Höhen, etwa 8 km von Gýthio entfernt,
die mächtige **Burg Passavá**.
Passavá – vielleicht vom französischen
›Pas avant‹ (= nicht weiter!) – wurde
1254 von Jean Neuilly, dem Großmar-
schall Moréas erbaut. Vor allem die starken *Außenmauern* sind noch erhalten, die
Burg selbst wurde nach wechselnden
Herrschaften 1690 von Venezianern zerstört, danach von den Türken erneuert.
Schmalere Straßen östlich der Verbindung Gýthio–Areópoli führen zum Dorf
Ageranós und zu den waldgrün einge-
faßten Stränden von Vathí und Skoutári.
Das heute idyllische **Ageranós** war seit
dem 17. Jh. Sitz der aus der Inneren Máni zugewanderten Familie Grigorákis,
die eine wichtige Rolle im Unabhängigkeitskampf spielte. Außer dem sehr emp-
fehlenswerten *Hotel Belle Hélène* an der
Vathí-Bucht gibt es auch eine kleine Zahl
einfacherer Unterkünfte und Tavernen.
Bei **Skoutári** steht die *Kreuzkuppelkirche Agía Varvára* und am Hügelhang das
ehemalige *Kloster Ágios Geórgios*.

Lakonien – **Burg Passavá, Ageranós und Skoutári/Areópoli** · *Karte Seite 7*

Máni-Strand bei Dyrós, südlich von Areópoli

Praktische Hinweise

Der **Aufstieg** zur Burg Passavá ist mangels gebahnter Wege etwas mühsam. Am günstigsten: Von Gýthio etwa 8 km Richtung Areópoli, wo rechts die Straße nach Skamnáki abzweigt, ersteigt man links von Süden her den Hügel mit der überwachsenen Burganlage.

Hotel
**Belle Hélène, Vathí Ageranoú, 23200 Gýthio, Tel. 07 33/9 30 01-5, Fax 9 30 06, oder Athen Tel. 01/7 23 08 79, geöffnet März/April–Okt. In stiller grüner Bucht mit eigenem Strandpark, Tennis- und Volleyballplatz, alle 98 Zimmer mit Blick aufs Meer. Einer der angenehmsten Plätze des Peloponnes.

Sport
Ipposio Reitcenter Vathí. Kontakt beim Restaurant Aroi, an der Zufahrt zum Hotel Belle Hélène von Gýthio (ganzjährig geöffnet).

64 Areópoli
24 km südwestlich von Gýthio, 85 km südöstlich von Kalamáta

Größter Ort der Inneren Máni, mit Wohntürmen und alten Kirchen.

Schon die Anfahrt ist ein großes Landschaftserlebnis – ob man von Osten aus Gýthio oder von Norden durch die Äußere Máni entlang der Westküste kommt. Das Sangiás-Gebirge, der südliche Ausläufer des Taýgetos, stellt die riesigen, fast baumleeren schrägen Tafeln seiner Bergflanken über die schmale westliche Küstenhochebene der Máni – eine auf dem Peloponnes einzigartige, sehr eindrucksvolle Struktur. Tief schneidet unterhalb von Areópoli die Bucht von Liméni [Nr. 73] mit dem Strandort Ítilo in die Halbinsel.

<u>**Geschichte**</u> Das schon im Mittelalter existierende Städtchen war Wohnsitz der Familie Mavromichális und wurde gegen Mitte des 19. Jh. zu Ehren des Freiheitskämpfers Petrobey Mavromichális in Areópoli – Stadt des Kriegsgottes Ares – umbenannt.

Lakonien – **Areópoli** · *Karte Seite 7*

Besichtigung Um den **Hauptplatz** mit Hotel und Tavernen und dem *Denkmal des Petrobey Mavromichális* stehen aus Bruchsteinen erbaute Häuser und im nahen Umkreis mehrere Kirchen:

– die **Taxiárchenkirche** von 1798, etwas abseits vom Hauptplatz, die mit ihrem hohen Tonnengewölbe und dem harmonisch gegliederten Glockenturm die größte in der Máni ist und neben vielerlei anderem Fassadenschmuck schöne *Erzengelreliefs* über den Portalen zeigt (Michael militärisch, Gabriel kirchlich-liturgisch gekleidet). Die früher buntbemalten Reliefs von Sonnen, Blumen und Tierkreiszeichen sind wieder wie in der ursprünglichen Fassung weiß und grau;

– die kleine **Kirche Panagía Phaneroméni** (Muttergottes, die den Menschen erschienen ist) mit der angebauten Kapelle des Ágios Charálambos; unter den *Fresken* sind besonders ausdrucksstark Christus als König und Johannes der Täufer mit Flügeln;

– die **Kirche des Ágios Ioánnis Pródromos** (Johannes des Täufers), südwestlich vom Zentrum, ein kleiner, einschiffiger Raum mit Tonnengewölbe und reicher, wenn auch nur teilweise noch gut erhaltener *Ausmalung* wohl aus dem 15. Jh.

Das etwa 1000 Einwohner zählende Areópoli hat noch mehr Kirchen und auch einige der stattlichen Geschlechtertürme (Pýrgi), die das architektonische Kennzeichen der Máni sind. In einen dieser Türme kann man sogar als Gast einziehen (siehe Praktische Hinweise).

Außerhalb von Areópoli liegt die **Burg Kelefá**, ein türkischer Bau aus dem 17. Jh. mit vier Rundtürmen, einer Zisterne, Resten einer Moschee und großartigem Ausblick. (Anfahrt: etwa 7 km östlich von Areópoli von der Straße nach Gýthio nach Norden abbiegen, etwa dort, wo es südlich zum Dorf Vachós geht, dann noch 4 km.)

Südlicher als Kelefá hat die osmanische Herrschaft sich nie auf der Máni festsetzen können. Mit dem Burgenpaar Passavá und Kelefá sollten die osmanischen Truppen die Halbinsel kontrollieren, konnten aber nicht verhindern, daß Petrobey Mavromichális etwa 3000 Manioten in den Unabhängigkeitskampf führte.

Praktische Hinweise

Busverbindung mit Geroliménas, Gýthio, Kalamáta, Kótronas, Sparta.

Hotel

*/****Kapetanákis**, nahe beim Hauptplatz, Tel. 07 33/5 12 33. In einem rund 200 Jahre alten Geschlechterturm vom griechischen Fremdenverkehrsverband EOT eingerichtet, mit nur 6 Zimmern, eines davon mit eigenem Bad (gutgehaltene Gemeinschaftsbäder).

Moderner Kirchenschmuck nach alten Mustern in Areópoli, der ›Stadt des Ares‹

Lakonien – **Pýrgos Dyroú/Dyrós-Höhlen** · *Karte Seite 7*

Frisch aus dem Ofen – und immer ist Zeit für ein Gespräch unter Frauen

65 Pýrgos Dyroú / Dyrós-Höhlen

7 km südlich von Areópoli, zu den Höhlen (ausgeschildert) weitere 4 km

Wasserfahrt durch eine der weltweit schönsten Tropfsteinhöhlen.

»Wir versuchen, die Grotten so natürlich wie möglich zu erhalten«, versichert Giánnis Spirioúnis, Chef der Höhlenverwaltung. Man kommt ohne künstlichen Zauber und ohne farbige Beleuchtung aus: Die **Höhlen von Pýrgos Dyroú**, rund 300 m tiefer als das Dorf an einer schönen Bucht gelegen, haben ihre Eigenfarben – außer weißen auch rosa und rote Stalagmiten und Stalaktiten – und sind reich an phantastischen Formen.
Schon Ende des vorigen Jahrhunderts wiederentdeckt, wurde die Dyroú-Höhlenwelt erst seit 1949 von dem Ehepaar Ioánnis und Anna Petróchilos und ihren Mitarbeitern wissenschaftlich erforscht. Heute kennt man zwei große Höhlen – **Glyfáda** und **Alepótrypa** – und eine dritte kleinere Höhle in weiten Bereichen (insgesamt rund 5000 m Länge). Die Forschungen sind noch nicht abgeschlossen.
Die **Glyfáda-Höhle** ist durch einen unterirdischen Fluß entstanden; erst später bildeten sich in den ausgewaschenen Hohlräumen die Tropfsteine. Die Höhle wurde – auch von Tauchern – bisher auf 3,1 km Länge erkundet. In den unterirdischen Seen fand man u. a. Knochen eines vorgeschichtlichen Flußpferds.
Die zweite Höhle wurde 1958 entdeckt (Alepótrypa, siehe unten), die dritte, kleinere 1982. Sie wird als **Katafýgi-Höhle** bezeichnet und enthält Seen sowie trockene Strecken, hohe Gänge und Hallen, ist aber nicht öffentlich zugänglich.
Die **Alepótrypa-Höhle** (= Fuchsloch) kam zu ihrem Namen bei der Entdeckung 1958, als ein Hund einen Fuchs verfolgte, vermißt wurde und erst nach Tagen, mit rotem Schlamm bedeckt, wieder er-

Behutsam werden die Besucher durch die Tropfsteinpracht gelenkt

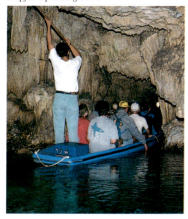

121

Lakonien – **Pýrgos Dyroú/Dyrós-Höhlen** · *Karte Seite 7*

schien. Man erweiterte den nur 10 x 60 cm schmalen Eingang und konnte so die früher von Menschen bewohnte Höhle erschließen. Die Funde waren sensationell. In großen Mengen wurden Werkzeuge, menschliche und tierische Knochen, Schmuck und Scherben von Tongefäßen aus der Zeit zwischen 25 000 und 5000 v. Chr. geborgen, Zeugnisse früher Besiedlung, die heute in einem interessanten kleinen **Museum** bei den Höhlen ausgestellt sind. Auffällig sind zum Beispiel die *Obsidian-Funde*, die Handelsbeziehungen mit Milos wahrscheinlich machen (Neolithic-Museum of Diros, Di–So 8.30–15 Uhr).

Daß die Fundstücke über Jahrtausende hin unberührt geblieben sind, liegt mit hoher Wahrscheinlichkeit daran, daß die Höhlenausgänge durch Naturkatastrophen (Erdbeben) verschlossen wurden. Der heutige Zugang für die Besucher ist künstlich angelegt.

Deren Zahl ist gewaltig. Bis zu 5000 Menschen an einem Tag kommen nach Pýrgos Dyroú, um die **unterirdische Kahnfahrt** im Reich der Tropfsteine zu erleben. Die Faszination der Abertausende streichholzfeiner bis eichbaumstarker Steingebilde ist groß, und sie wird durch das schwarze Wasser und die fast lautlose Fahrt der mehr gestakten als geruderten Boote noch gesteigert. Wenn in der Hochsaison allerdings bis zu 30 Boote zugleich unterwegs sind, herrscht nicht immer feierliche Stille.

2 km südlich vom Dorf Pýrgos Dyroú zweigt eine Straße zur Küste und zum Dorf **Charoúda** ab. Die *Taxiárchen-Kirche* (Ágios Michaíl), eine Kreuzkuppelkirche aus dem 11. Jh., gilt auch wegen der *Fresken* aus dem 14. und 18. Jh. als eine der schönsten der Máni.

Praktische Hinweise

Die Höhlen sind geöffnet Juni–Sept. tgl. 8–17.30, Okt.–Mai tgl. 8–14.30 Uhr. Beschädigung der Tropfsteine steht unter Androhung von Gefängnisstrafe. Dauer der Bootsfahrt: etwa 25 Minuten.

An den Kassen oberhalb der Höhlen gibt es in der Saison oft längere Wartezeiten; das läßt sich vermeiden, wenn man seinen Wagen dort abstellt und zu Fuß von der Kasse zum Höhleneingang geht. Wegen der begrenzten Zahl der Boote dort u. U. nochmals Wartezeit.

Pýrgos Dyroú ist durch seine Höhlen zu einer Touristenattraktion geworden. Wer diese unterirdische Welt in Stille erleben will, kommt besser nicht zur Hochsaison!

Lakonien – **Mézapos und Halbinsel Tigáni** · *Karte Seite 7*

Die Steilküste der Máni bei Mézapos ist nur über eine schmale Nebenstraße zu erreichen

66 Mézapos und Halbinsel Tigáni

15 km südlich von Pýrgos Dyroú

Buchten, Burgen und byzantinische Kirchen.

Eine schmale Seitenstraße führt durch ein Flußtal mit Höhlen an den Hängen zum Fischerdorf **Mézapos**, das an einer der reizvollsten Máni-Buchten liegt, mit kleinem kiesigem Strand unter gelbgold im Sonnenlicht leuchtenden Steilhängen. Mézapos hat kein Hotel, aber Privatquartiere und unverfälschte Fischtavernen an der Straße gleich über der Bucht, zum Beispiel ›O Zépos‹.

Gegenüber Mézapos streckt sich wie ein monumentaler Pfannenstiel die hohe und schmale Felszunge der **Halbinsel Tigáni** ins Meer (Tigáni = Bratpfanne), am besten von Mézapos mit einem gemieteten Boot erreichbar, sonst nur mit geländegängigem Wagen und zu Fuß. Auf dem schattenlosen Fels der Tigáni-Halbinsel sind *Reste einer starken Burg* zu finden, deren Baugeschichte noch ungeklärt ist.

Manche halten sie für venezianisch, andere sehen in ihr die *Festung Máina*, die 1248 Guillaume II de Villehardouin erbauen ließ, gleichzeitig mit seinen Festungen Mystrá und Monemvassiá. Nach der Burg Máina (von französisch ›le Magne‹) hat vermutlich die Halbinsel Máni ihren Namen.

Wer die Architektur und Malerei **byzantinischer Kirchen** bewundert, kann im Umkreis Dutzende von interessanten Bauten aus dem 11.–14. Jh. aufsuchen, etwa in Érimos, Gardenítsa, Áno Voulárii, Ágios Geórgios und Kítta.

In **Kítta**, östlich der Straße Mézapos-Gerolímenas, stehen noch mehrere *Geschlechtertürme*, die an die Ära der ›Niklier‹ erinnern. So wurden Flüchtlinge aus Arkadien genannt, aus der Stadt Niklí, dem antiken Tegéa, die sich im 13. Jh. in der Máni ansiedelten. Unter den Niklianoí oder Nikliern bildete sich »eine machtvolle Aristokratie heraus. Sie besaß Waffen, Land, hatte ihre Türme und war Meister der Piraterie und Räuberei.

Lakonien – **Mézapos und Halbinsel Tigáni/Geroliménas** · *Karte Seite 7*

Ihre Turmhäuser beherrschten die Dörfer, und die von ihnen Abhängigen, zumeist unterworfene Familien von nichtniklischer Herkunft, bewohnten die unteren Stockwerke« (Brian de Jongh, ›Griechenland‹ München 1985⁴).
Bei Kítta steht auch die *Kirche der hll. Sergios und Vacchos* (Bacchos) aus dem 12. Jh., eine besonders schöne Viersäulen-Kreuzkuppelkirche, oft auch Trouliótí-Kirche genannt (die Überkuppelte), mit Pfeilerkapitellen, die Sonnenblumen und Weintrauben zeigen.

Praktische Hinweise

Abfahrt nach Mézapos: Achten Sie am südlichen Ortsende von Ágios Geórgios auf das handgemalte Schild ›Mesapos Fresh Fish Port‹!
Byzantinische Kirchen: Ortsschilder und andere Hinweise fehlen häufig, man muß immer wieder fragen – und wenn man die gewünschte Kirche gefunden hat, meist nochmals auf die Suche nach einem Schlüssel gehen.

Hotel/Restaurant

**Tsitsíris Castle, 23071 Stavrí, Máni, Tel. 0733/5 62 97, oder in Athen: Doriéou 1, 15123 Maroússi, Tel. 01/6 85 89 60-1, Fax 01/6 85 89 62. Im traditionellen maniotischen Stil erbaut, für Máni-Erkundungen ein empfehlenswert komfortables Standquartier unweit der Küste südlich von Mézapos. Alle Räume mit Air-Condition. Restaurant.

Manche Fischer nehmen zahlende Gäste mit

67 Geroliménas

8 km südlich von Mézapos

Ein Fischerhafen übt sich im Tourismus.

Die Bucht, zu der sich die Straße in weitem Bogenschwung vom Küstenhochplateau hinabsenkt, ist unter einer mächtigen Steilküste nordländisch karg und erinnert an Skandinavien. Manche behaupten, in Geroliménas hätten die Dörfler seit Jahrhunderten schon neben dem Fischfang die einträglichere Seeräuberei betrieben, andere sprechen von einer Gründung des Ortes erst um 1870, als Versorgungshafen für die Innere Máni.
Heute ist der **Hafen** ein beschaulicher Platz für Netzeflicker und Tavernen-Nachmittage. Es gibt auch einen **Badestrand** und Bemühungen, altes Mauerwerk adrett zu pflegen und zwischen knorrigen Olivenbäumen und Kakteen Blütenfarben zu setzen. Geroliménas liegt günstig für Máni-Erkundungen und hat im Unterschied zu den meisten anderen Orten südlich von Areópolis zwei oder drei Hotels unterer Kategorie. Im ***Hotel Akrogiáli** (Tel. 0733)/5 42 04) wohnt man z. B. deutlich schlichter und billiger als in den touristisch hergerichteten Máni-Türmen von Stavrí oder Váthia. Bootsexkursionen zur Halbinsel Matapán/Kap Ténaro.

Máni-Alltag bei den Fischern von Geroliménas (**oben**) *und in einer der Buchten von Kokkála an der Ostküste* (**unten**). *Um solches Leben wahrzunehmen, braucht man nur die ausgebaute Straße zu verlassen, die den felsigen Südzipfel der Máni umrundet*

Lakonien – **Váthia/Pórto Kárgo** · *Karte Seite 7*

Eine kurze Strecke weiter liegt landeinwärts an der Straßengabelung Máni Südspitze/Máni Ostküste das verfallende Dorf **Álika** mit Apsis-Resten einer später überbauten frühchristlichen *Kirche* des Ágios Andréas aus dem 7. Jh.; an der Küste eine schöne Badebucht.

68 Váthia

9 km südöstlich von Geroliménas

Verlassene Máni-Turmhäuser – heute Touristenherbergen.

Ein Hügel voller Hochhäuser, ein kleines **Máni-Manhattan**, eine Wohnlandschaft aus lauter streng rechtwinkligen Häuserkuben, ein Dorf wie auf einem Bild des italienischen Meisters der pittura metafisica, Giorgio de Chirico, das merkwürdigste maniotische Hotelerlebnis – all das ist oder kann Váthia sein.

Kommt man von Norden die Serpentinen bergan, fasziniert schon von weitem die **strenge Geometrie** dieses Ortes. Kein anderes Máni-Dorf bietet einen solchen Anblick. Die meisten der aus dem 18. und 19. Jh. stammenden Gebäude waren schon aufgegeben, als die EOT, das Griechische Fremdenverkehrsamt, ihre Rettung ins Werk setzte und die Umwandlung in Hotelquartiere begann.

Ein Versuch zwar vorerst nur, aber mit der Chance, den noch nicht abgewanderten Familien in den Dörfern der südlichen Máni neue Existenzmöglichkeiten zu geben. Für die Gäste wurden die Turmhäuser mit fließendem Wasser und Duschen, elektrischem Licht und WC ausgestattet.

Noch oberhalb der Hügelkuppe mit den Turmhäusern liegt am Berghang Váthias Friedhof. Neben Gräbern findet man auch die mediterranen hausartigen Grabkapellen, die hier noch verschlossener wirken als anderswo zwischen Athen, Venedig und Nizza.

Praktischer Hinweis

Hotel/Restaurant

**EOT Váthia, Tel. 07 33/5 52 44. Komfort in historischem Ambiente, Terrassen mit exzellenter Aussicht. Jedes Turmhaus hat seinen Namen: Pýrgos Exarchakoú, Gianakákou, Keramída, Mitsákou ... Ganzjährig geöffnet.

69 Pórto Kárgo

5 km südöstlich von Váthia

Reizvolle Bucht mit Tavernen und Strand.

Über eine schöne, wenig befahrene Panoramastraße mit immer neuen Ausblicken erst auf den Messenischen, dann auf den Lakonischen Golf erreicht man in einer bergumschlossenen Bucht den kleinen Fischer- und Hafenort **Pórto Kárgo**. Er wird auch Pórto Kágio oder Pórto Kálio genannt, nach den Wachteln, die hier, nahe dem Südkap der Máni-Halbinsel, vor dem Flug nach Afrika noch einmal Rast machen (bei den Venezianern hieß er ›Porto delle quaglie‹). Es gibt einen Strand und Campingmöglichkeit.

An Pórto Kárgo ist der beginnende touristische Aufschwung abzulesen. Jetzt stehen an der schmalen Uferstraße statt einer Taverne mindestens drei, und die Parkplätze werden knapp. Regel: Wer seinen Wagen vor einer Taverne abstellt,

Lakonien – **Kap Ténaro und Halbinsel Matapán** · *Karte Seite 7*

Die Geschlechtertürme von Váthia – kein anderer Ort bietet traditionelle Máni-Architektur derart eindrucksvoll. Heute sind in einigen Türmen Hotels eingerichtet

wird dort zum Essen erwartet. Sympathisch: die *Taverne ›Porto‹*, mit Terrasse und schon mit kleiner Kunstgalerie.
Um Pórto Kárgo liegen Reste des antiken Ortes **Psamathus**, höher an der Bergflanke das **Kloster Panagía tou Portokágio** und weiter östlich mittelalterliche **Burgruinen**. In hellenistischer Zeit soll die Halbinsel Matapán unter der Herrschaft Spartas ein Sammelort von Söldnern gewesen sein, die sich vermutlich in Pórto Kárgo einschifften.
Im Westen des 175 m hohen Bergrückens hat in einer weniger spektakulären Bucht das lakonische **Marmári** gleichfalls einen Strand (die Abzweigung von der Straße nach Pórto Kárgo ist ausgeschildert).

70 Kap Ténaro und Halbinsel Matapán

5 km südlich von Pórto Kárgo

Wanderung zur Südspitze des Peloponnes, am Weg der Eingang zum Hades.

Vom Dorf aus sieht man schon die Meeresbucht und bald auch die kleine Kirchenruine auf einer Landspitze innerhalb der Bucht. Östlich davon liegt dicht am Wasser die **Grotte**, die in der Antike als einer der Eingänge zum Hades galt. Man entdeckt sie erst auf den zweiten Blick, denn der Vorplatz ist dicht mit drei Laubbäumen überwachsen – es sind die einzigen in weitem Umkreis. Möglicherweise ist die Grotte auch teilweise eingestürzt, sie ist heute nur etwa 3 m tief und 9 m breit. Hier soll Herakles den schrecklichen Hadeshund Kérberos ans Tageslicht gebracht haben.
Historisch gesichert scheint dagegen, daß an dieser Stelle antiker und christlicher

Lakonien – **Kap Ténaro und Halbinsel Matapán/Kokkála** · *Karte Seite 7*

Kulte ein Poseidonheiligtum existierte. Man sieht Spuren eines 16 x 20 m großen Gebäudes noch in den Uferfelsen vor der Grotte. Vermutlich sind zum Bau der kleinen **Kirche** Blöcke aus dem Tempel benutzt worden.

Poseidon wurde in der griechischen Antike nicht allein als Meeresgott, sondern früh auch als Erd- und Fruchtbarkeitsgott verehrt. Die Kirche war den Erzengeln geweiht – sie sind nach maniotischem Glauben Seelenführer, die zu Pfingsten die Seelen Verstorbener aus der Unterwelt ans Licht führen (nach Siemer Oppermann, ›Peloponnes‹, München 1993). Weiter westlich sind in der Phryganá noch andere *Reste der antiken Siedlung* auszumachen, vor allem ein recht gut erhaltener *Mosaikfußboden*.

Über den baumlosen Hügelrücken westlich der Kirche kommt man in einer etwa halbstündigen Wanderung zum **Leuchtturm** und an die **Südspitze des Peloponnes**. Meist hat man die Halbinsel Matapán für sich allein, in der Ferne ziehen Schiffe vorbei.

Um Kräfte zu sparen, kann man von Váthia über Marmári bis zum Dorf Pórto Sterní (anderer Name: Pórto Asomató) den Wagen benutzen. Dazu auf der Straße Váthia–Pórto Kárgo an der Abzweigung Marmári vorbeifahren und die nächste Abzweigung rechts nehmen. Der rauhe Sand-Fels-Weg läßt nach etwa 1 km eine Kirche mit blauer Kuppel links liegen. Die erste Abzweigung rechts aufwärts führt zum Dorf Pórto Sterní. Am Dorfausgang parken. Verpflegung und vor allem Trinkbares mitnehmen, südlich von Pórto Kárgo ist nichts erhältlich.

71 Kokkála

25 km nördlich von Váthia

Die Ostküste der Máni-Halbinsel: neu erschlossenes Reiseland.

Kokkála ist ein **Küstendorf** mit sehr schönen kleinen Buchten und kiesigen Badeständen am südlichen Ortsrand und einem als Hotel restaurierten Wohnturm (***Kastro*, Tel. 07 33/5 82 90). Aber Kokkála ist nur einer von mindestens einem halben Dutzend Orten, die sich für einen ruhigen Urlaub an der Ostküste der Máni anbieten. Viel steiler als an der Westküste senkt sich das Sangiás-Gebirge zum Meer und hat die Bauern genötigt, Terrassen anzulegen. Bis vor kurzem gab es nur abenteuerlich unbefestigte Straßen.

Das ist nun anders, eine Rundfahrt von Areópoli die Westküste entlang bis Álika, von dort zur Ostküste hinüber und zurück nach Areópoli kann ein Tagesausflug sein. Länger braucht, wer die Gebirgsdörfer mit ihren Wohntürmen und alten Kirchen besuchen will – zum Beispiel **Phlomochóri** und weiter hinauf **Loukádika**.

In der Nachbarschaft von Kokkála liegen an der Hauptstraße **Lágia**, ein Bergnest mit Wohntürmen, und **Nýmfi**, ein hübscher Strandort unter Ölbaumhängen, mit Pensionen, Tavernen und Felsbuchten.

Bei Kokkála an der Ostküste der Máni

128

Lakonien – **Kótronas/Ítilo und Liméni** · *Karte Seite 7*

72 Kótronas

17 km nördlich von Kokkála,
17 km östlich von Areópoli

Ruhiger Badeort der Inneren Máni.

Die schon stein- und bronzezeitlich besiedelte, nach Süden geöffnete Bucht wird von Olivenwäldern umrahmt, hat kleine **felsige Badebuchten** und einen weiten Ausblick auf das Máni-Gebirge. Kótronas liegt abseits der Hauptstraße sehr ruhig, die Auswahl unter Pensionen und Privatzimmern ist schon ein wenig größer als in anderen Orten der Ostküste. Modernen Urlaubsstil bieten die ***Kótronas Bay Bungalows* am östlichen Ortsrand (Kontakt über Taverna Timoniéra, Tel. 07 33/5 33 40).
Zur guten Straßenverbindung nach Areópoli wird in naher Zukunft eine Verbindung zu der früher nicht direkt erreichbaren Bucht von Skoutári [Nr. 63] kommen und Kótronas damit noch attraktiver machen; 1995 war eine Straße um das Kap Stavrí im Bau.
Auf der vorgelagerten kleinen **Insel Skópas** wurden in die – gleichfalls kleine – byzantinische *Kirche Ágios Nikólaos* antike Spolien verbaut, auch Mauerreste römischer Herkunft kann man finden.

73 Ítilo und Liméni

4 km nördlich von Areópoli

Von hohen Bergflanken umgebene Badestrände.

Am Ormos Limeníou, der Bucht von Liméni, ist man schon in der Äußeren Máni (Éxo Máni), und der Tourismus ist – anders als im Süden – über das Anfangsstadium hinaus. Wer in seinem Urlaub nach Komfort und Auswahl unter mehreren Hotel- und Restaurantangeboten verlangt und nicht auf Ursprünglichkeit besteht, ist also in **Néo Ítilo** – mit langem, teils kiesigem, teils sandigem Strand vor einer kleinen Küstenebene – und in **Liméni** besser aufgehoben als in Gerolimenás oder Váthia [Nr. 67 und 68]. Néo Ítilo und Liméni liegen zu Füßen hoher Bergflanken im Innern der großen Bucht (der alte Ort Ítilo höher am Berg). Der Strand von Liméni, das sich als Fischerort noch immer malerisch nennen kann, ist freilich bescheiden. In der Antike war Liméni der Hafenort vom heutigen Areópoli (griech. limeni = Hafen). Oberhalb am Berg verfallen die Gebäude

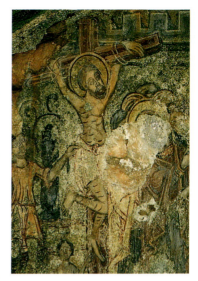

Kreuzigungs-Fresko im Kloster von Liméni

eines Klosters aus dem 18. Jh., das von der Familie Dékoulos gestiftet wurde und nach ihr heißt. Gut erhalten blieb die **Klosterkirche** mit ihren *Fresken*, die das Jüngste Gericht und verschiedene arme Sünder darstellen, im Tonnengewölbe auch interessante Bilder von maniotischen Musikinstrumenten (nur kleine Fenster, Taschenlampe mitnehmen!).

Praktische Hinweise

Hotels

****Ítilo,** 23062 Néo Ítilo, Tel. und Fax 07 33/5 92 22, 5 92 34 und 5 93 53 oder Athen, Tel. 01/4 96 73 00 und 8 99 09 07. Gepflegtes 17-Zimmer-Haus am Strand, mit Garten. Familiär, der Besitzer Níkos Alevrás spricht deutsch.
****Liméni Village,** 23062 Liméni, Tel. 07 33/5 11 11-2, Fax 5 11 82. Jüngst im traditionellen Wohnturm-Stil erbaute Feriensiedlung mit 18 Häusern (80 Betten) an baumlosem Felshang, mit Restaurant und großartigem Blick über die Bucht. Die Ausstattung ist zweckmäßig und einfach. Da hoch über dem Meer gelegen, nur mit Wagen benutzbar, in der Hochsaison zu heiß.

Restaurant

****Taverne Takis,** Liméni, Tel. 07 33/5 13 27. Man sitzt direkt am Wasser, Frau Sigi spricht deutsch

Messenien – Die langen Strände locken

Ist Messenien (Messinía) ein ›Griechenland ohne Säulen?‹ Jedenfalls gibt es hier Orangen, Mandarinen und Weintrauben, dazu Oliven und Feigen in Fülle, aber keine antiken Stätten von höchster Attraktivität und auch keine so reizvollen mittelalterlichen Ruinen wie in Mystrá oder Monemvassiá. Nach Messenien fahren die meisten Besucher wegen der staunenswert langen **Strände**, die ein Viertel der insgesamt rund 212 Kilometer peloponnesischer Sandstrände ausmachen. Auf dem Standardprogramm der Studienreisen steht zu Recht allerdings der Besuch beim legendären **König Nestor** [Nr. 86]. Dieser hatte seinen Herrschaftssitz hoch in den Bergen über der reichen Küstenebene Westmesseniens und konnte auf Mauern verzichten. Viele Quellen und Flüsse machen die messenische Landschaft fruchtbar; schon in mykenischer Zeit war sie wie die Argolís eine der dichtestbesiedelten in Griechenland. Später, im 8. Jh. v. Chr., legte der Kriegerstaat Sparta seine Hand auf Messenien und versklavte die Einwohner zu Heloten. Viele wanderten aus, andere versuchten vergeblich den Aufstand. Erst nach 369 v. Chr. entstand mit Hilfe des Thebaners und Sparta-Gegners Epaminóndas wieder ein unabhängiger messenischer Staat.

Über zwei Jahrtausende hin umkämpften und beherrschten dann im Wechsel Römer, Byzantiner, Franken, Venezianer und Türken das Land zwischen Taýgetos-Gebirge und Ionischem Meer. 1821 war die messenische Hauptstadt **Kalamáta** [Nr. 79] einer der ersten Orte, die sich von der Osmanen-Herrschaft befreiten. Den Kriegsausgang zu Lasten der Türken zeichnete 1827 bereits die Seeschlacht in der Bucht von Navaríno bei Pýlos vor. Nach 1930 wurde noch der nördliche Teil der Éxo Máni, der Äußeren Máni, zu Messenien geschlagen.

Am Messenischen Golf wie an der Küste des Ionischen Meers trifft man heute immer mehr Mitteleuropäer, die hier Haus- und Grundbesitzer geworden sind. Es gibt keine Mehrhundertbetten-Anlagen wie in der Argolís, der Tourismus hat vielerorts seine Zukunft noch vor sich. Nicht nur lange Strände sind in Messenien zu finden, sondern auch andere Landschaftsattraktionen wie **Höhlen** und **Schluchten**. Zu den schützenswerten Besonderheiten von Flora und Fauna gehören zum Beispiel Schildkröten (Caretta-Caretta).

Die Peloponnes-Rundfahrt führt im folgenden von der Grenze der lakonischen Máni um den Golf von Messenien, mit einem Abstecher von Kalamáta zu den Ruinen der alten Hauptstadt **Messene** [Nr. 81] und von den Mauern der venezianisch-byzantinischen Festung **Methóni** [Nr. 83] die Küste entlang nach Norden.

Wer es eiliger hat, kommt auf gut ausgebauten Straßen von Kalamáta rasch an den Golf von Kyparissía und weiter nach Olympía, Pýrgos und Pátra. Alternative: die Verbindung Kalamáta–Athen über Megalópoli und Trípoli, die auch südlich von Trípoli als Autobahn ausgebaut werden wird.

74 Thalámes

20 km nördlich von Ítilo, 12 km südöstlich von Ágios Nikólaos

Bergdorf mit privatem Máni-Museum.

Reizvoll in Grün gebettet liegen die Bergdörfer an der Straße Areópoli–Kalamáta, teils an Berghängen über der Küste, teils in der Ebene, teils auch im Bergland – eine Genußstrecke! Für Kirchen-Spezialisten: Schon auf dem ersten Streckenabschnitt nördlich von Ítilo finden sich in den Dörfern Langáda, Thalámes, Nomitsís-Kumani und Plátsa **byzantinische Kirchen** in überraschend

großer Zahl, manche davon mit erhaltenem alten *Freskenschmuck*.

Für einen Halt ist **Thalámes** besonders zu empfehlen, wegen des schönen *Dorfplatzes* mit alten Bäumen, einem Brunnenhaus, in dem antike Steine vermauert sind und vor allem wegen des privaten *Máni-Museums* (wenige Meter nördlich von der Platía an der Straße nach Kalamáta) und wegen der im 13. oder schon im 12. Jh. erbauten kleinen *Ágios-Ilías-Kirche*. Um zu dieser zu kommen, muß man zum oberen Ortsrand etwa 300 m hinaufsteigen. Die Kirche enthält einige der schönsten, ausdrucksstärksten Fresken im Umkreis sowie an den Kapitellen

Messenien – **Ágios Nikólaos und Stoúpa/Kardamýli** · *Karte Seite 6/7*

Der traditionelle Beruf des Fischers ernährt heute immer seltener die Familie. Einnahmen aus dem Tourismus versuchen das Budget auszugleichen

der vier Säulen, die die Kuppel tragen, naiv erzählende Tierreliefs.
Für historisch und kulturhistorisch Interessierte ist das **Máni-Museum** unverzichtbar. Die Sammlungen, die Nikólaos Demágelos hier zusammengetragen und in zwei Etagen ausgestellt hat, umfassen nahezu alles vom *Küchengerät* bis zum antiken *Kunstwerk*, von der historischen *Karikatur* bis zum *Keramikscherben*. Meist trifft man den Besitzer an; studierter Soziologe mit guten Deutschkenntnissen und Angehöriger einer sehr alten Manioten-Familie, gibt er gerne zu allen Fragen Auskunft. (Moussío Mánis, an der Hauptstraße, April–Ende Sept. tgl. 9–18 Uhr. Klingel!)

75 Ágios Nikólaos und Stoúpa

12 km nordwestlich von Thalámes, 12 km südöstlich von Karadmýli

Fischerhafen und Badeort in trauter Nachbarschaft.

Die Straße von Areópoli in Richtung Kalamáta senkt sich nördlich von Plátsa zum Meer, eine der großen Peloponnes-Aussichten öffnet sich, und eine schmale Küstenebene lockt zu Entdeckungsfahrten. Die beiden nur 3 km voneinander entfernten Orte **Ágios Nikólaos** und **Stoúpa** bieten Tavernen und Unterkünfte, Stoúpa dazu einen kleinen Sandstrand.
Stoúpa entwickelte sich deshalb rasch zu einem Urlaubsort, Familien mit Kindern schätzen das flach abfallende Ufer, und in der Saison kann es schon eng werden. Nah am Strand: die 31-Zimmer-Pension **Lefktron (24024-Stoúpa, Tel. 0721/74322).
Am Ostrand des Dorfes steht ein trutziger Fels von rund 30 m Höhe, auf dem der fränkische Ritter Guillaume II de Villehardouin eine seiner Burgen errichten ließ (neben Mystrá, Passáva und Máina). Von dieser Burg Beaufort blieb nur eine Ruine. In der antiken Stadt Leúktra, an gleicher Stelle, wurden Eros und Asklepios verehrt.

76 Kardamýli

12 km nordwestlich von Ágios Nikólaos, 15 km südöstlich von Kámbos

Badeort im Norden der Äußeren Máni.

Kardamýli gehört trotz seines anderen Erscheinungsbildes noch zur Landschaft Máni, zur Äußeren Máni freilich. Wer nicht nur an Badestrand interessiert ist,

131

Messenien – **Kardamýli** · Karte Seite 6

Beim Städtchen Kardamýli: steiniger, aber dennoch beliebter Strand

macht sich Richtung Nordosten auf den Weg nach **Ano Kardamýli,** zur Oberstadt (im Norden des Ortes vor der Brücke rechts, hoher Kirchturm als Orientierung). In einer ummauerten *Burganlage* blieben von einem typisch maniotischen

Kardamýlis idyllische Buchtenlandschaft

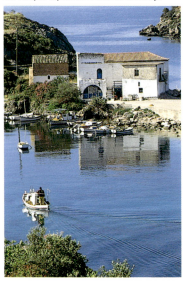

Turmhaus wenigstens die Außenmauern erhalten, die Zwischenstockwerke brachen weg. In der Nähe steht die *Kreuzkuppelkirche Agíou Spyrídonos* aus dem 18. Jh. Weiter nordöstlich hinauf findet man rechts am Weg bei einer anderen kleinen Kirche zwei *römische Grabkammern* im Fels, die in der Überlieferung als Gräber der Dioskuren gelten, und im Dorf **Gournítsa** eine *Agía Sophia* aus dem 14. Jh., mit schöner Wandmalerei. Diese kleine Wanderung, die noch südöstlich zum Dorf Petrovoúni führen kann, ist vor allem wegen immer neuer Ausblicke auf das Taýgetos-Gebirge und den Messenischen Golf reizvoll.

Die heutige freundliche Kleinstadt Kardamýli mit Platía und Parkgrün wird im Sommer viel besucht wegen ihres Strandes, der zwar steinig und von Natur schwärzlich, aber auch lang ist. Vor der Küste eine kleine Insel, mit Befestigungen aus venezianischer Zeit.

Praktischer Hinweis

Hotel

**Kardamýli Beach Hotel,
Tel. 07 21/7 31 80, Fax 7 31 84. Hotel und Bungalows, dicht am Strand, auch Swimmingpool.

Messenien – **Kámbos-Tal und Burg Zarnáta** · *Karte Seite 6*

77 Kámbos-Tal und Burg Zarnáta

15 km nordwestlich von Kardamýli, 20 km südöstlich von Avía

Mittelalterliche Burg und schöne Schluchtwanderung.

<u>Geschichte</u> Etwa 500 m südlich des hoch über der Küste in einer kleinen, fruchtbaren Ebene gelegenen Dorfes Kámbos ist ein eingestürztes mykenisches Kuppelgrab zu sehen. Es besitzt einen 13 m langen Drómos (Zugang) und stellt ein Zeugnis der frühen Besiedlung schon in mittelmykenischer Zeit dar. Aus der klassischen Antike stammen nur wenige Funde. Im Mittelalter war Kámbos Sitz eines Bischofs; byzantinische Kirchen sind im Umkreis des Ortes noch erhalten.

Das beherrschende Bauwerk, die Burg Zarnáta in 700 m Höhe, sperrt die Äußere Máni gegen Norden hin ab. Vermutlich war dieser Platz schon in der Antike befestigt; erkennbar ist byzantinisches Mauerwerk, auf dem Franken und Türken weiter aufbauten.

<u>Besichtigung</u> Wieder durchfährt man eine schöne Peloponnes-Landschaft, waldgrün und mit hinreißenden Ausblicken auf Meer und Gebirge. Das Dorf Kámbos liegt etwa 300 m hoch. Zur **Burg Zarnáta** steigt man jedoch besser von Stravropigí hinauf (guter Weg von der Hauptkirche des Dorfes aus). Ein großes maniotisches *Turmhaus*, wohl aus dem 18. Jh., ist im Burggelände erhalten, daneben aus derselben Zeit auch die Kirche der *Panagía Zoodóchos Pigí* (Muttergottes des Lebensquells) mit hervorragend erhaltenen Fresken. Möglicherweise wurde die Burg nach dem erzwungenen Abzug der venezianischen Morosini-Truppen 1715 nicht mehr von den Türken, sondern von den christlichen Manioten besetzt. In der Nachbarschaft stößt man noch auf weitere maniotische Turmhäuser.

Die Schlucht von Kámbos

Unter Wanderern gilt dieser Weg als einer der schönsten im Taýgetos-Gebirge. Kondition ist allerdings gefordert, schon um in den oberen Teil der Kámbos-Schlucht zu gelangen, zwischen dem Dorf **Kéndro** und dem verlassenen **Pigádia**. Nördlich von Kéndro (bis hierhin Straße) kann man beim *Kirchlein Profítis Ilías* vorbei etwa eine Stunde lang einen rauhen Fahrweg in Richtung Pigádia

Grandios, zu Rundfahrten und Wanderungen verlockend: die Äußere Máni bei Kámbos

wandern. Bei einer Weggabelung geht es hinab zu zwei **Brücken**, die die Kámbos-Schlucht überspannen – eine alte doppelbögige aus Ziegeln und eine neuere. Dort ist der Abstieg in das trockene Bachbett möglich.

Bald erlebt man den dramatischsten Abschnitt der Kámbos-Schlucht: So tief hat das Wasser die Klamm zwischen den glatten Wänden eingegraben, daß das Tageslicht kaum bis auf den Grund reicht. Nicht mehr als zwei Meter breit ist der Durchlaß an den Engstellen, immer wieder müssen Felsblöcke überklettert werden. Beim Kirchlein Profítis Ilías, an dem die Wanderung anfangs vorbeiführte, kann man aus der Schlucht auf einem Schotterweg wieder aufsteigen, vorausgesetzt, man findet diesen Abzweig.

Der längere Weg führt bis zum Meer hinab (Gehzeit etwa 7 Stunden), unter der Straße Kámbos-Kalamáta hindurch, mal durch ein Felsentor, mal an einer Höhle vorbei und immer über das Geröll des Bachbetts – der Bach selbst ist schon viel weiter droben vor langer Zeit im Untergrund verschwunden oder in Wasserleitungen gefaßt worden.

Am Ende überquert man beim Dorf **Kitriés** eine Asphaltstraße und ist an der Bucht von Kitriés.

78 Avía

19 km nordwestlich von Kámbos, 10 km südlich von Kalamáta

Badeort ohne große Hotels, aber mit vielen Pensionen und Privatquartieren.

Abends sitzen auf den Terrassen der Strandrestaurants junge und alte Paare unter Palmen und Weinreben, Kinder spielen am dämmernden Strand, und selbst der Autoverkehr ist zu dieser Stunde eher mäßig. Diese Küste mit dem kleinen Ort **Avía** und seinen Nachbarorten bis Kitriés im Süden und Almiró im Norden profitiert davon, daß die Hauptstraße Kalamáta–Areópoli bei Almiró ins Gebirge aufsteigt, die Küstenstraße aber bei Kitriés als Sackgasse endet. Zwar ist sie dennoch nicht verkehrsarm, aber durch die große Auswahl an Pensionen und Privatquartieren gibt es für Geräuschempfindliche auch Unterkünfte abseits der Straße in grüner Landschaft und im idyllischen Kitriés.

Die Strände sind unterschiedlich breit, meist kiesig. Verlockend die Buchten.

Praktische Hinweise

Tel.-Vorwahl Avía: 07 21
Postleitzahl: 24100
Busverbindung mit Kalamáta mehrmals täglich.
Ferienhäuser Póla. Mit viel Geschmack und Sensibilität für Architektur und Natur errichtete Anlage im Stil der traditionellen Steinhäuser der Máni. Wohnpark mit Swimmingpool und allem zeitgemäßen Komfort, Kinderspielplätzen und großer Aussicht auf das Taýgetos-Gebirge. Níkos Koulís und seine Frau sprechen beide deutsch und englisch. Bei Avía, 8 km südlich von Kalamáta (beim Schild ›Archontiko Avía‹ links auf zementierter schmaler Straße etwa 300 m). Tel. 07 21/5 83 51, Fax 5 80 40. Für zwei bis sechs Personen, tgl. etwa 80–160 DM je Wohnung, Mindestaufenthalt eine Woche. Gutes Infomaterial.

Restaurants

**O Vráchos, Paliochóra Avía, Tel. 5 83 43. An malerischer kleiner Bucht.
**To Akrogiáli, Kitriés, Tel. 5 81 44. Sehr schöne Terrasse über dem Meer.

79 Kalamáta

199 km südwestlich von Korinth, 267 km südlich von Pátra, 90 km südwestlich von Trípoli

Das städtische Zentrum des Süd-Peloponnes, nach Erdbeben erneuert.

Geschichte Wie in Pátra, Korinth, Nauplia und noch anderen Städten ist das historische Zentrum auf und um den Burgberg ein gutes Stück vom Meer entfernt, Altstadt und Hafen sind erst allmählich zusammengewachsen. In Kalamáta ist offenbar ähnlich wie in Nauplia die Küste seit römischer Zeit verlandet, der Hafen liegt jetzt noch weiter vom Kástron entfernt.

Schon zu mykenischer Zeit besiedelt, war der antike Ort Pherai oder Pharai später Sparta zugehörig, von 338 v. Chr. an wieder messenisch und stand in der Folge, wie der übrige Peloponnes, unter römischer, byzantinischer, fränkischer und türkischer Herrschaft. Zur Frankenzeit wurde Guillaume II de Villehardouin, der Gründer Mystrás, in Kalamáta geboren. Die venezianische Invasion von 1685 unterbrach die Türken-Ära (Braun-

Messenien – **Kalamáta** · *Karte Seite 6*

Kalamáta, sechstgrößte Stadt Griechenlands, überwand die Folgen des Erdbebens von 1986

schweiger Söldner-Truppen stürmten das Kástron), und 1821 war Kalamáta einer der ersten Orte, an dem der griechische Unabhängigkeitskrieg begann.

Am Ende dieses Krieges war die Stadt großenteils zerstört, sie wurde im rechteckigen Straßenraster wiederaufgebaut. Abermals große Zerstörungen der Bausubstanz brachte das Erdbeben von 1986, jahrelang mußten Obdachlose danach in Baracken leben.

Heute sind die meisten Baulücken geschlossen, und Kalamáta, Hauptort des Nomós Messinía, ist mit rund 45 000 Einwohnern die sechstgrößte Stadt Griechenlands. Im Hafen wird verladen, was im Hinterland geerntet wird: Wein, Korinthen, Feigen und Oliven. Es gibt auch Tabak- und Textilindustrie und verstärkte Bemühungen um Touristen.

Besichtigung Die Stadt hat noch rund 150 alte Häuser, aber die vorgesehene Renovierung mit folgender kultureller Nutzung ist so aufwendig, daß manches zerfällt – zum Beispiel in unmittelbarer Nachbarschaft des supermodernen Einkaufszentrums beim **Stadtpark**. Dort

kommt man vorbei, wenn man vom Hafen und der Hafenpromenade Navarínou stadteinwärts unterwegs ist. Bei knapper Zeit fährt man am besten mit eigenem Wagen oder Taxi zum Stadtzentrum um die **Platía Ethnikís Antistásseos** – mit Cafés, Banken und Ladenstraßen, auch einer kleinen Fußgängerzone im Umkreis – oder gleich zum Kástron hinauf. Zu Fuß gelangt man dorthin durch kleine Altstadt-Straßen und das nordöstlich noch erhaltene Markt- und Basarviertel um die vielfach umgebaute byzantinische **Kirche Ágii Apóstoli**.

Schon im 10. Jh. gegründet, ursprünglich als Kreuzkuppelkirche, wurde die Ágii Apóstoli im 17. Jh. mit einem überkuppelten Schiff – eigentlich einer zweiten Kirche – vergrößert. Sie besitzt schönes Ziegelmauerwerk, ist im Innern nach den Erdbebenschäden von 1986 aber größenteils schmucklos wiederhergestellt worden. Über dem Portal erinnert eine Tafel an das Aufstandsdatum: 23. März 1821. In der Nachbarschaft das **Benáki Moussío** (Archäologisches Museum), das 1995 geschlossen war und möglicherweise in einen Neubau umzieht.

Nordöstlich davon öffnet sich die Platía Ypapantís, die von der **Kathedrale Ypapantís Sotíros** beherrscht wird. Interessanter als dieser Repräsentativbau des 19. Jh. ist das Nonnenkloster wenige Schritte östlich, das **Moní Kalogrión**. Im grünen Arkadenhof des Wohngeviertes stehen Obstbäume. Es lohnt sich, in die Kirche einzutreten, mit ihrer reichen *Ikonostase*, einer großen silberverkleideten und teils vergoldeten *Marienikone* und einer *Darstellung der Maria* als Kyría ton Angélon, als Herrin der Engel.

Ein anderes *Bild der Maria mit Kind*, goldgerahmt und mit Silberblech überzogen, wird als wundertätig verehrt. Auch kann man rechts vom Eingang in mehrere Räume mit Webrahmen gehen und sich im Klosterladen ein gewebtes Souvenir aussuchen: Seidenweberei und auch Seidenraupenzucht sind noch immer lebendige Tradition.

Oberhalb von Kloster und Kathedrale liegt das byzantinisch-fränkisch-venezianische **Kástron**. Seit dem Erdbeben von 1986 ist das Kástron selbst zwar noch nicht wieder zugänglich und das dortige *Amphitheater* nur während des sommer-

Messenien – **Kalamáta** · *Karte Seite 6*

Der Stolz Kalamátas: der lange stadtnahe Badestrand und die hervorragende Wasserqualität des Meeres
Unten: *In der Kathedrale*

lichen Tanzfestivals. Aber man kann durch den Torturm des 13. Jh. mit einem rund vier Jahrhunderte jüngeren Markuslöwen (aus der zweiten venezianischen Ära) in den Park eintreten. Gerade an heißen Tagen bietet der ruhige *Burgpark* mit Taubengurren und riesigen Seekiefern einen willkommenen Rastort – Blick auf Stadt, Meer und Gebirge inbegriffen. Südwestlich der Burg ist Wiederaufbau im Gang. Soweit schon sichtbar, entsteht ein Altstadtquartier nach historischem Muster neu.

Gute Nachricht für die Freunde des Meeres: Der Stadtverwaltung von Kalamáta ist es mit biologischer Klärung der Abwässer gelungen, auch an dem üppig langen **Strand** an der Navaríno-Promenade (4 km!) seit 1991 immer wieder die Blaue Flagge für hervorragende Wasserqualität zu erhalten.

Praktische Hinweise

Tel.-Vorwahl Kalamáta: 0721
Postleitzahl: 24100
Information: Griechisches Fremdenverkehrsamt (EOT), an der Marina, Tel. 8 68 68. Auskunftspavillon auch im Stadtpark, zeitweise geöffnet.
Touristenpolizei: Tel. 2 31 87.
Busverbindungen u.a. nach Areópoli, Koróni, Pýlos; nach Athen etwa viereinhalb Stunden. Busbahnhof Tel. 2 31 45, 2 85 81, 2 28 51. Auskunft Büro KTEL Athen Tel. 01/5 13 42 93 oder 5 12 49 10.
Bahnverbindungen u.a. nach Athen über Trípoli, etwa 7 Stunden.
Bahnhof Tel. 2 25 55. Auskunft Athen Tel. 01/5 13 16 01. Flughafen: bei Messene, 10 km westlich von Kalamáta, Tel. 6 90 09. Olympic Airways Tel. 2 23 76. Tgl. Flug Athen–Kalamáta–Athen (je 30 Min.).
Parken: im Zentrum meist nur in Seitenstraßen möglich. An der östlichen Uferpromenade Navarínou und um die Platía Ypapantís unterhalb vom Kástron hat man noch am ehesten eine Chance, auch im Viertel nördlich der Navarínou.

Einkaufen

Beste Geschäfte um die Platía Ethnikís Antistásseos.
Das Einkaufszentrum an der Aristodímou östlich vom Stadtpark ist offiziell 8.30–13.30 und 16–22 Uhr geöffnet. Allerdings halten die Läden nicht immer so lange offen.

Messenien – **Kalamáta/Andróusa** · *Karte Seite 6*

Museen
Das **Istorikó Laographikó Moussío** (Volkskundemuseum) und das **Archäologikó Moussío (Benáki Moussío)**, Tel. 2 62 09, waren 1995 geschlossen, die Wiedereröffnung war angekündigt. Nach dem Erdbeben wurden die archäologischen Bestände u. a. nach Olympía ausgelagert, die Rückgabe verzögert sich. Di–So 8–15 Uhr.
Pinakothíki (Kunstsammlung), an der Platía Ethnikís Antistásseos, Do und Fr 16–20 Uhr.

Hotels
*****Filoxenía,** östlich der Stadt am Strand, Tel. 2 31 66-8, Fax 2 33 43. Über 200 Betten, mit Air-Condition, Swimmingpool, zwei Tennisplätzen, Diskothek.
****Valássis,** An der Navarínou, Tel. 2 38 49 und 2 93 81, Fax 2 20 56. Gut geführtes Mittelklassehotel, 30 m zum Strand.

Restaurant
****Kilákos,** Navarínou, Tel. 2 20 16. Gleich über den Sonnenbadenden am Strand, vielbesucht wegen guter Küche. Empfehlenswert: Fische – und der Gemüseauflauf.

Terrakotta-Gottheiten, -Löwenköpfe und -Architekturornamente für Haus und Garten

80 Andróusa
18 km nordwestlich von Kalamáta

Burg, Kloster und Kirchen in messenischer Berglandschaft.

Die mächtige **fränkische Festung** namens Drúges oder Druchie aus dem 13. Jh. thront auf einem Bergsporn nahe dem Dorf Andróusa. *Mauerring* und einige *Türme* sind noch großenteils erhalten und vermitteln eine Vorstellung von der Bedeutung des Ortes im Mittelalter, als er noch um 1700 von venezianischen Kaufleuten als Handelsstation genutzt wurde. Drei tiefe Täler umgeben das Hochplateau.

Auch das Dorf **Ellinoeklissiá** nordwestlich von Andróusa liegt über einem Taleinschnitt. Dort unten kann man die *Kirche* eines früheren Frauenklosters aufsuchen, die der Büßerin Maria Egyptiakí, der Maria von Ägypten, geweiht ist, aber auch *Zoodóchou Pigís*, Kirche des lebensspendenden Quells, oder Samári-Kirche genannt wird (im 12. Jh. als Kreuzkuppelkirche erbaut, im 13. Jh. wurde ein Glockenturm vorgesetzt). Im Innern läuft man noch auf dem *Marmorfußboden* des 12. Jh., auch der *Altartisch* vor der *Ikonostase* und die leider sehr schadhaften *Fresken* stammen aus dieser Zeit. Am besten blieb eine *Auferstehungs-Darstellung* im südlichen Querschiff erhalten.

Maria von Ägypten lebte als büßende Wüsten-Einsiedlerin im 5. Jh. In christlicher Demut wandelte sie sich von der sündigen Prostituierten zur Heiligen und wurde den Gläubigen von der Kirche gern als Vorbild dargestellt. Abendländische Künstler von Giotto über Dürer und Tintoretto bis zu Emil Nolde malten ihre Gestalt, meist nur von langem Haar bekleidet.

Eine andere, um etwa ein Jahrhundert jüngere Kirche findet man – umgeben von prächtigen Platanen – im **Metamórphossis-Kloster** beim Dorf Manganiáko, etwa 4 km westlich von Ellinoklissiá. Die Fresken entstanden wohl teils in der Paläologen-Zeit, teils erst im 17. Jh. Das Kloster heißt auch *Andromonastíri* (Männerkloster), vielleicht verballhornt aus dem Stifternamen: Andrónikos II. war 1282–1328 Kaiser von Byzanz. Reizvoll ist das Flußtal um das Metamórphossis-Kloster (Schlüssel im Neuen Voulkánou-Kloster, südwestlich von Mavromáti [siehe Nr. 81]).

Messenien – **Messene** · *Karte Seite 6*

Praktische Hinweise

Andróusa liegt westlich der Straße Messene–Meligalás, Abzweigung bei Tríodos Richtung Amphitéa. Oder von Norden direkt von Mavromáti (beim antiken Messene) zu erreichen. Weil es mit der Ausschilderung hapert und noch andere kleine Dörfer im Umkreis liegen, muß man öfters fragen.

81 Messíni (Messene) und Mavromáti

Ca. 35 km nordwestlich von Kalamáta

Eine antike Stadt in grüner Einsamkeit – und die große messenische Mauer.

__Geschichte__ Der Berg Ithómi (in der Antike Ithome), ein heute verlassener, von Macchia überwachsener Kalksteinhügel, war immer wieder Fluchtburg der Messenier im Abwehrkampf und Aufstand gegen die spartanische Aggression (1., 2. und 3. Messenischer Krieg) und damit Zeuge zahlloser menschlicher Tragödien. Beim Helotenaufstand von 464 v. Chr. sollen sich die Verteidiger jahrelang in der Ithome-Befestigung behauptet haben.

Nach ihrer Befreiung von spartanischer Herrschaft im 4. Jh. v. Chr. durch den Thebaner Epaminóndas bauten die Messenier seit 368 v. Chr. am Fuß und Hang des Ithome die Stadt Messene und befestigten sie mit einer mächtigen Mauer. Viele waren auf den Aufruf des Epaminóndas hin aus dem Exil zurückgekehrt. Für einige Jahrhunderte wurde der Ort zum wichtigen Zentrum der Region. Die im Mittelalter aufgegebene Stadt wird erst allmählich ausgegraben. Dagegen ist die einst rund 9 km lange Mauer auf weiten Strecken eindrucksvoll erhalten geblieben und gilt als die größte noch sichtbare Befestigung des antiken Griechenland. Manche Forscher halten sie allerdings für deutlich jünger, für hellenistisch.

Auf dem Ithome wurden Überreste eines Heiligtums des Zeus Ithomátas gefunden.

__Besichtigung__ Vom Dorf kann man in nordwestlicher Richtung auf der Fahrstraße gleich zum **Arkadischen Tor [1]** der Stadtmauer entlang wandern bzw. fahren oder aber – in gleicher Richtung –

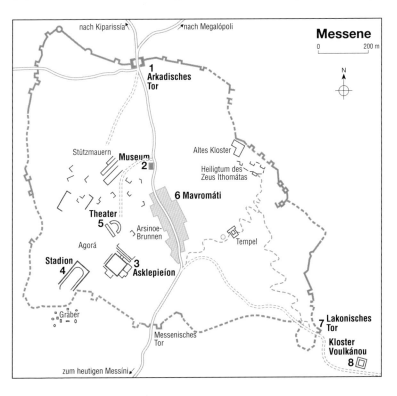

Messenien – **Messene** · *Karte Seite 6, Plan Seite 139*

In der Antike war dies lange die wichtigste Stadt der Messenier: Messene am Berg Ithome

sich nur etwa 1 km bis zum kleinen **Museum** [2] begeben und dort links hinab in den Talgrund abbiegen.

Das Museum zeigt vor allem *Skulpturenfragmente* (Gewandstatuen), außerdem *Münzen, Bronzestatuetten* und *ärztliche Instrumente*. Einige der besten Skulpturen werden dem zu Lebzeiten hochberühmten Bildhauer Damophón zugeschrieben, der im 2. Jh. v. Chr. tätig war (siehe auch Lykósoura [Nr. 53]; Museum geöffnet Di–So 8.30–15 Uhr).

Die Straße zum Ausgrabungsgelände – nicht asphaltiert, aber gut befahrbar – führt durch Ölbaumhaine und an der byzantinischen **Kirche Ágios Nikólaos** vorbei. Zentrum der Ausgrabungen ist der Komplex, der früher als Agorá gedeutet wurde, nach der Entdeckung eines Asklepios-Tempels 1969 aber als das **Asklepieíon** [3] identifiziert wurde, das schon Pausanias erwähnte. Merkwürdigerweise fanden sich keine therapeutischen Räume wie in Epidauros [Nr. 19]. Das muß kein Widerspruch sein, Asklepios wurde in Messene vermutlich nicht als Heilgott, sondern als ›Staatsgott‹ verehrt.

Man tritt in ein großes, annähernd quadratisches Platzgelände ein, das etwa 57 x 49 m mißt und einst von **Säulenhallen** umgeben war. In der Mitte stand der Asklepios-Tempel, ein Bau des 2. Jh. v. Chr. An der Nordostecke des Tempels fand sich eine Weihinschrift für Asklepios und dessen Tochter Hygieia. Man kann vermuten, daß um diese Zeit die gesamte Anlage entworfen worden war und ältere Bauten ablöste.

Das kleine **Theater** an der Ostseite mit nur elf Sitzreihen ist das markanteste erhaltene Gebäude des Asklepieíon. Gut erkennbar sind auch die Fundamente von Säulenhöfen, im Norden etwas erhöht das sogenannte **Sebasteíon**, wo der Kaiserkult ausgeübt wurde, an der Ostseite ein **Heróon** und zwischen den Hallen der Propyläen und dem Asklepios-Tempel die Basis des fast ebenso breiten **Asklepios-Altars**.

Südwestlich des Asklepieíons sind Reste eines **Stadions** [4], nordwestlich von einem größeren **Theater** [5] wahrzunehmen. Vielleicht ist der stärkste Eindruck aber doch die ländliche Ruhe dieser von lauter Ölbaumsilber umgebenen Ruinenstätte. Manchmal allerdings mit Störung durch den grellen Lärm eines Düsenjets der griechischen Luftwaffe, die auf dem nahen Flughafen Messíni eine Übungsbasis hat.

Die **Stadtmauer** kann beim Arkadischen Tor [1] gut erstiegen und über längere Strecken begangen werden. Das Tor

Messenien – **Messene/Koróni** · *Karte Seite 6*

selbst, ein stattlicher Bau, ist noch mit einem Innenhof (Zwinger) erhalten. Die *Mauertürme* in der Nachbarschaft – meist rechteckig, einer rund – waren doppelstöckig, wie an Balkenlöchern erkennbar ist, und trugen Zinnen.

Das Dorf **Mavromáti** [6] liegt schön am Berghang, mit Terrassen-Taverne, winziger, aber adretter *Pension Zeus* (Tel. 07 24/5 10 05) und einem Silberatelier am Hauptplatz. Schilder weisen dort zum **Lakonischen Tor** [7] der antiken Stadt auf der Paßhöhe (1,5 km) und zum **Kloster Voulkánou** [8] (2,5 km). Auch wenn das Kloster gerade nicht zugänglich sein sollte, lohnt sich die Fahrt der großartigen Ausblicke auf die von Gebirgen umgebene messenische Ebene halber.

Und noch eine Attraktion, beim Dorf Neochóri (nach Norden in Richtung Meligalás): Am Zusammenfluß von Mavrosoúmenos und Pámissos hat eine architektonisch interessante antike **Brücke** als Kern einer neueren überdauert. Das dreischenklig angelegte Bauwerk wurde schon von Pausanias beschrieben.

Mit kleinem Hafen, Burg und Altstadt, mit Kafeníons und Strand ist Koróni einer der reizvollsten Peloponnes-Orte

82 Koróni

51 km südlich von Kalamáta,
35 km östlich von Methóni

Unter den Badeorten einer der empfehlenswertesten – und die Westküste des Messenischen Golfs bietet noch mehr!

<u>**Geschichte**</u> Auch Koróni hat in den letzten Jahrzehnten die typische Verwandlung vom Fischernest zum Touristenort durchgemacht. Im Mittelalter war es ein Handelsplatz der Byzantiner und Venezianer mit starkem Kástron über dem Hafen. Auch ungezählte Jerusalempilger haben hier Station gemacht. Fast drei Jahrhunderte herrschten die Venezianer, Koróni nannte man ein ›Auge Venedigs‹ (das andere war Methóni im Westen der Halbinsel [Nr. 83]).

Von der antiken Stadt an gleicher Stelle, die von Flüchtlingen aus Asíni bei Toló [Nr. 28] nach älterer, wohl schon mykenischer Siedlung neugegründet wurde, sind in Koróni kaum noch Spuren gefunden worden. Auch die lange türkische Ära hat nur Festungswerke und Überreste von Moscheen im Burgareal hinterlassen. Erst 1828 befreiten die Truppen des französischen Generals Maison Koróni von der osmanischen Herrschaft. Wegen eines Erdbebens im Jahr 1886 sind die mei-

141

Messenien – **Koróni** · Karte Seite 6

Das Tor der Venezianerburg von Koróni ist ein Relikt aus der Zeit, als die Seerepublik Venedig das östliche Mittelmeer dominierte

Im 1500-Einwohner-Ort mit seinen Gassen und Treppen ist die **Burg** die eigentliche Sehenswürdigkeit. Das imposante **Nordtor** über der Stadt wurde Anfang des 13. Jh. von Venezianern erbaut, große Teile der Ummauerung sind aber schon byzantinisch, unter Verwendung antiken Materials, ebenso die Innenburg und wohl auch die riesigen Zisternen. Bei der Innenburg entstand vor hundert Jahren das **Nonnenkloster Timíou Prodrómou** (Johannes' des Täufers). Links vom Klostereingang sind noch Reste einer einschiffigen *frühbyzantinischen Kuppelkirche* erhalten. Die größere venezianische Kirche St. Rocco wurde erst Moschee (Minarett-Rest erkennbar) und später zur orthodoxen *Kirche Ágios Charálambos*.

Mit Olivenbäumen, kleinen Wohnhäusern, einem türkischen Hamam und blühenden Gärten ist das Burgareal ein angenehmer Platz zum Spazieren und Schauen. Hoch über einer schwer zugänglichen Bucht und der Hochfläche eines Kaps stehen östlich die starken **Rundbastionen** türkischer Festungsbaumeister, besonders die südliche ist architektonisch interessant. Der mittlere Turm wurde erst im Zweiten Weltkrieg zerstört, wie es heißt von deutschen Truppen, weil er Munitions- und Waffenlager war.

sten Bauten jünger, es gibt aber doch noch viele reizvolle klassizistische Gebäude zu entdecken.

Besichtigung Wer von Norden aus dem grünen Küstenland auf Koróni zufährt, hat den Landrücken mit Burg und Oberstadt schon von ferne im Blick, kommt dann hinab zur Platía und zur **Hafenpromenade**, mit ihrer hübschen Reihe von Restaurants und Kafeníons, Sonnendächern und Souvenirläden. Freundlich mediterran wirkt das Städtchen unter den Mauern der Burg. Mancher Fassade, die mit Pilastern noch klassizistisch getönt ist, wird eine Portion postmoderner Schick verpaßt, aber kein grober architektonischer Mißgriff stört das Ferienbild. Das Beste hat der Ankommende noch gar nicht wahrgenommen. Hinter dem Burgfelsen erstreckt sich kilometerlang ein **feinsandiger breiter Strand** unter Obstgärten und Feldern, alle Bebauung liegt weiter zurück und höher – ein hochkarätiges Landschaftsjuwel!

Weitere Badeorte
Auf dem Wege von Kalamáta nach Koróni laden an der Westküste des Golfs von Kalamáta noch andere Plätze zum Baden und Sonnen vor grünem Hinterland ein:
– **Boúka** (Abfahrt Paralía Messínis), mit 20 m breitem goldgelben, kilometerweit schattenlosen Sand, darauf einige riedgedeckte Tavernen;
– **Análipsi**, wo der Strand noch breiter ist, mit Campingplätzen, Privatunterkünften und dem *Restaurant ›Gold Sand‹;*
– **Velíkas** mit etwas kiesigem, aber gleichfalls schattenlosem Strand (einige angepflanzte Tamarisken sollen den Schatten später spenden). Surfer und andere Wassersportler finden die Hotelanlage ***Club Aquarius*, 24200 Ágios Avgoustínos, Tel. 07 21/2 25 17;
– **Petalídi** hat einen schmaleren Strand, aber einen hübschen Bootshafen, eine Ladenstraße und eine kleine Platía;
– zwischen **Petalídi** und **Chráni** hoch über dem Meer bietet das 1994 eröffnete

Messenien – **Koróni** · *Karte Seite 6*

An der Kirche auf Korónis Burgberg noch erkennbar: der Stumpf eines Minaretts

****Village Hotel Sunrise* eine Komfortanlage mit großem Swimmingpool und derzeit 53 Bungalows – die Vergrößerung ist schon eingeplant. Treppenabstieg zu einem schmalen Steinstrand. Petalídi, Koróni Road, Tel. 07 22/3 21 20, Fax 3 17 99;
– von **Chráni** über **Longá** bis **Néa Koróni** ist der Strand eher schmal. Die Zahl der Privatzimmer, Pensionen und kleinen Hotels ist jedoch viel größer als bei Boúka, Análipsi und Velíkas, wo vermutlich Baubeschränkungen gelten.

Praktische Hinweise

Tel.-Vorwahl Koróni: 07 25
Postleitzahl: 24004
Busverbindungen mit Kalamáta mehrmals täglich.

Hotels

****Hotel de la Plage,** Tel. 2 24 01, Fax 2 25 08. Ruhig, einziges größeres Haus in Koróni. Oberhalb vom Strand, große Terrasse, etwa 3 km vom Ort (ausgeschildert). Mai–Sept.

In der Hl. Liturgie der orthodoxen Kirche reicht der Priester Wein und Brot mit einem Löffel

Messenien – **Methóni** · *Karte Seite 6*

Einfache Hotels am Hafen, großes Angebot an Privatquartieren. Eine Agentur für **Ferienhäuser** betreibt am Hafen Sípsas Díon, Tel. 2 22 38 (auch Restaurant). Vorsaisonpreis für strandnahes Haus mit vier Betten umgerechnet etwa 50 DM.

83 Methóni
    35 km westlich von Koróni,
    12 km südlich von Pýlos

Im burgenreichen Peloponnes ist Methóni eine der größten Festungsanlagen.

<u>*Geschichte*</u> Agamemnon soll Methóni, das in der Antike Pédasos hieß, dem zürnenden Achill zur Besänftigung angeboten haben. Die Spartaner siedelten im 7. Jh. vertriebene Bürger von Nauplia an, die sich im Krieg mit Árgos auf Spartas Seite gestellt hatten. Schon in der Antike ein wichtiger Hafen, wurde Methóni auch von Byzantinern, den Franken und seit dem frühen 13. Jh. von Venezianern als Stützpunkt ihrer Seemacht benutzt und ausgebaut. Im 12. Jh. hatte ein venezianisches Kommando die Stadt einmal zerstört, weil sie Seeräuberei betrieb.

Die Historie lief später sehr ähnlich wie in Koróni [Nr. 82]. In Methóni landete im Frühjahr 1826 das 20 000-Mann-Heer Ibrahim Paschas, der den Aufstand der Griechen unterdrücken und die osmanische Herrschaft wiederherstellen sollte.

<u>*Besichtigung*</u> Ihre Schönheit gewinnt die Küstenlandschaft von Methóni mit den Ausblicken auf die Inseln Sapiéntsa, Shíza und Agía Maria. Der Ort selbst – mit seinem rechtwinkligen Straßenraster nicht so attraktiv wie Koróni – entstand erst nach der Befreiung von türkischer Herrschaft, hat schöne Gärten, einen langen Sandstrand und viele Quartiere für den Badeurlaub.

Die **Festungsmauern** umschließen eine ganze Halbinsel, und vorgelagert ist eine gleichfalls bis zum letzten Quadratmeter übermauerte Insel. Nur über eine **vierzehnbogige Brücke** erreicht man die mächtige Toranlage vor der **Bembo-Bastion** rechts (15. Jh.) und der **Loredan-Bastion** links (1714). Generationen von Festungsbauern haben Pläne erdacht, Abertausende Frondienste geleistet. Geblieben ist im Areal der ummauerten Halbinsel außer den Mauern selbst nicht viel. Eine monolithische **Säule** mit antikem Kapitell, zuerst 1403 aufgestellt, steht ohne den Markuslöwen da, den sie einst trug (Morosini-Säule). Ein türkisches **Hamam**, eine **byzantinische Kirche** mit flacher Holzdecke, eine **Zister-**

Einst ein starker Außenposten der Republik Venedig, heute ein ruhiger Badeort: Methóni

Messenien – **Methóni/Pýlos** · *Karte Seite 6*

Pýlos, aus dem griechischen Freiheitskampf berühmt, hat auch eine antike Geschichte. Der Aquädukt wurde zum Teil der Landschaft

ne, ein **Pulvermagazin**, die **Reste von Minaretts** sind die Überreste der einst wohl von 2000 Menschen bewohnten Stadt. Auch Sklavenmärkte fanden hier statt. An mehreren Türmen vorbei, teils mit venezianischen Wappen, kommt man zum Hafentor **Porta di San Marco**.
Von dort über einen Brückendamm sind es zur **Bourtsi-Insel** nur ein paar Schritte. Der achteckige, zwei-, früher dreigeschossige **Kuppelturm**, ein türkisches Bauwerk mit bis zu 4 m starken Mauern, ist zugänglich, aber leer. Eine Stunde oder zwei geht man durch die Methóni-Festung, blickt aufs Meer hinaus, das an die Fragmente der Antike, des Christentums, des türkischen Orients anbrandet. Ruinenromantik, Ruinenmelancholie?

Öffnungszeiten Archäologikos chóros Kástron: Mo–Sa 8.30–19, So 9–19 Uhr. Fotografieren nicht erlaubt.

16 km östlich von Methóni wächst an schönen Badebuchten der Ort **Finikúnda**. Zwei *Campingplätze* und mehrere kleine *Hotels* sind entstanden, eine deutsche *Surfschule* und ein britischer *Segelclub* sorgen für Gäste aus dem Norden. Ein angenehmes *Restaurant* mit schönem Aussichtsgarten ist das **Elena (Tel. 07 23/7 12 35), der Wirt und seine Familie machen selber Musik.

Praktische Hinweise

Tel.-Vorwahl Methóni: 07 23
Postleitzahl: 24006
Busverbindungen mit Pýlos, Kalamáta (beide mehrmals täglich), Finikúnda.

Hotels und Restaurant

*****Amalia,** Tel. 3 11 29 und 3 11 93, Fax 3 11 95. Außerhalb vom Ort in Hanglage mit schönem Ausblick, 250 m von einem Strand.
****Giota,** Tel. 3 12 90-91, Fax 3 11 91. Nah zur Burg, freundlich.
***Restaurant Rex,** Tel. 3 12 39. Nah der Burg, Kinderspielplatz gleich gegenüber.

84 Pýlos

12 km nördlich von Methóni,
62 km südlich von Kiparissía,
73 km westlich von Kalamáta

Kastell über einzigartiger Bucht.

Geschichte
Merkwürdig genug, erst die Türken bauten 1573 am Südeingang der Bucht von Navaríno eine Befestigung, genannt Néo Kástro. Am Nordausgang der Bucht, dem Kap Koryphásion, stand bereits das byzantinisch-venezianische Paläö Kástro (Alte Burg); das Kap war unter dem Namen Koryphásion schon in der Antike besiedelt. Spartaner unterlagen hier 425 v. Chr. einer athenischen Mannschaft und ließen sich auf der langgestreckten Insel Sphaktiría gefan-

145

Messenien – **Pýlos** · *Karte Seite 6*

> ### Navaríno oder Die Würfel fallen für die Griechen
>
> *Mit ihrer brutalen Praxis der verbrannten Erde hatten Ibrahim Paschas Truppen den Sieg über die aufrührerischen Griechen fast errungen. Peloponnes und griechisches Festland waren verwüstet, die Überwältigung der Inseln Hydra und Spetse, letzte Bastionen der Freiheitskämpfer, stand unmittelbar bevor. Europas Mächte zögerten, den Opfern zu Hilfe zu kommen. Immerhin setzte sich eine russisch-englisch-französische Flotte in Marsch, nicht um zu schießen, sondern um Stärke zu zeigen. Es galt, den Orienthandel zu sichern.*
>
> *In der Bucht von Navaríno lag die türkisch-ägyptische Flotte: 82 Schiffe mit 2000 Kanonen. Die 26 alliierten Schiffe, die sich dieser Armada ohne Gegenaktionen nähern konnten, besaßen 1270 Kanonen. Kein Grund zur Besorgnis für die drei alliierten Admiräle – den Oberbefehl hatte der älteste, der Brite Codrington –, gab es doch weder Kriegserklärung noch Schießbefehl.*
>
> *Während die Offiziere noch über Sprachrohr von Bord zu Bord verhandelten, knallten am 20. Oktober 1827 die ersten Schüsse. Nervosität der Besatzung auf dem türkischen Admiralsschiff, steht in den Geschichtsbüchern, sei die Ursache gewesen. Admiral Codrington befahl ›Feuer frei‹ und in einer der blutigsten Seeschlachten des 19. Jh. sanken 55 türkische Schiffe.*
>
> *»Mitten im Frieden« schrieb Wolf Seidl in seinem Buch ›Bayern in Griechenland‹, »war eine Vernichtungsschlacht geschlagen worden, die sich nur noch mit den Tagen von Lepanto vergleichen läßt. Navarino ist der Triumph des Philhellenismus, ein Sieg der Völker über die Politiker. Keiner der verbündeten Souveräne hätte es wagen können, ausdrücklich den Befehl zur Schlacht zu geben. Die öffentliche Meinung Europas riß die alliierten Flottenchefs mit sich fort. Die Kabinette schwiegen – in wirklicher oder gespielter Bestürzung. Griechenland aber war, fürs erste, gerettet.«*

gennehmen – ganz gegen spartanischen Brauch, sich nicht zu ergeben.
Im griechischen Freiheitskampf hatte Ibrahim Pascha, der Exekutor der osmanischen Strafexpedition, auf der türkischen Burg sein Hauptquartier. Im Oktober 1827 kam es in der Bucht zur Seeschlacht von Navaríno.

Besichtigung Wie in einem großen Amphitheater liegt Pýlos im Halbkreis der Berge, mit prachtvollen Ausblicken auf die Meeresbucht von Navaríno und auf die vorgelagerten Inseln. Pittoresk öffnet sich auf dem Felseiland Pýlos ein von der Natur geschaffener steiler Torbogen. Zentrum des Ortes ist die **Platía Trión Navárchon**, der Platz der drei Admirale, mit Kaffeehaustischen unter Platanengrün.

Vom benachbarten Hafenkai aus kann man sich zu den Inseln hinüberfahren lassen. Dort werden **Denkmäler** für die französischen, englischen und russischen Toten der Freiheitskriege gezeigt, u. a. auch für einen Neffen Kaiser Napoleons. Die Straße nach Methóni und zum Néo Kástro hinauf führt auch zum **Archäologischen Museum** (Archäologikó Moussío, Di–So 8.30–15 Uhr). Die Sammlung ist klein, Hauptstücke sind *Grabungsfunde* aus den mykenischen Siedlungen an der Voidokiliá-Bucht und bei Koukounará (u. a. Reste eines Helms aus Bärenzähnen) sowie aus einem hellenistischen Tumulusgrab bei Ráchi (z. B. unversehrt erhaltene farbige Glasschalen).

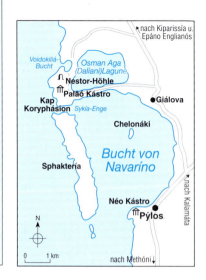

Messenien – **Pýlos/Giálova** · *Karte Seite 6*

Lagunen, Sand und Vorgebirge: die Wasserlandschaft um die Bucht von Navaríno

Das weiträumige **Burggelände** des Néo Kástro ist noch immer rundum mit starken, begehbaren Mauern umfriedet. Eine türkische Moschee in der Mitte des Geländes mit Gebetsnische, Vorhalle und Minarettstumpf wurde im vorigen Jahrhundert zur *Metamórphossis-Kirche* umgewandelt. Grabungen im Festungsgelände sind im Gange. Im Baumschatten erinnert ein *Denkmal* an 44 Bürger von Pýlos, die am 27. September 1944 Opfer der deutschen Besatzung wurden.
Für historisch Interessierte lohnt sehr das in den ehemaligen Militärbaracken der Befreiungskriege eingerichtete *Museum* mit der Sammlung des französischen Publizisten und Philhellenen René Puaux (1878–1936). Es zeigt eine Fülle von Bildern und Originaldokumenten vom 18. bis zum 20. Jh., natürlich einschließlich der Seeschlacht von Navaríno. (Kástron mit Sonderausstellung René Puaux, Di–So 8.30–15 Uhr.)

Praktische Hinweise

Tel.-Vorwahl Pýlos: 0723
Postleitzahl: 24001
Busverbindungen mit Athen, Chóra, Methóni, Kiparissía und – am häufigsten – mit Kalamáta.

Hotel/Restaurant

***Karalis Beach Hotel,** Paralía, Tel. 2 30 21-2, Fax 2 29 70. Sehr angenehme, ruhige Lage, wenige hundert Meter vom Stadtzentrum mit Blick über die Bucht von Navaríno. Nur 14 Zimmer, kein Restaurant.
****Restaurant 1930,** gleich hinter der Platía am Hafen, Tel. 2 20 32. Fisch und Lamm nach Art des Hauses, auch französische und amerikanische Spezialitäten – eine der wenigen Adressen auf dem Peloponnes mit individueller kulinarischer Konzeption. Ohne Schickimicki-Schnickschnack.

85 Giálova
8 km nördlich von Pýlos

Orangenplantagen und Nestor-Höhle, Badestrände und die Voidokiliá-Bucht.

Geschichte Ausgrabungen an Kap Koryphásion haben gezeigt, daß hier schon im 8. und 7. Jh. v. Chr. eine messenische Siedlung bestand. Sehr viel später, im 4. Jh. v. Chr., sind eigene Münzprägungen überliefert; damals hieß dieser Ort schon Pýlos. Der Name ›Navaríno-Bucht‹ kam erst im 6. Jh. n. Chr. auf, er soll sich von den einfallenden Awaren

Messenien – **Giálova** · *Karte Seite 6*

Von einem Halbkreis feinsandiger Dünen umschlossen: die Voidokiliá-Bucht

herleiten. Aus dem 13. Jh. ist der Bau einer fränkischen Burg überliefert, Bauherr war Nicolas St-Omer. Die Burgherren waren abwechselnd Genuesen, Spanier, Venezianer und Türken, bis die Meerenge unter der Burg, die Sykiá-Enge, für größere Schiffe nicht mehr geeignet war und der Ort samt Burg verfiel.

<u>*Besichtigung*</u> In dieser Landschaft der Orangenhaine und Lagunen ist man meist viel mehr an Baden, Sonnen, Wandern oder auch Radfahren interessiert als an antiken Ruinen. Deren Erkundung ist ohne Fußwanderung freilich ohnehin nicht möglich, die Fahrwege enden vor dem Burghügel. Von der Straße Pýlos–Kiparissía kann man bei den Häusern von Giálova entweder nördlich oder südlich des ›Daliani Fish Lake‹ (auf älteren Karten: ›Osman Aga Lagune‹) noch mit dem Wagen fahren.

Kommt man von Süden her über den Damm zwischen Navaríno-Bucht und Lagune, geht es unterhalb des Hügels auf schmalem Fußpfad entlang, sodann linker Hand den Hügel zu der schon von weitem sichtbaren Öffnung der **Nestor-Höhle** hinauf.

In dieser großen Stalaktitenhöhle soll der mythische König Nestor seine Rinder gehalten haben – oder war es die Herde, die Hermes schon am Abend nach seiner Geburt listig dem Apollon gestohlen hatte? In Hermes, dem göttlichen Sohn der Nymphe Maja, von Zeus im Höhlendunkel gezeugt, erfanden die Griechen sich ja einen Gott auch für Diebe.

In der Höhle fanden sich Spuren aus der Jungsteinzeit, aus mittel- und späthelladischer Zeit. Noch weiter den Berg hinauf geht es zu den Resten von **Paläó Kástro**. Statt zu Höhle und Burgruinen bergan kann man dem Pfad am Fuß des Burgbergs auch weiter über grasüberwachsene feinsandige Dünen folgen. Gleich darauf steht man an einer der schönsten Meeresbuchten Griechenlands, der **Voidokiliá-Bucht**. Mit dem Meer ist sie nur über einen schmalen natürlichen Sund zwischen den Macchia-Hügeln verbunden, liegt als ebenmäßiger Halbkreis im Ring ihrer Sanddünen. Noch hat hier niemand bauen dürfen, und das wird, steht zu hoffen, noch lange so bleiben. Auch die Straßen, die man zu schnellerer Anfahrt ja asphaltieren könnte, sind Sandwege geblieben, so schmal, daß jeder Gegenverkehr problematisch ist.

Eine Landschaft der Überraschungen: Im September und Oktober kann man, mit Glück, auch Chamäleons beobachten.

Gemüsemarkt auf dem Straßenpflaster und die Fischbeute direkt vom Auto – in Messenien kommt man ganz gut ohne Supermärkte aus. Ist man mit dem Wagen unterwegs, tut man gut daran, hinter jeder Straßenbiegung mit einer Schaf- oder Ziegenherde zu rechnen

Messenien – **Giálova/Chóra und Epáno Englianós** · Karte Seite 6

Praktische Hinweise

Tel.-Vorwahl Giálova: 07 23
Postleitzahl: 24001
Busverbindungen mit Pýlos und Kiparissía, mehrmals täglich.

Hotels und Unterkünfte

**Villa Maria, 24001 Giálova Pýlos, Tel. 2 26 96 und 2 21 15, Fax 2 26 76 und 2 36 61. Mit Liebe und Sachverstand von Christos und Diana Karalís erbaute Villa- und Bungalow-Anlage in Oliven- und Orangen-Hain, mit Blick aufs Meer, oberhalb der Straße Pýlos–Kiparissía.
**Hotel Zoe, Tel. 2 20 25, Fax 2 20 26. Direkt am Strandpark, vielbesucht auch von Familien mit Kindern (spezielle Familienzimmer), lebhaftes Restaurant, Gemüse aus eigenem Garten.
**Navarone, 24001 Petrochóri Pylias, Tel. 4 15 71-4, Fax 4 15 75. Hotel und 41 Bungalows, teilweise Air-Condition. Von der Straße Pýlos–Kaparissía etwa 3 km entfernt, auf einer Anhöhe über dem Meer, großer Swimmingpool, Restaurant und Bar, freundlich.

86 Chóra und Epáno Englianós

21 km nördlich von Pýlos,
39 km südlich von Kiparissía

In König Nestors Land.

Zum Bergstädtchen Chóra fährt man, wenn man von der mykenischen Kultur fasziniert ist und man den nur 3 km entfernten Nestor-Palast besser verstehen will: Das **Archäologische Museum** in Chóra hilft einem da weiter (Achäologikó Moussío, Di–So 8.30–15 Uhr). Vor allem die Rekonstruktionen der farbigen *Fresken* aufgrund oft nur geringer Bruchstücke, die Rekonstruktion der lichten, weiträumigen *Palasthalle* und ihres *Fußbodens* mit über hundert geometrischen Ornamenten sind Bravourstücke der Archäologen. Unter den authentischen Objekten aus dem Nestor-Palast sind viele elegant oder auch originell geformte *Keramikgefäße*. Man sieht einen *Plan des Palastes* mit seinen mehr als 100 Räumen sowie einige der *Tontäfelchen* mit der minoischen Linear-B-Schrift. 1952 gelang es dem britischen Architekten Michael Ventris (1922–1956), diese Schrift zu lesen und als frühes ›mykenisches‹ Griechisch zu identifizieren.
Von hoher Kunstfertigkeit zeugen das mit Greifen geschmückte *Goldsiegel* und die *Steinschnitte* (Gemmen), die im frühmykenischen Thólosgrab beim Palast des Nestor gefunden wurden.
Um einige der interessantesten Funde aus dem Nestor-Palast zu sehen, muß man allerdings nach Athen fahren, zum Nationalmuseum.

Der Palast König Nestors?

Von dem prächtigen mykenischen Palast im nahen **Epáno Englianós** sind leider nur niedere Mauern und Fundamente

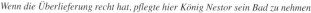

Wenn die Überlieferung recht hat, pflegte hier König Nestor sein Bad zu nehmen

übrig, unter einem Schutzdach vor Witterungsschäden bewahrt. Von den Hirschen und Löwen sowie von den Frauen- und Männergestalten, die als große Wandbilder die Palasthallen schmückten, ist nichts mehr am ursprünglichen Ort. Nur mit kreativer Phantasie mag man sich auf der luftigen Höhe vorstellen, wie hier zwischen Thronsaal und Weinlager, zwischen dem Archivraum der 1000 Tontäfelchen und den Wachstuben das königliche Leben im 13. Jh. v. Chr. ablief.

Viele Fragen bleiben offen: Wie konnte dieser **Königspalast** ohne den Schutz von Mauern auskommen? Warum hatte man unmittelbar hinter dem Thronsaal, dem Mégaron, ein großes Lager für Ölgefäße? Und wie kann dieser Palast jenem König Nestor zugeschrieben werden, der eigentlich nur in den Mythen existiert, wenn er auch noch nach Jahrtausenden der Inbegriff eines weisen Altmeisters und Beraters ist? In den homerischen Dichtungen, die im antiken Griechenland weithin für historisch wahr genommen wurden, spielt Nestor als König von Pýlos seine Rolle. Aber schon in der Antike stritt man, wo sein Palast zu suchen sei. Souverän befand der Archäologe C. W. Blegen: »Wenn es jemals einen Nestor gegeben hat, dann ist es gewiß, daß er hier wohnte, im Palast von Englianós, das im 13. Jh. seine Blüte erlebte.« Ohne Zweifel paßt das einzige Hausgerät, das zwischen den Palastmauern noch kam und Leibrock um, und er stieg aus der Wanne, einem Unsterblichen ähnlich, und ging und setzte sich neben Nestor, den Völkerhirten« (Odyssee, 3, 464 ff.).

Im Umkreis des Palastes, der sich nach Standort und Anlage vom Palast in Mykene wie Tag und Nacht unterscheidet, sind noch andere Gebäudereste gefunden worden, auch **Reste eines Aquädukts** und einer Kanalisation. Etwa 200 m nördlich, oberhalb vom Parkplatz, wurde ein frühmykenisches **Kuppelgrab** (Thólosgrab) wiederhergestellt.

Öffnungszeiten: Di–So 8.30–15 Uhr, im Sommer auch länger.

87 Kiparissía und Peristéria

62 km nördlich von Pýlos,
32 km südlich von Sacháro

Lange Strände und eine mykenische Stätte.

Die Landschaft **Kiparissía** unter den Mauern einer fränkischen Burgruine will noch attraktiver für Touristen werden. Bisher schon war der große Wochenmarkt am Samstagvormittag besuchenswert, jetzt bietet die ›Zypressenstadt‹ neue Hotels und Parkanlagen, Badebuchten und Strände werden hergerichtet. Diese allerdings erscheinen weniger attraktiv als weiter nördlich bei Kaló Neró und bei Sacháro [siehe Nr. 88].

Bei **Kaló Neró** erstreckt sich vor der schmalen, landwirtschaftlich genutzten Küstenebene und dem einige hundert Meter weiter landeinwärts aufsteigenden Bergen ein feinkiesiger, fast unabsehbar langer *Strandstreifen*, etwa 20–30 m breit. Der ist nicht überall zu erreichen, wenn man nicht einfach über die Bahngleise der Strecke Pýrgos–Kalamáta klettern will. Einen Gleisübergang für Fahrzeuge gibt es beispielsweise bei **Agiannákis**. Strand ist hier Strand und sonst nichts: keine Stege, Tavernen, Kioske, Hotels – nur in Kaló Neró findet man Hotelunterkünfte.

Zur mykenischen Stätte von **Peristéria**: Zwischen Kiparissía und Kaló Neró zweigen Straßen zum Dorf Ráches, nach Míro und nach Peristéria ab. Kommt man über Ráches, findet man beim Kafeníon am Dorfplatz ein betagtes Schild zur ›Archaeological Site‹, und nach nochmals etwa 3 km durch Olivenhaine erreicht man das umzäunte **Grabungsgelände** (tgl. 8–17 Uhr). Peristéria ist heute ein idyllischer Ort mit Baumschatten, ein geruhsamer Platz für Wärter und Besucher – und war einst offenbar die Stätte eines Heroenkults. Drei *Kuppelgräber* aus dem 16. Jh. v. Chr. kann man sehen, darunter eines, das mit über 12 m Durchmesser annähernd so groß ist wie das sogenannte Atreus-Grab in Mykene, dazu eine *kyklopische Mauer* und *Reste von Wohnhäusern*. Die *Gold- und Schmuckfunde* sind in den Museen von Athen und Chóra (u. a. zwei Goldbecher) ausgestellt.

Auch bei **Muriatáda** (6 km von Kiparissía) und bei **Málthi** (20 km von Kiparissía) bezeugen *Kuppelgräber* die Ausbreitung der mykenischen Kultur. Beide Strecken mit sehr schönen Aussichten.

Elis – Nach Olympía wollen alle

Der westlichste Nomós des Peloponnes wirkt am wenigsten typisch peloponnesisch, denn Elis, neugriechisch Ilía, ist der am wenigsten gebirgige Teil. Die große **Schwemmlandebene** mit eingebetteten flachen Küstenseen wird nicht so nah vom Bergland umstellt wie die ähnlich fruchtbare messenische Ebene. Große Herden weideten in der Antike in Elis, nur hier wurde Baumwolle angepflanzt. Auch der Hauptort **Elis** [Nr. 94], der zu Anfang des 20. Jh. von österreichischen Archäologen ausgegraben wurde, hatte wohl dörflichen Charakter. Zu Recht hat man darauf hingewiesen, daß die politische Stabilität dieser Landschaft eine wichtige Voraussetzung war für die wachsende Rolle der Olympischen Spiele und Olympías – als eines panhellenischen Heiligtums und Friedensortes.

Nach **Olympía** [Nr. 91] zieht es fast jeden, der den Peloponnes kennenlernen will. Die ›Áltis‹, der von Bäumen bestandene heilige Hain Olympías am Kladeós-Fluß, ist nach den – bis heute im übrigen noch nicht abgeschlossenen – Ausgrabungen wieder zu einer Baumlandschaft geworden, die mit ihren Tempelresten und Säulenreihen sehr anrührend wirkt. Das *Neue Museum* gilt als das wichtigste des Peloponnes, mit hinreißenden Hauptwerken antiker Bildhauerkunst. Daneben bietet das *Museum der Olympischen Spiele* eine interessante Dokumentation zur Geschichte der Olympischen Spiele der Neuzeit (unter Aussparung allerdings jeglicher politischer und kritischer Aspekte).

In Elis liegt einsam im Gebirge auch der Tempel von **Vásses** [Nr. 89], dem helfenden Apoll geweiht und berühmt als Architekturdenkmal.

Fast unbekannt ist dagegen die Rolle, die Elis in der Zeit der fränkischen Herrschaft auf dem Peloponnes zufiel. Vermutlich wegen der Nähe zu Italien und Westeuropa war das heute unscheinbare Landstädtchen Andravída Residenz der Fürsten von Acháa. Man darf sich Troubadoure vorstellen und ritterliche Turniere. Nur eine Viertelstunde entfernt davon wird derzeit eine der größten fränkischen Burgen des Peloponnes restauriert, **Chlemoútsi** [Nr. 96], ein mächtiges Mauerwerk wie aus Umberto Ecos Roman ›Der Name der Rose‹.

Einige der schönsten Strände des Peloponnes findet man am **Golf von Kyllíni** [Nr. 95]; es ist dies eine Naturlandschaft mit Sand, Meer und Pinienwald, fast ohne größere Bauwerke. Die Reise nach Elis lohnt sich also, nicht allein wegen Olympía.

88 Von Kakóvatos bis Kaiápha

32 km nördlich von Kiparissía,
33 km südlich Pýrgos, ebenso
von Olmypía

Kleine Badeorte am Golf von Kiparissía.

Wenn man vor oder nach den Ruinen von Olympía Erfrischung im Meer sucht, sind die Strände des Golfs von Kiparissía am nächsten. Von der Kleinstadt **Sacháro** säumen sie – meist breit, manchmal schmal – die Küste bis Kaló Neró [siehe Nr. 87]. Das Hinterland ist gebirgig, nach Süden hat man das 1200-m-Massiv des Egáleo immer im Blick.

Nach Néa Figalía hinauf kann man durch ein romantisches Waldtal fahren und von dort weiter zum Tempel von Vásses [Nr. 89], dem mit Abstand bedeutendsten antiken Bauwerk zwischen Olympía und der Argolís.

Sacháro selbst hat mehrere kleine Hotels und Strandrestaurants. Noch empfehlenswerter für einen kleinen Strandurlaub: **Kakóvatos**, 3 km südlich, mit dem *Hotel Sea Side,* 300 m vom Strand im gartengrünen Dorf (27054 Kakóvatos, Tel. 06 25/3 28 00, nur 20 Zimmer, Frühstück im Garten gegenüber).

Kaiápha, 7 km nördlich von Sacháro, ist ein *Schwefelheilbad* an einem verschilften, fröschequakenden See, in den aus zwei Grotten schwefelhaltiges Quellwasser strömt. Eine Erklärung für den unangenehmen Geruch bietet der Mythos an: Hier habe der Kentaur Nessus, von einem vergifteten Pfeil des Herakles getroffen, seine schwärende Wunde ausgewaschen. Abseits der Fernstraße bewahrt Kaiápha eine ganz eigene, verwunschene Stimmung, zwischen verfallenen Villen und neueren kleinen Kurhotels. Jenseits der Bahngleise langer Sandstrand.

Elis – **Vásses** · *Karte Seite 6*

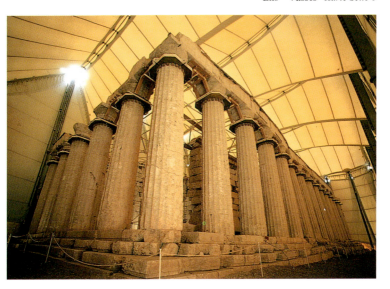

Notsituation: Einer der schönsten griechischen Tempel benötigt eine Generalkur

89 Vásses (Bassä)

68 km nordöstlich von Kiparissía (über Néa Figalía), 14 km südlich von Andrítsena, 77 km südöstlich von Pýrgos

In Reparatur: einer der schönsten Tempel Griechenlands.

Geschichte   Der mächtige Tempelbau, neben dem Parthenon auf der Akropolis von Athen der besterhaltene in Griechenland, wurde 420 v. Chr. von den Einwohnern der nahen antiken Stadt Phigalia erbaut und zum Dank für die Bewahrung vor einer Pestseuche dem Apollon Epikurios, dem ›Hilfebringenden‹ geweiht. Architekt war, wie Pausanias schreibt, Iktínos, der Schöpfer des Parthenon. Erdbeben beschädigten das Meisterwerk, doch wurde es dank seiner abgeschiedenen Lage nicht zum Steinbruch. Erst 1765 brachte der Franzose Joachim Bocher Nachricht über seine Existenz nach Mitteleuropa. Ausgrabungen begannen im 19. Jh., im 20. Jh. wurden gestürzte Säulen von der Griechischen Archäologischen Gesellschaft wieder aufgerichtet. Von der UNESCO zum Weltkulturerbe erklärt, steht der Apollon-Tempel nun schon seit Jahren unter einer stabilen Plastikplane, in deren Schutz baufällige Teile ersetzt werden.

Besichtigung   Die Griechen waren Meister darin, Tempel und Theater harmonisch in eine Landschaft einzufügen. Nur auf Fotos kann man noch wahrnehmen, wie glücklich ihnen das mit dem **Tempel** von Vásses gelang. Heute erwartet den Besucher ein surreal anmutendes Objekt, ein von starken Metallmasten getragenes, an den Unterkanten mit Steinschichten gesichertes Plastikzelt (tgl. 8–20 Uhr, im Winter kürzer). Man tritt ein und findet sich wie in einer Museumshalle mit den Säulenreihen konfrontiert – ohne Möglichkeit des Zurücktretens, der Sicht aus größerem Abstand. Die Säulen und Architrave sind zudem wie zu einer komplizierten Operation verklammert und verschraubt. Man kann dem Patienten nur gute Besserung wünschen.

Selbst in dieser Notsituation übt der Bau aber doch eine mächtige Wirkung aus. Nicht aus Marmor, sondern großenteils aus dem lokalen Kalkstein wurde der Tempel errichtet, mit 15 statt der klassischen 13 **Säulen** an den Längsseiten. Baugeschichtlich überraschend ist für den Kenner vor allem das Innere: Statt die Cella mit zweigeschossigen Säulenstellungen dachstützend in drei Schiffe zu teilen, setzte der Architekt an die Längswände der Cella je fünf ionische Säulen – und gewann einen weiteren, lichteren Raum. Leider sind weder die ionischen Kapitelle noch die kunstvolle Kassettendecke erhalten. Vom einst reichen **Skulpturenschmuck** sind Reste im Besitz des Britischen Museums in Lon-

Elis – **Vásses/Andrítsena** · *Karte Seite 6*

don: Kampf der Griechen mit Kentauren und Amazonen, Apollon und Artemis kommen in einem von Hirschen gezogenen Gefährt zu Hilfe.

Vermutlich wurde im Tempel von Vásses zum ersten Mal eine Säule mit ›korinthischem‹ Kapitell aufgestellt. Dieses Kapitell wurde Anfang des 19. Jh. aufgefunden und nach London abtransportiert, kam aber nie am Bestimmungsort an. Von Beschreibungen weiß man, daß es mit stilisierten Akanthusblättern, Voluten und einem Palmblattmotiv geschmückt war. Warum die Säule mit diesem Kapitell jedoch einzeln in der Cella stand, ist nur eine von vielen offenen Fragen um den Vásses-Tempel. Hier wurden zum erstenmal auch die drei Säulentypen – dorisch, ionisch und korinthisch – nebeneinander in einem Bauwerk verwendet.

Hoch über der Neda-Schlucht sind im Umkreis des Tempels weitere **antike Baureste** freigelegt worden. In einigen Jahren, nach dem Ende der Sicherungsarbeiten, wird Vásses vom ›Geheimtip‹ in menschenleerer Berglandschaft zu einer Hauptattraktion des Peloponnes werden. Ein Abstecher nach **Figalía** (etwa 15 km südwestlich) ist wegen der rauhen Straße zeitaufwendig, führt aber in ein noch recht ursprüngliches Gebirgsdorf. Einige Häuser sind aus Bruchsteinen erbaut, Reste eines antiken Mauerrings erhalten, und oberhalb des Dorfes findet man auf der ehemaligen Akropolis eine mittelalterliche *Burgruine*. Östlich vom Dorf (etwa 20 Min. Fußweg) stürzt ein Wasserfall fast 40 m in die Tiefe – allerdings nur im Frühjahr oder nach heftigen Regenfällen.

Praktische Hinweise

Die Straße zum Tempel ist von Andrítsena her sehr gut ausgebaut. Die kürzeste Straßenverbindung zur Küste über Néa Figalía, landschaftlich sehr lohnend, war 1995 streckenweise noch nicht fertig asphaltiert.

Eine **Fußwanderung** von Andrítsena zum Tempel dauert etwa 3 Stunden, derzeit keine öffentlichen Verkehrsmittel, nur Taxi.

90 Andrítsena

63 km südöstlich von Pýrgos,
45 km nordwestlich von Megalópoli

Malerisches Bergdorf, bester Übernachtungsplatz für Vásses-Besucher.

Der Schneider sitzt an seiner Nähmaschine, der Schuster führt die Ahle, in der Schlosserei stieben die Funken. Kleine Kramläden reihen sich entlang der Dorfstraße, viele allerdings wie auf Dauer verschlossen. Unter der Platane beim Dorfbrunnen – der aus dem Baum strömt, denn das Brunnenrohr ist seit Jahrzehnten eingewachsen – sitzen die Männer an den Kafeníontischen. Auch in Andrítsena

Der Charme des Alters: Wohnhaus im Bergdorf Andrítsena

Elis – **Olympía** · *Karte Seite 6, Plan Seite 158*

werden die traditionellen **Holzhäuser** mit den Außengalerien rar, längst hat man Elektrizität und fließendes Wasser. Aber bei den knapp 900 Menschen dieses weit über die Hänge ausgebreiteten Bergdorfs kann man noch ahnen, wie das Leben auf dem Peloponnes früher aussah. Fahren Sie langsam: Mal kommen auf der engen Hauptstraße Schafe, mal Gänse entgegen oder auch ein Zwölftonner.

Praktische Hinweise

Busverbindungen mit Pýrgos und Megalópoli.

Hotel

** **Theoxenía,** am östlichen Ortsausgang an der Straße nach Megalópoli, Tel. 0 62 6/2 22 19. Vordere Zimmer mit großem Ausblick in die Berglandschaft, Erneuerung der Einrichtung aber überfällig. März–Ende Okt.
Einige kleinere Hotels im Ort haben das ganze Jahr über geöffnet.

91 Olympía

17 km östlich von Pýrgos, 80 km westlich von Trípoli

Der Austragungsort der Olympischen Spiele der Antike. Großes Grabungsgelände, hervorragendes Museum – einer der schönsten antiken Plätze Griechenlands.

Olympía liegt in einer Landschaft, die sanft, hügelig und waldgrün das Auge verwöhnt, nicht die schroffe Dramatik von Fels, Schlucht und kahlen Bergen aufweist, wie man sie in anderen Gegenden des Peloponnes oft erlebt, eine Landschaft, die wie zur friedlichen Zusammenkunft geschaffen scheint. Der moderne Ort verdankt seine Existenz der Anziehungskraft, die von den antiken Stätten der sportlichen Begegnungen ausgeht.
Weil so viele den Ort sehen wollen, an dem nicht nur Leistungen gemessen, sondern ein vollkommenes Menschenbild in Körper und Geist fernab von Feindseligkeit und Neid verwirklicht werden sollte, ist das moderne Olympía zum Dienst am Touristen entstanden, mit seinen wenigen parallelen Straßenzügen, die von Hotels, Restaurants, Andenkenläden gesäumt sind. Wem das nicht gefällt, der mag immerhin bedenken, daß wohl schon in der Antike um die Zeit der Wettkämpfe Tavernen, Gasthäuser und Händler dem

Der Zauber des Göttlichen: Kopf des Apollon vom Westgiebel des Zeus-Tempels (Archäologisches Museum, Olympía)

Publikum ihre Dienste in diesem Flußtal anboten.
Den Weg zu den antiken Stätten kann man von der Ortsmitte auch großenteils auf einem grünen Pfad gehen: Zum Restaurant Ambrosia und von dort mit ein paar Schritten zum Fluß, über eine Fußgängerbrücke, etwas bergan – schon ist man beim Museum und kommt von dort durch Waldgelände zum Ausgrabungsbereich.
Über eine Straße bergwärts von der Hauptstraße aus findet man im Ort das **E.O.A. Museum of the Olympic Games** (Mo–Sa 8–15.30, So 9–16.30 Uhr), das die neuen Olympischen Spiele zum Thema hat. Das ist freilich zum Teil ein *Kuriositätenkabinett,* fängt an mit den begeisterten griechischen Honoratioren des vorigen Jahrhunderts, deren Eifer die Wiedererweckung der Spiele erst möglich machte. Dann werden Spielstätten, frühe Wettkämpferfotografien gezeigt, der Brite, der mit der Bibel in der Hand durchs Ziel lief, Medaillen, die erste Fahne mit den fünf Ringen.
Für fast alle Spielorte gibt es eine Vitrine mit Erinnerungen, sorgsam vermieden wird aber jeder politische Bezug, keine Silbe über die grausamen Ereignisse in München 1972 zum Beispiel, keine Erwähnung, daß der Prinz, der seinerzeit eine Goldmedaille im Segeln für sein Land holte, immerhin einige Jahre später Griechenlands König war. Komplett scheint die Briefmarkensammlung zu sein – mit

155

allen Postwertzeichen, die seit 1896 zum Thema Olympische Spiele herausgebracht wurden.

Das antike Olympía

Geschichte Am Ende der späthelladischen Zeit kam der Kult des Zeus, einer göttlichen Vaterfigur, wahrscheinlich mit griechischen Einwanderern aus dem Norden in diese Gegend. Zur Verehrung des Göttlichen gehörte das Streben nach Vollkommenheit des Menschen, nach dem körperlichen und geistigen Ideal. **Sportliche Wettkämpfe** stellten Kult und religiöse Übung dar.

Schon im 8. Jh. waren die Wettkämpfe in Olympía eine bekannte und regelmäßige Veranstaltung, die zahlreichen Bronzeweihegaben aus dieser Zeit weisen darauf hin. 776 v. Chr. begann man, die Sieger in Listen zu notieren. Die einzige Sportdisziplin war damals der Stadionlauf, und das Stadion reichte bis in den heiligen Bereich des Tempels.

Die Ruinen, die wir heute auf dem archäologischen Gelände sehen, sind großenteils Überreste von **Gebäuden des 6. Jh.** Damals erhielt Olympía seine dann viele Jahrhunderte gültige Gestalt, es entstanden der Hera-Tempel, die Schatzhäuser und das Bouleutérion. Das Stadion wurde umgebaut, die Sportdisziplinen waren inzwischen erweitert worden: Zum Laufen kamen der Fünfkampf (Laufen, Weitsprung, Speer- und Diskuswerfen), Ringen, eine Art Boxkampf, Wagenrennen und Waffenlauf hinzu. Im 5. Jh. markierten die überstandenen Perserkriege innergriechische Veränderungen. Die Leitung der Wettkämpfe wurde nun definitiv der Stadt Elis übertragen. Erst jetzt entstand der gewaltige Zeus-Tempel.

Seit dem 5. Jh. wurden die sportlichen Wettkämpfe auch mit kulturellen Veranstaltungen ergänzt. Herodot und Pindar, der Lyriker, sollen in Olympía aufgetreten sein. Jetzt nahmen die Griechen die Spiele zum Anlaß, sich bewußt gegenüber den ›Barbaren‹ abzugrenzen – es wurde ausdrücklich Vorschrift, daß die Athleten Griechisch sprechen konnten. Erst in der Zeit, als Griechenland Teil des römischen Reichs war, ging man zuweilen wieder von dieser Vorschrift ab.

Trotz des Friedensgebotes während der Spiele geriet Olympía schon im 4. Jh. in politische Auseinandersetzungen. Im Peloponnesischen Krieg zwischen Athen und Sparta wurde das Heiligtum geplün-

dert. Dies wiederholte sich bei den römischen Eroberungen 146 und 86 v. Chr. – Olympía war alles andere als dauerhaft sakrosankt. Man weiß auch, daß die Athleten nicht nur für Zeus und ihre Stadt kämpften, ohne Ansehen der eigenen Person. Die Sieger wurden, auch wenn sie in Olympía nur einen Olivenkranz als Preis bekamen, in ihren Heimatorten hoch dotiert. In der römischen Kaiserzeit gab es dann gar Berufsathleten.

Den Schlußpunkt setzte Kaiser Theodosius, der 393 die Wettkämpfe als heidnischen Kult verbot – das Christentum war Staatsreligion geworden. Die Kriegszüge der Völkerwanderungszeit zerstörten das Heiligtum. Christliche Bewohner erbauten aus Steinen abgebrochener antiker Bauten eine Basilika im ehemaligen Haus des Phidias. Slaweneinfälle und Erdbeben zerstörten alles, was noch stand, schließlich schütteten Überschwemmungen der Flüsse Alpheiós und Kladeós, die nahe bei Olympía zusammenfließen, die Grundmauern mit vier Meter hohen Schichten von Geröll und Schlamm fast spurlos zu.

Erstaunlich, daß die Überlieferung Olympía nicht vergaß. Schon im 18. Jh. faßte der deutsche Altertumsforscher Johann Joachim Winckelmann den Plan, dort zu graben. Von 1829 an suchten Archäologen nach Altertümern, von 1875 an leitete Ernst Curtius die deutschen Ausgrabungen. Dem griechischen Staat wurde vertraglich zugesichert, daß die Funde nicht ins Ausland verbracht werden durften. Darum sind die olympischen Funde in griechischen Museen ausgestellt, bis auf die Herakles-Metopen, die 1829 nach Paris gebracht worden waren. Noch heute arbeiten griechische und deutsche Archäologen in Olympía zusammen.

Besichtigung Ganz links vom Eingang zum Grabungsgelände sieht man römische Ziegelmauern, die als Thermenreste bezeichnet wurden. Das erste Gebäude aus der Frühzeit des klassischen Olympía ist links das sogenannte **Prytanéum [1]**, oder vielmehr dessen Fundamentrest. Die Phantasie muß helfen, sich das Haus vorzustellen, wenn man weiß, daß hier die Sieger der Wettkämpfe bewirtet wurden. Die Archäologen nehmen an, hier habe es eine Küche gegeben, gleich an der Seite des heutigen Weges. Nur zu vermuten ist, wo das ewige Feuer der Göttin Hestia gebrannt hat, von dem Pausanias,

Elis – **Olympía** · *Karte Seite 6, Plan Seite 158*

Blühende Judasbäume, Duft und Farben der Natur im heiligen Bezirk von Olympía

Elis – **Olympía** · *Karte Seite 6*

der Reisende des 2. Jh. n. Chr., berichtete. Rechts liegt das **Gymnásion**[2], das man sich als Anlage von vier Hallen, die im Rechteck angeordnet waren, vorstellen muß. In diesen Hallen trainierten die Athleten mit Speer und Diskus, die Laufhalle (im Osten) war überdacht und über 200 m lang. Vermutlich waren die Sporthallen schlichte Zweckbauten. Um 100 v. Chr. wurde ein Tor in Form einer Tempelfront mit korinthischen Säulen erbaut. Die Kapitelle sind noch zu sehen. Südlich des Prytanéums sieht man am Weg ein ringförmiges Fundament. Hier stand der Rundtempel (Thólos) des **Philíppeion** [3]. Es war dies eine *Stätte des Personenkults* für Alexander den Großen, seinen Vater König Philipp und deren Familie. Sie alle waren als Statuen im säulenumstandenen Tempel anwesend, die hölzernen Bildwerke mit Elfenbein überzogen, die Kleider aus vergoldetem Metall. Diese Darstellungsweise war bis dahin Götterstatuen vorbehalten, nun handelte es sich um eine Vergöttlichung aus politischen Gründen.

Östlich ist der **Hera-Tempel** [4] wegen der noch 1 m hoch erhaltenen Wände der Cella und einiger aufrecht stehender Säulen nicht zu übersehen. Es ist der *älteste Tempel in Olympía,* der Kult des Zeus wurde erst später von einem Heiligtum auf dem Berg in den heiligen Bezirk, in die Nähe des Hera-Tempels, verlegt. Die Cella umgaben Säulen auf allen vier Sei-

Der älteste monumentale Tempel in Olympía war der Muttergöttin Hera geweiht (erbaut um 600 v. Chr.)

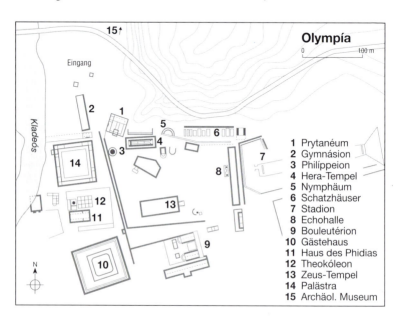

1 Prytanéum
2 Gymnásion
3 Philíppeion
4 Hera-Tempel
5 Nymphäum
6 Schatzhäuser
7 Stadion
8 Echohalle
9 Bouleutérion
10 Gästehaus
11 Haus des Phidias
12 Theokóleon
13 Zeus-Tempel
14 Palästra
15 Archäol. Museum

ten, innen teilten Pfeiler hinter jeder zweiten Säule die Längswände in je vier Nischen. In einer dieser Nischen, berichtet Pausanias, stand der *Hermes des Praxiteles* – und tatsächlich fanden Archäologen diese berühmte Statue an derselben Stelle (an der Nordseite zwischen der zweiten und dritten Säule), sie ist eine der wertvollsten Skulpturen im Museum Olympías.

Die noch vorhandenen *dorischen Säulen* unterscheiden sich voneinander in der Anzahl der Säulentrommeln und der Art der Kannelierungen. Die Forschung hat festgestellt, daß der Tempel zunächst überwiegend aus Holz errichtet war, auch die Säulen. Wahrscheinlich wurde die alte Konstruktion im Lauf der Zeit nach und nach durch Stein ersetzt, nicht durch einen radikalen Abriß und Neuaufbau. Noch Pausanias sah im 2. Jh. n. Chr. eine Holzsäule im Hera-Tempel. Unterschiedliche Entstehungszeit erklärt die Verschiedenheiten.

Südlich des Hera-Tempels ist nur noch für den Eingeweihten der Ort des **Pelops-Heiligtums** zu ahnen, ein flacher bewachsener Hügel bezeichnet die Stelle, eine Einfriedung umgab den unregelmäßigen Grundriß.

Mit dem Reichtum der römischen Kaiserzeit wurde das Halbrund des **Nymphäums** [5] finanziert, das der reiche Athener Herodes Atticus 150 n. Chr. stiftete. Es diente sowohl der *Wasserversorgung* als auch der Verschönerung, die Anlage am Hang war mit Statuen geschmückt, Wasser floß durch steinerne Löwenköpfe in Marmorbecken, herabfallendes Wasser gewährte Kühlung. Es ist noch soviel von der Anlage zu sehen, daß man sich eine Vorstellung von ihrer Pracht machen kann.

Auf der sich östlich anschließenden Terrasse am Hang stand die Reihe der **Schatzhäuser** [6]. Zwölf Städte hatten dort wertvolle *Weihegeschenke* verwahrt und mit kleinen Prachtbauten ihren Reichtum demonstriert. Unterhalb der Mauer sind noch die Fundamente von Statuen zu sehen, die aus den Bußgeldern der Athleten finanziert wurden – hohen Geldstrafen, die man wegen erwiesenen Wettkampfbetrugs immer wieder verhängte.

Vom **Metróon,** dem *Tempel der Göttermutter Rhea,* der sich zu Füßen der

Elis – **Olympía** · *Karte Seite 6, Plan Seite 158*

Schatzhausterrassen befunden hat, ist nichts mehr zu sehen. Weiter nach Osten kommt man gleich zu dem schmalen Durchgang zum **Stadion [7]**, der teilweise noch überwölbt ist. Hier liefen die Sportler ein – unbekleidet und mit Öl gesalbt. Die Zuschauer – fraglich ist, ob immer nur Männer zugelassen waren, verheirateten Frauen war die Anwesenheit, heißt es, bei Todesstrafe verboten – feuerten die Wettkämpfer von den grasbewachsenen Erdwällen aus an, *Tribünen* gab es nur für wenige Ehrengäste und die Kampfrichter. Die Priesterin der Demeter – sie durfte dabeisein – hatte einen stei-

Pelops – Betrug beim Wagenrennen

König der Stadt Pisa, die im Gebiet Olympías lag, war Oinómaos. Ihm war, so sagte er jedenfalls, geweissagt worden, er werde durch seinen Schwiegersohn sterben. Also suchte er – vielleicht auch aus Eifersucht? – zu verhindern, daß seine schöne Tochter Hippodámeia heiratete. Er stellte zur Bedingung, der Freier müsse ihn im Wagenrennen besiegen – wenn nicht, würde er ihn töten. Der König konnte dies leicht zur Bedingung machen, hatte er doch vom Kriegsgott Ares unbesiegbare göttliche Pferde bekommen. Zwölf abgeschlagene Köpfe von Freiern zierten schon den Palast, als Pelops, der Sohn des Tantalos, sich um die Königstochter bewarb. Hippodámeia hatte sich in ihn verliebt, wollte fort vom Vater. Sie bestachen Mýrtilos, den Wagenlenker des Königs, daß er die Radpflöcke durch Wachspfropfen ersetzte. So lösten sich bei der Wettfahrt, die von Olympía bis Korinth (!) gehen sollte, die Räder von des Königs Wagen, und dieser kam zu Tode. Mýrtilos verlangte den versprochenen Lohn, und vielleicht noch etwas mehr. Doch Pelops und Hippodámeia stürzten den Mitwisser ins Meer. Fallend verfluchte er die beiden und ihre Nachkommen. Pelops wurde dennoch in seinem Land verehrt, ihm zu Ehren wurden Gedächtnisrennen veranstaltet, aus denen schließlich die olympischen Wettkämpfe hervorgegangen sein sollen.

nernen Sitz auf dem Nordwall. Eine *Wasserrinne* mit beckenartigen Erweiterungen umgab das Kampffeld, offenbar, damit die Sportler sich erfrischen konnten (die Wettkämpfe fanden in der heißen Zeit des August oder Anfang September statt). Die *Start- und Zielschwellen* sind noch zu sehen, die Laufbahn besaß eine Länge von 212,54 m. Gelaufen wurde barfuß.

Verläßt man das Stadion wieder durch den überwölbten Gang, so kann man gleich zu den monumentalen Resten des **Zeus-Tempels** gehen [**13**]. Alternative: ein Rundgang, der den Zeus-Tempel südlich umkreist und den Kern des Kultbereichs zuletzt erreicht. Wenn die Zeit knapp ist, kürzt man ab. Südlich vom Stadioneingang liegt der Rest eines langgestreckten Bauwerks (98 m), das sich vor dem westlichen Außenwall des Stadions erstreckte. Dies war die **Echohalle [8]**, der Abschluß des geheiligten Bezirks. Sie entstand im 4. Jh. v. Chr., bis dahin waren Heiligtum und Stadion nicht voneinander getrennt. Die Halle (Stoa) war von 44 Säulen gestützt und zum Heiligtum hin offen, sie diente wohl als sonnen- und regengeschützter *Ort zum Warten und Verweilen*. Ihr Name kam von dem siebenfachen Echo, daß sie erzeugen konnte, sie hieß aber auch ›Bunte Halle‹, weil sie farbig ausgemalt war. Leider ist kaum mehr etwas von der Pracht zu sehen. Als in der byzantinischen Zeit Verteidigungswälle gebaut wurden, verwendete man u. a. Steine der Echohalle; dies und Erdbeben erklären die Zerstörung.

Südlich der Echohalle sieht man noch **Fundamente** anderer Gebäude, zu denen das *Haus des Nero* gehört. Es besaß einen Hof mit Wasserbecken und Säulen und wurde in der späteren Kaiserzeit mit Thermengebäuden überbaut. Westlich öffnete sich ein römisches Tor in der Mauer, von hier führte der Weg zum **Hippodrom**, der Arena der Wagenlenker, die heute verschwunden ist, weggespült durch die Fluten des Flusses.

An grün verwachsenem Gelände vorbei nach Südwesten führt der Pfad zum **Bouleutérion [9]** einem Gebäudekomplex, der aus zwei länglichen Häusern mit halbrunden westlichen Abschlüssen (Apsiden) und einem sie verbindenden Mittelraum besteht. Man weiß nicht, warum der Bau, ehemals *Sitz der Ratsversammlung,* diese ungewöhnliche Form hat, auch streiten sich die Forscher, welcher Teil der ältere ist.

Elis – **Olympía** · *Karte Seite 6, Plan Seite 158*

Das ›Haus des Phidias‹, im 5. Jh. zur christlichen Kirche umgewandelt. Kreuze überdauerten

Westlich sind **weitläufige Fundamente** erhalten, deren Anlage beim Begehen sehr klar in ihrer Symmetrie wird [**10**]: um einen quadratischen Hof mit Brunnenbecken angeordnete Bauten mit Säulenhallen zum Hof hin und auch außen mit einem Säulenumgang umfaßt. Alles muß sehr prächtig und großzügig gewesen sein, es war ein **Gästehaus** für angesehene Leute. Gestiftet hatte es ein gewisser Leonídas von Naxos 330/20 v. Chr., nach ihm heißt es Leonídeion.

Nördlich ist man nach wenigen Schritten im Gelände vom **Haus des Phidias** [**11**]. Nach der Überlieferung hielt sich der hochberühmte Bildhauer in Olympía auf, um das große Kultbild des Zeus für den Tempel zu fertigen. Im 5. Jh. n. Chr. wurde dieses Haus zu einer christlichen Kirche umgebaut, deren Chorschranken und Säulen (sie stammen aus dem Heiligtum) im Innenraum erhalten sind. Zu Phidias Zeiten, gegen Ende des 5. Jh. v. Chr., entsprach der Werkstattraum genau den Maßen der Cella des Zeus-Tempels. Man fand *Elfenbein* und *Obsidian, Bleischablonen, Werkzeuge* und sogar einen *Becher* mit dem Namen des Phidias (im Museum ausgestellt).

Nördlich schließt sich das **Theokóleon** an [**12**], eine *Residenz der Priester*, nordwestlich griechische Bäder und ein Tempel zur Verehrung der Heroen.

Wendet man sich jetzt nach Osten, betritt man wieder den heiligen Bezirk und steht dann vor den mächtigen Ruinen des großen **Zeus-Tempels** [**13**]. Beeindruckend die Ausmaße und die Vielzahl der *Säulentrommeln*, die in all ihrer Riesenhaftigkeit wie hingeblätterte runde Scheiben im Süden des Tempels liegen. Ein gewaltiges Erdbeben im 6. Jh. hat sie so gleichmäßig fallen lassen.

Der Zeus-Tempel – größer als das Parthenon auf der Athener Akropolis – wurde um 470–456 v. Chr. erbaut. Er war auf al-

Elis – **Olympía** · *Karte Seite 6, Plan Seite 158*

Auf den Säulenresten des riesigen olympischen Zeus-Tempels liegen Wasserspeier vom Dachgebälk

len Seiten von dorischen Säulen umgeben, 34 an der Zahl, fast 10,5 m hoch. Die *Kapitelle,* von denen man einige am Boden aus der Nähe betrachten kann, haben einen Durchmesser von 2,60 m.
Der Tempel ist nicht aus Marmor, sondern aus porösem Muschelkalk. Um ihm ein eleganteres Aussehen zu geben, waren Säulen und Cella verputzt. Die marmornen *Reliefbilder* unter dem Dach (Metopen) zeigten die Taten des Herakles, einige sind im Museum zu sehen.
In der Cella thronte über einem Sockel aus bläulichem Stein die Statue des Zeus, die Phidias geschaffen hatte, mit Gold und Elfenbein umkleidet. Leider ist sie 475 n. Chr. in Konstantinopel, wohin man sie gebracht hatte, durch Brand vernichtet worden, nur durch die Beschreibung des Pausanias sowie durch Darstellungen auf Münzen ist ihr Aussehen ungefähr überliefert. Der Tempelbau muß in antiker Zeit durch seine außerordentliche Größe und die Harmonie seiner Proportionen äußerst beeindruckend gewirkt haben. Fast jedem Betrachter fällt es heute schwer, sich seine Farbigkeit vorzustellen. Rot und Blauschwarz waren, so heißt es, beherrschende Farben, die Verzierungen der Giebelecken glänzten golden.
Schöner Abschluß des Rundgangs: durch die Säulenreihen der **Palästra** [14] gehen – hier übten Ringkämpfer (pale = Ringkampf), Boxer und Weitspringer. Um einen Innenhof liefen Wasserrinnen, die *Säulenreihen* dienten wohl als Ort für Entspannung und Diskussionen. Das gerillte Ziegelpflaster im Nordteil des Innenhofes wurde vielleicht für den Anlauf beim Weitsprung benutzt. Auch die Palästra ist von Baumgrün umgeben, im Frühjahr blühen rosa-violett die Judasbäume.

Öffnungszeiten Ausgrabungsgelände:
Mo–Fr 7.30–19, Nov.–März 8–17, Sa/So 8.30–15 Uhr.

Archäologikó Moussío
Das **Archäologische Museum** [15] (nördlich vor dem Ausgrabungsgelände) ist ein Höhepunkt des Besuchs von Olympía. Es wurde in den siebziger Jahren neu geschaffen, da die Funde so wertvoll und zahlreich waren, daß ein älteres Gebäude nicht mehr ausreichte. In all seiner architektonischen Schlichtheit ist das ›Neue Museum‹ seinem Zweck hervorragend angemessen, was Raumdimensionen, Beleuchtung und Ausstellungskonzept anbelangt. Die Sammlungen sind nächst denen in Athen die wichtigsten in Griechenland (Apr.–Okt. Mo 12.30–19, Di–Fr 8–19, Nov.–März Mo 11–17, Di–Fr 8–17, Sa/So 8.30–15 Uhr. Fotografieren ohne Blitz erlaubt).
Von der Eingangshalle, in der das Modell des antiken Olympía aufgestellt ist, kommt man zu den Ausstellungssälen, die man von links gegen den Uhrzeigersinn durchschreiten kann, um sich den

Elis – **Olympía** · *Karte Seite 6, Plan Seite 158*

Blick aus dem zentralen Saal des Archäologischen Museums von Olympía auf die Nike des Paioníos

Saal in der Mitte als Höhepunkt bis zuletzt aufzuheben. Die Funde sind chronologisch der Entstehungszeit entsprechend angeordnet. Es soll hier nicht inventarisierend aufgezählt, sondern als Anregung zu eigenen Entdeckungen nur auf einige Kunstwerke hingewiesen werden.

Ursprünglich hatte diese Skulptur der Siegesgöttin ihren Platz vor dem Zeus-Tempel

Im **Raum der mittel- und späthelladischen Funde** sind besonders die *mykenischen Keramiken* sehenswert, die aus Olympía stammen, zum Teil aus Kammergräbern am Ort des Neuen Museums. Ein *Dreifuß der geometrischen Epoche* wurde im Stadion gefunden. Im **Saal der geometrischen und archaischen Epoche** fällt eine Darstellung einer *Greifin mit Greifenkind* auf. Den Saal beherrscht der große scheibenförmige *Akroter (Dachbekrönung) des Hera-Tempels,* der in der Mitte steht.

Ein Hauptwerk von großartiger Schönheit ist die *Nike des Paioníos,* die vor dem Zeus-Tempel aufgestellt war, ein Weihegeschenk der Messener und Naupakter nach einem Sieg über Sparta. Trotz der Beschädigungen läßt die Skulptur der Siegesgöttin noch spüren, wie die Schwere des Steins in Charme und Leichtigkeit verwandelt wurde, mit wunderbar fließendem Faltenwurf (Ende des 5. Jh.)

In einem **Saal mit Kunstwerken aus dem 5. Jh.** ist die *Terrakotta-Großplastik des Zeus,* der den Ganymed entführt, von besonderer Ausdruckskraft: Selbstgewißheit und Sinnlichkeit des Gottes sind wohl charakteristisch für die Vorstellung, die die Griechen vom Göttervater hatten. Der *Hermes des Praxiteles,* der den Dionysosknaben trägt, ist in der kunsthistorischen Bewertung umstritten – Original oder nicht? Spätklassisch oder schon

Elis – **Olympía** · *Karte Seite 6, Plan Seite 158*

Apollon inmitten eines wilden Kampfes mit frauenraubenden Kentauren: Skulpturen vom Westgiebel des Zeus-Tempels

hellenistisch? Die Körperschönheit der Gestalt, die alle klassische Strenge überwunden hat, wirkt noch über die Jahrtausende anrührend.

Im **Raum der römischen Statuen** findet man das, was von den Bildwerken des Nymphäums noch vorhanden ist. Interessant ist auch die Rekonstruktion des verformten *Bronzekopfs* eines jungen Mannes.

Unter all den Statuen stellen nur sehr wenige – meist kleinformatige – Sportler dar. Erklärbar wird dies dadurch, daß nicht das Heiligtum die Wettkämpfe ergänzte, sondern daß die Wettkämpfe dem Kult dienten.

Der **zentrale große Saal** zeigt die beiden *Giebelfriese des Zeus-Tempels* und die *Herakles-Metopen,* vielfach beschädigte, teilweise nur noch aus Trümmern rekonstruierte Skulpturen, die bei intensivem Anschauen doch einen Zugang zum olympischen Kult erschließen. Die Erläuterungen bei den Skulpturen sind ungewöhnlich ausführlich, es lohnt, sich Zeit dafür zu nehmen.

Der *Ostgiebel* stellt den Start zum Wagenrennen des Pelops dar, das für seinen königlichen Gegner unglücklich verlaufen sollte. In der Mitte Zeus: Überlegen und gelassen hat er sich schon dem künftigen Sieger zugewandt, neben dem Hippodámeia steht, die Frau, die der Siegespreis sein soll. König Oinómaos, der Vater der Hippodámeia, und dessen Frau

scheinen ergeben zu warten. Zu beiden Seiten sind die Gespanne mit dem Wagenlenker Mýrtilos und den Dienern dargestellt, seitlich liegen die Personifizie-

Der Athener Praxiteles gilt als Schöpfer der Hermes-Skulptur mit dem Dionysosknaben

164

Elis – **Olympía** · *Karte Seite 6, Plan Seite 158*

Der ›Stier der Regilla‹ stand einst am Wasserbecken des Nymphäums, das Herodes Atticus zu Ehren seiner Frau Regilla errichten ließ

rungen der Flußgötter des Alpheiós und des Kladeós in den Giebelwinkeln, beobachtend. Die ganze Gruppe ist statisch frontal konzipiert, ohne erkennbare Emotionen, erfüllt von der bedrückenden Unausweichlichkeit des Verhängnisses.
Wie anders die Darstellung am *Westgiebel*! Hier ist alles Bewegung, die Lapíthen müssen sich gegen die halbtierischen Kentauren wehren, die, betrunken, bei einer Hochzeitsfeier die Frauen rauben wollen. Apollon steht in der Mitte, gebieterisch ist sein Dabeisein Gewähr, daß hier, trotz des wilden Tobens, die Ordnung den Sieg davontragen wird. Die Strenge der frühen Klassik läßt kaum individuellen Ausdruck zu, nur den beiden untergeordneten Randfiguren in den Giebelwinkeln ist das Entsetzen über den Kampf anzumerken.
Schwer beschädigt sind vor allem die Szenen der Taten des Herakles, des mythischen Gründers des olympischen Kults. Kleine Begleitabbildungen von Rekonstruktionen helfen.

Praktische Hinweise

Tel.-Vorwahl Olympía: 06 24
Postleitzahl: 27065
Tourist Information Office (Griechisches Fremdenverkehrsamt EOT), an der Hauptstraße Praxitélous Kondíli, beim Bus-Halt, März–Okt., tgl. 9–21, Nov.–Febr. 11–18 Uhr.

Touristenpolizei: Douma 13, Tel. 2 21 00.
Bahnverbindungen mit Pýrgos und Pátra.
Busverbindungen mit Pýrgos, Trípoli und Pátra.

Hotels

******Amalía Olympía,** sehr ruhig am westlichen Ortsrand, Tel. 2 21 90, Fax 2 24 44. Zentrale Buchung Amalía-Hotels Athen 01/3 23 73 01, Fax 3 23 87 92. 160 komfortable Zimmer, großzügige Salons, Restaurant, Bar, Kongreßsaal, Swimmingpool, Garten.
*****Xenia,** nahe dem Ausgrabungsgelände, Tel. 2 25 10, Fax 2 25 20. Angenehm große Räume. Mobiliar etwas veraltet.
****Pelops,** Barélas 2, Tel. 2 25 43 und 2 27 90, Fax 2 22 13. Kleines neueres Hotel seitlich der Hauptstraße.

Restaurants

****Ambrosia,** am Kladeós am nördlichen Ortsrand, fünf Minuten vom Archäologischen Museum, Tel. 23 14. Schöne Terrasse mit Blick ins Grüne.
****Taverna Bacchus,** im Dorf Míraka oberhalb von Olympía, Tel. 2 24 98. Dimitris Sapántis macht den Saganáki (flambierten Käse) vorzüglich, mit Minze und Salbei.

Elis – Pýrgos/Skafidiá · Karte Seite 6

92 Pýrgos

17 km westlich von Olympía,
88 km südlich von Pátra

Hauptort des Verwaltungsbezirks Elis, eine unverfälscht griechische Stadt – die größte an der Westküste.

Am langgestreckten Hauptplatz auf der Höhe des Stadthügels fallen zuerst die **klassizistischen Bauten** ins Auge. In Pýrgos baut man noch keine Hochhäuser, die Nationalbank, das Rathaus und die Kirche, auch das Stadttheater von Ernst Ziller vertragen sich in ihren Proportionen. Von der Terrasse neben dem kleinen Park hat man den besten Ausblick auf die 23 000-Einwohner-Stadt.

Herausragende Sehenswürdigkeiten stehen nicht auf dem Programm – wer mag, fragt sich zur Platía Eparchíou nicht weit vom Hauptplatz durch, wo die klassizistischen **Markthallen**, gleichfalls von Ernst Ziller entworfen, dringlich auf Restaurierung warten. Reizvoll ist das Stöbern in Läden, die bis unter die Decke mit Haushaltsgeräten jeder Art, mit Holzgeschnitztem und Messingglänzendem vollgepackt sind. Originelle Souvenirs vom Typ Großmutters Hausschatz sind hier noch zu haben.

Ein Einkaufsbummel in Pýrgos bietet mitunter überraschende Aspekte

Praktische Hinweise

Touristenpolizei: Karkavítsa 4, Tel. 06 21/3 71 11, in der Unterstadt, 7–22 Uhr.

Pýrgos ist ein **Verkehrsmittelpunkt**, man kommt von hier mit der Eisenbahn und mit Bussen nach Athen, Pátra, nach Korinth und Kalamáta. Nach Olympía fahren die Busse im Sommer stündlich. Als Handels- und Verwaltungszentrum hat Pýrgos eine Reihe von doch nur mittleren Hotels – schöner wohnt man in Olympía oder am Meer.

93 Skafidiá

12 km nordwestlich von Pýrgos,
16 km südlich von Amaliáda

Guter Platz für einen ruhigen Badeurlaub.

Katákolo, der Hafenort am Kap gleichen Namens westlich von Pýrgos, ist heute nicht mehr besonders reizvoll. Die Hafenanlagen wurden vergrößert, auch Kreuzfahrtschiffe machen hier fest, zu Exkursionen nach Olympía. Um so schöner öffnet sich von der Höhe des Vorgebirges der Ausblick auf den weiten Küstenbogen bis hin zum nächsten Kap bei Loutra Kyllínis.

Das **Hinterland** ist reich an Weingärten und Olivenhainen. Auf schmaleren Straßen kommt man von der Autobahn Pátra–Olympía zu den kleinen Küstenor-

Elis – **Skafidiá/Amaliáda und Íli** · *Karte Seite 6*

Pýrgos: Unverfälscht griechischer Alltag ohne Touristen

ten, die zumeist auch einen Strand besitzen. Die Dörfer mit Kirche und Tavernen liegen oft ein Stück landeinwärts.
Skafidiá bietet besonders schönen, naturbelassenen Strand. Der *Club Mediterranée* hat hier zwar ein großes Strandhotel der siebziger Jahre übernommen (Miramare), aber andere Bebauung – so auch das sehenswerte Kloster aus byzantinischer Zeit – liegt abseits. Ein Ort für ruhigen Urlaub, bei dem der eigene Wagen oder Mietwagen aber nicht fehlen sollte, damit man zum Strand und in die Nachbardörfer kommt.
Im festungsartig ummauerten **Frauenkloster** Skafidiás ist die holzgeschnitzte *Ikonostase* sehr schön, mit vier großen, auf Goldgrund gemalten Ikonen. Auch der vierstöckige *Kronleuchter* der im 17. Jh. erneuerten Kirche ist holzgeschnitzt. Den *Glockenturm* im weiträumigen Klosterhof erbauten Venezianer während der Morosini-Besetzung. (Ierá Moní Skafidiás, geöffnet sommers 8–12, 16–20 Uhr, winters 9–13, 16–18 Uhr.)
In der Bucht von Ágios Andréas unterm Vorgebirge des Kap Katákolon kann man bei ruhiger See unter Wasser Reste der Stadt **Pheia**, des frühen antiken Hafens von Olympía, ausmachen, die schon im 6. Jh. v. Chr. durch Erdbeben zerstört wurde. Auf der **Akropolis** darüber liegen noch Mauerreste der byzantinischen, später fränkischen Burg ›Belvedere‹ oder ›Beauvoir‹.

Praktische Hinweise

Tel.-Vorwahl Skafidiá: 0621
Postleitzahl: 27100
Zufahrt von der Autobahn am leichtesten über Myrtiá.

Hotels/Restaurants

*derp**Apollon,** Skafidiá-Kalakéika, Tel. 5 43 80 und 5 49 36. Nur 8 Zimmer, im kleinen Garten wunderbare Rosen, 5 km von der Autobahn, etwa 300 m vom Strand. Mit einfachem Restaurant.
***Sorbas,** im Nachbarort Myrtiá, Tel. 5 42 38 und 5 42 33. Freundlicher Familienbetrieb, auch Hotel mit zwei Bungalows am Strand.
Der Wirt Christos Nikolakópoulos spricht deutsch.

94 Amaliáda und Íli (Elis)

19 km nordwestlich von Pýrgos,
28 km östlich von Kyllíni,
72 km südwestlich von Pátra

Byzantinische Klöster und die antike Hauptstadt der Provinz Elis.

Die ländliche Stadt, heute mit freundlicher kleiner Fußgängerzone, wurde erst im 19. Jh. gegründet und nach Königin Amalia, der Gemahlin König Ottos, benannt.

Elis – **Amaliáda und Íli/Kyllíni und Loutrá Kyllínis** · *Karte Seite 6*

Am Südende eines wunderbar langen, nahezu menschenleeren Strandes: die Dünen von Loutrá Kyllínis

Am südöstlichen Stadtrand liegt das **Kloster Frankavílla** mit einer Kreuzkuppelkirche (ursprünglich aus dem 12. Jh.), in der einige *Fresken* erhalten sind, wenn auch rauchgeschwärzt. Um eine *Marienikone* sieht man viele Votivgaben.

Von Amaliáda, Gastoúni oder Andravída kommt man über kleine Dörfer zum Ausgrabungsgelände des **antiken Elis** mit seinem noch ansehnlichen *Amphitheater* (4. Jh. v. Chr.), *Fundamenten von Heiligtümern*, einer *Stoa* und eines *Gymnasion*. Der Platz liegt heute ganz einsam in der sanft gewellten Landschaft um den Piniós (in der Antike: Peneios). Doch war das als Stadt erst im 5. Jh. v. Chr. gegründete Elis schon zuvor als Herrschaftssitz so reich und angesehen, daß es nach der Eroberung der Alpheiós-Gebiete im 6. Jh. v. Chr. die Olympischen Spiele leitete.

Das **Museum** (Di–So 8.30–15 Uhr) wurde in Form eines Atrium-Hauses errichtet. Im offenen Hof trifft man gleich auf zwei überraschend gut erhaltene große, kreisrunde *Mosaiktafeln* mit Darstellungen der neun Musen und der zwölf Taten der Herakles. Interessant sind auch kleine runde *Metallscheiben*, die als Theatertickets benutzt wurden, antike, venezianische und türkische *Münzen*, *Bronzedolche* und schwarzfigurige *Keramiken*.

Es lohnt, noch etwas weiter östlich zu fahren, zum **Piniós-Damm**, einem hohen Erdwall, auf dem eine Fahrstraße verläuft. Der in den sechziger Jahren angelegte Stausee trägt zur Bewässerung der fruchtbaren Schwemmlandebene bei. Schöner Ausblick auf den buchtenreichen See und die nördlich ansteigenden Skollís-Berge, die bei den fränkischen Rittern des Mittelalters ›Montagne des Aventures‹ hießen.

Auf kleineren Straßen kann man nach Amaliáda zurückkehren, südlich der kleinen Stadt bietet sich ein Abstecher zum **Kloster Ágios Nikólaos** an, das auch ›Frangopidímatos‹ genannt wird (Frankensprung). Die Höhenstraße über den Steilhängen paßt zum Namen. Das Kloster besitzt eine **Kirche** mit geschnitzter und *bemalter Holzdecke* (Weinblätter und rote Weintrauben) und eine hölzerne *Ikonostase* mit Rankendekor im Rokokostil. Manchmal wird man von den Klosterfrauen noch auf ein puderzuckerweißes Stück Mandelkuchen und ein Glas Wasser eingeladen. Spenden sind willkommen – die schwarzgekleideten Nonnen, deren Tracht nur Mund, Nase und Augen freiläßt, sind dabei, einen erdbebengeschädigten Klostertrakt wiederaufzubauen.

Praktische Hinweise

Anfahrt von der Autobahn nach Íli etwa 11 km, nochmals 6 km bis zum Piniós-Stausee. Zum Ágios-Nikólaos-Kloster etwa 3 km von der Autobahn – aber in den Orangenplantagen verfährt man sich leicht.

95 Kyllíni und Loutrá Kyllínis

40 km nordwestlich von Pýrgos,
6 km südlich von Kástro,
70 km südwestlich von Pátra

Kloster, Kurort und Strände an der Halbinsel Kyllíni.

Die landschaftlich schöne Halbinsel Kyllíni hebt sich aus der Schwemmlandebene von Elis empor, bis zu 180 m hoch an-

Elis – **Kyllíni und Loutrá Kyllínis** · *Karte Seite 6*

steigend. Geschützt hinter dem Kap Kyllíni im Norden liegt der **Fährort Kyllíni**, mit kleinem Hotel für Leute, die am nächsten Tag nach Zákynthos oder Kefallonía übersetzen wollen. Von Kyllíni kommt man südwestlich (zuerst den Bahngleisen folgend, dann landeinwärts der Ausschilderung) zum **Kloster Vlachernón**. Erbaut im 12./13. Jh., zeigt die Klosterkirche – wohl Stiftung eines byzantinischen Kaisers – sowohl östliche wie westliche Stilelemente, z. B. *byzan-*

Die Kirche des heute von Nonnen bewohnten Klosters Vlachernón, erbaut im 12./13. Jh.

169

Elis – **Kyllíni und Loutrá Kyllínis/Kástro Chlemoútsi** · Karte Seite 6

tinische Kapitelle mit Pflanzenreliefs, aus der fränkischen Zeit aber eine *spätromanische Arkadenhalle*. Seit 1969 wird das ehemalige Männerkloster von Nonnen bewohnt, mit einer Abteilung zur Pflege psychisch Kranker.

Interessanter für einen Aufenthalt ist im Süden der Badeort **Loutrá Kyllínis**. Ein Strand mit Sanddünen, ein großer Pinienwald und die Thermalquellen haben Investoren zum Bau von modernen Kuranlagen und großen Hotels ermutigt. Ein großzügiges Straßennetz erschließt ein Kurviertel, das erst teilweise realisiert ist. Heilanzeigen der Thermal-Schwefelquellen: Asthma, Rheuma und Hautkrankheiten.

In **Arkoúdi**, einem Vorort von Loutrá Kyllínis, ist auch in der Vorsaison schon Betrieb. Auf einer bewaldeten Steilküste drängen sich Hotels und Pensionen über dem Strand, der sich in der Nachbarschaft nach Südosten lang und sandig ausbreitet. Ein ruhigerer Ort südöstlich ist **Glýfa**, mit nur wenigen einfachen Hotels (z. B. *Kipriótis*).

<mark>Praktische Hinweise</mark>

Hotel und Unterkunft

**Xenia, Loutrá Kyllínis,
Tel. 06 23/9 62 70. 160-Betten-Hotel in Waldpark.

*Privat-Appartements bei Anna Késti, Arkoúdi, Tel. Athen 01/8 21 74 79. Sehr gut erhaltene 3–4-Betten-Appartements in älterem Haus unmittelbar über dem Strand (Apr.–Okt.).

96 Kástro Chlemoútsi

76 km südwestlich von Pátra,
42 km nordwestlich von Pýrgos

Eine der größten Burganlagen der Frankenzeit auf dem Peloponnes.

Zwischen Pátra und Olympía ist dies die attraktivste Sehenswürdigkeit: eine monumentale **Ritterburg** in beherrschender Lage über der Halbinsel Kyllíni. Ihren Namen Chlemoútsi, zu deutsch ›kleiner Berg‹, soll die Burg aus dem Slawischen haben (zugleich damals auch die Bezeichnung für die Halbinsel).

<u>*Geschichte*</u>   Nach dem Vierten Kreuzzug (1202–04), bei dem die fränkischen Ritter dreist Konstantinopel eroberten und sich die byzantinischen Besitzungen aneigneten, ließ Geoffroy de Villehardouin, Fürst von Achäa, zwischen 1220 und 1230 die Burg Chlemoútsi errichten. Später wurden hier hochrangige Persönlichkeiten gefangengehalten. Die byzantinischen Despoten des Peloponnes, der damals ›Moréa‹ hieß, residierten zeitweise auf der Burg, 1460 wurde sie von den

Immer einen Abstecher wert: Die Kreuzfahrerburg Chlemoútsi ist eine der stärksten Befestigungen des Peloponnes

Osmanen übernommen, 1687–1715 hatten die Venezianer Chlemoútsi in Besitz. Ibrahim Pascha ließ die Befestigungen teilweise schleifen. Neuerdings wird aufwendig restauriert.

Besichtigung Durch das Bergdorf Kástro fährt man zur Festung hinauf. Auf dem nach allen Seiten stark abfallenden Burgfels schützt eine mächtige Mauer das **Burgareal**, innerhalb dessen eine zweite hohe Mauer die innere Burg sichert (Durchmesser der Anlage: über 60 m). Zahlreiche Bauten, von denen nur noch Grundmauern vorhanden sind, darunter auch eine Moschee, füllten das Gelände der Vorburg fast völlig aus. Die sechseckige *Kernburg* ist noch mitsamt dem Dach erhalten (geöffnet Di–Sa 8.30–17, So 8.30–15 Uhr). Eine architektonische Besonderheit sind die hohen, heute vom Fußboden bis zum Dach reichenden Gewölbe (ursprünglich mit Zwischenstockwerk). Man kann auch das Dach ersteigen und hat bei gutem Wetter eine großartige Rundumsicht auf die Landschaft von Elis, das Meer und die Inseln Zákynthos und Kefalloniá.

Das Landstädtchen **Gastoúni**, etwa 15 km östlich von Kástro und nur ein kleines Stück westlich der Autobahn, ist für Freunde byzantinischer Kirchen interessant wegen der *Kímissis Theotókou* (Panagía Kathóliki), einer urtümlichen *Kreuzkuppelkirche* neben einer Reihe von elf hohen Palmen. Wächserne Votivgaben, auch aus Bienenwachs geformte kleine Kindergestalten sind unter den rauchgeschwärzten Decken zu sehen, Ikonen und ein großer Leuchter mit dem byzantinischen Doppeladler.

Andravída, 8 km nördlich von Gastoúni, zeigt noch einen letzten Rest seiner Glanzzeit aus der Kreuzfahrerzeit, als es einmal Residenz der Fürsten von Moréa war und Andreville hieß: den Ruinenrest einer gotischen Kathedrale aus dem 13. Jh., in einem umgitterten Parkareal. Die Spitzbogen sind noch eindrucksvoll, der erhaltene Ostchor in seiner zisterziensisch geprägten Architektur ist ein kleines Stück Frankreich auf dem Peloponnes. (Den Zeichen zur Post/Tachydromeíon westlich der Hauptstraße folgen!)

> **Praktische Hinweise**

Tel.-Vorwahl Kástro: 06 23
Postleitzahl: 27050

Hotels

***Robinson Clubhotel Kyllíni Beach, Kástro, Tel. 9 52 05, Fax 2 30 53. Schöne Strandlage unterhalb des Ortes Kástro, viele Sportmöglichkeiten, über 600 Betten.
*Pension Christo, Tel. 9 53 75. Gleich unterhalb der Burg, nur drei Zimmer.

97 Manoláda und Várda am Golf von Kyllíni

46 km südwestlich von Pátra,
32 km nördlich von Kástro,
46 km nördlich von Pýrgos

Entdeckungen am Golf von Kyllíni.

Der rund 30 km lange Strandstreifen am Golf von Kyllíni gehört zum größten Teil zu Elis, am nördlichen Ende zu Achäa [siehe Kalogriá und die Schwarzen Berge, Nr. 3]. Gleich hinterm Strand erstrecken sich weitläufige Pineten mit Schirmpinien, ökologisch wertvolle Sumpfzonen oder aber bewirtschaftete Felder. Peloponnes ursprünglich: Auf Hotels trifft man kaum, in den Dörfern auch selten auf Pensionen oder Privatquartiere, doch gibt es Campingplätze. Wenn man sich die Zeit nimmt, diese Landschaft kreuz und quer zu erkunden, kann man zu einer solchen ländlichen Idylle wie dem *Ionion Restaurant* bei **Manoláda** (Tel. 06 23/7 18 60) finden: Gleich hinter den Stranddünen stehen die Tische und Stühle im Gras, das Willkommen ist herzlich. Unter Schilfrohrmatten kostet man den Rotwein, von dem der Wirt gleich eine Literkaraffe bringt: »Trinken Sie, soviel Sie mögen.«

Den Kontrast dazu zeigt in der Nachbarschaft **Loutrá Kounoupélli**, 7 km weiter nördlich. Der *Badeort* – mit Quellen, die am Fuß des Burgberges austreten – scheint seine beste Zeit hinter sich zu haben, die schläfrige kleine Strandanlage wird allmählich vom Meer zerstört. Falls kein Investor kommt, wird nicht mehr übrigbleiben als von der Burg auf dem Hügel – eine Ruine.

Landeinwärts findet man in **Várda** die *Friedhofskirche Kímissis Theotókou*, aus dem 12. Jh. (auch Paläa Panagía genannt). Die restaurierte Fassade ist mit schönem Ziegeldekor ausgestattet. Im Innern gelang es den Restauratoren, *Fresken* unter einer Putzschicht freizulegen, die wohl noch aus dem 12. Jh. stammen und ihre Leuchtkraft bewahrt haben.

Peloponnes aktuell

Vor Reiseantritt

ADAC Info-Service (rund um die Uhr):
Tel. 0 18 05/10 11 12, Fax 30 29 28

Informationen erteilt die **Griechische Zentrale für Fremdenverkehr (GZF**, in Griechenland **EOT** abgekürzt):

Deutschland
Neue Mainzer Str. 22, 60311 Frankfurt/M. (Direktion Deutschland),
Tel. 0 69/23 65 61–63, Fax 23 65 76,
Mo–Fr 9–18 Uhr.
Wittenbergplatz 3a, 10789 Berlin,
Tel. 0 30/2 17 62 62–63, Fax 2 17 79 65,
Mo–Fr 9–18 Uhr.

Abteistr. 33, 20149 Hamburg,
Tel. 0 40/45 44 98, Fax 44 96 48,
Mo–Fr 9–13 Uhr.
Pacellistr. 5, 80333 München,
Tel. 0 89/22 20 35–36, Fax 29 70 58,
Mo–Fr 9–18 Uhr.

Österreich
Opernring 8, 1015 Wien,
Tel. 01/5 12 53 17–18, Fax 5 13 91 89,
Mo–Fr 9–17 Uhr.

Schweiz
Löwenstr. 25, 8001 Zürich,
Tel. 01/2 21 01 05, Fax 2 12 05 16,
Mo–Fr 9–17 Uhr.

Allgemeine Informationen

Reisedokumente

Für die Einreise mit dem Flugzeug genügt der Personalausweis, doch sollte auch der Reisepaß mitgeführt werden (falls z.B. ein Dokument bei der Hotelrezeption liegt, kann man trotzdem Schecks einlösen oder ein Auto leihen). Für Personen unter 16 Jahren genügt der Kinderausweis (ab 12 Jahren mit Lichtbild) oder ein Eintrag im Elternpaß. Für Bahn- oder PKW-Anreise ist schon wegen der Durchreiseländer der gültige Reisepaß erforderlich. Mitgeführte Fahrzeuge werden zur Ausfuhrkontrolle im Paß vermerkt.
Vom *Transit durch das ehem. Jugoslawien* ist zur Zeit abzuraten. Alternativrouten über Österreich, Ungarn, Rumänien, Bulgarien bzw. per Schiff von Italien. Als *Krankenversicherung* sollte man sich den Anspruchsausweis der Krankenkasse ausstellen lassen sowie zusätzlich eine Auslandskrankenversicherung und eine *Reisegepäckversicherung*, im Falle der Anreise per Fähre auch eine *Seetransportversicherung* abschließen.
Kfz-Papiere: Neben Führerschein und Fahrzeugschein ist auch die Internationale Grüne Versicherungskarte empfehlenswert, da sie bei Unfällen und Ver-

kehrskontrollen oft verlangt wird. Wegen der niedrigen Deckungssummen werden *Kurzkasko*- und *Insassenunfallversicherung* dringend empfohlen.

Geld

Die *Einfuhr* ist bis zu 100 000 Drs (Griechische Drachmen), die *Ausfuhr* bis zu 20 000 Drs gestattet, jeweils nur in Noten bis zu 5000 Drs. Die Ein- und Ausfuhr ausländischer Zahlungsmittel unterliegt keiner Beschränkung; übersteigen die Beträge den Gegenwert von 1000 US-Dollar, so müssen sie deklariert werden. *Umtauschbelege* sind für die Ausreise aufzubewahren.
In Deutschland sollte vor Reiseantritt nur eine geringe Summe umgetauscht werden, in Griechenland ist der Kurs entschieden günstiger. Paß oder Personalausweis muß vorgelegt werden. *Hotels* verlangen manchmal, *Wechselstuben* immer einen Aufpreis (erfragen), *Banken* dürfen keine Gebühren verlangen (Bargeld wird generell zum niedrigeren Kurs eingetauscht); Eurocheques in Griechischen Drachmen (G Drs) ausstellen, Höchstbetrag: 45 000 G Drs. *Postämter* tauschen ebenfalls Bargeld (Scheine) und Eurocheques und sind oft die bessere Wahl: Meistens wird man rasch, immer gebührenfrei bedient.
Tip: Im Flughafen Athen tauschen meh-

Kalí órexi, Guten Appetit! – hier in Nauplia

173

Allgemeine Informationen

Aktuell A bis Z

rere Banken zum Tageskurs, hier auch vor dem Abflug nach Deutschland *Rücktausch* (Griech. Drachmen in DM) möglich.
Kreditkarten werden in Hotels, bei Leihwagenfirmen und in vielen Geschäften akzeptiert.
An *Geldautomaten* kann man mit der EC-Karte kein Bargeld abheben.

Zollbestimmungen

Reisebedarf für den persönlichen Gebrauch darf abgabefrei eingeführt werden. *Richtmengen* für den Privatreisenden: 800 Zigaretten, 400 Zigarillos, 200 Zigarren, 1 kg Tabak, 10 l Spirituosen, 20 l Zwischenerzeugnisse, 90 l Wein (davon max. 60 l Schaumwein), 110 l Bier. Geschenke im Wert bis zu 123 000 Drs. sind zollfrei.
Die Einfuhr von Waren aus Drittländern und dem Duty-free-Shop (gilt als Drittland) ist begrenzt: 2 l Wein, 1 l Spirituosen und 200 Zigaretten.
Windsurfbrett, Tauchgerät sowie eine zweite Film- oder Fotokamera müssen an der Grenze vom Zoll in den Reiseausweis eingetragen werden. Für wertvollere Gegenstände ist Deklaration erforderlich. Es kann eine Zollgarantie in Höhe des Gegenwertes oder Eintragung im Paß verlangt werden.
Die Ausfuhr antiker Gegenstände – gekauft oder gefunden – ist verboten.

Tourismusämter im Land

Im Peloponnes mehr als in anderen europäischen Tourismusländern kommt es mangels eines Netzes von Auskunftsstellen und mangels Prospektmaterials zu einzelnen Orten aufs Durchfragen unterwegs an. Nachfragen und Hotelverzeichnisse der jeweiligen Region anfordern kann man immerhin bei den folgenden Geschäftsstellen der griechischen **Zentrale für Fremdenverkehr (EOT)**:
10564 **Athen**, Amerikís 2:
Tel. 01/3 22 31 11-9, Fax 3 22 41 48 (nur schriftliche Nachfragen); Informationsbüro im Gebäude der Nationalbank am Sýntagmaplatz: Karageórgi Servías 2, Tel. 01/3 22 25 45
Archäa Olympía: Praxitélous Kondíli, Tel. 06 42/2 31 00 und 2 31 25
Kalamáta: Aristoménous, Tel. 07 21/2 20 59 und 2 19 59, Fax 2 20 59
Nauplia: 25 Martíou 1, Tel. 07 52/2 44 44

Pátra: Iróon Politechníou, Glyfáda, Tel. 0 61/42 03 04-5
Sparta: Rathaus, Platía Vassiléos Georgíou, Tel. 07 31/2 65 17
Die Öffnungszeiten sind unterschiedlich, sicheren Einlaß findet man zu den üblichen werktäglichen Bürozeiten 10–12 Uhr, mancherorts beträchtlich länger, besonders zur Hauptreisezeit. Hotelreservierungen bei der **Griechischen Hotelkammer:** Hellenic Chamber of Hotels, Stadíou 24, 10559 Athen, Tel. 01/3 31 00 22-6. Informationen über Luftfahrt- und Schiffslinien, Busverbindungen, Hotels, Eisenbahnfahrpläne und vieles andere Nützliche für Touristen enthält: **gtp-Greek Travel Pages**, ein monatlich erscheinendes, rund 500 Seiten starkes Magazin. Psýlla 6 & Philellínon, 10557 Athen, Tel. 01/3 24 75 11, Fax 01/3 24 99 96.
Die Touristenpolizei versucht mit Auskünften zu helfen, besitzt jedoch selten aktuelle Informationen.

Notrufnummern und Adressen

Polizeinotruf: 1 00,
in Athen und Pátra: 1 09
Unfallrettung: in Pátra: 166, sonst 1 51 (unter dieser Tel.-Nr. verbindet die griechische Telekom (OTE) Anrufer zur nächsten Ambulanz). Die Touristenpolizei ist in Athen unter Tel. 01/1 71 Tag und Nacht erreichbar.
ADAC-Notrufstation für Griechenland: Wird vom ADAC zusammen mit dem griechischen Automobilclub ELPA in Athen betrieben und ist ganzjährig unter Tel. 01/7 77 56 44 erreichbar. Die Mitarbeiter sprechen deutsch.
ADAC-Notrufzentrale rund um die Uhr: München 00 49 89/22 22 22.
ADAC-Ambulanzdienst rund um die Uhr: München 00 49 89/76 76 76.
Pannenhilfe leistet der griechische Automobilclub ELPA, der rund um die Uhr unter der Rufnummer 1 04 erreichbar ist.
ADAC-Partnerclub: Automobil- und Touring-Club von Griechenland (ELPA), 11527 Athen, 2–4 Messogíon-Str., Tel. 01/7 79 16 15–19, Fax 7 78 66 42.

Apotheken:

Kenntlich am Schild über dem Eingang (Kreuz im Kreis) und an der Bezeichnung Farmakeíon: Mo, Mi, Sa 8.30 bis 14.30, Di, Do, Fr 8.30–13.30 und 17–20 Uhr. Notdiensthinweise an der Türe.

174

Anreise – Bank, Post, Telefon

Aktuell A bis Z

Botschaften
Deutschland:
Karaoli Dimitriou 3, 10675 Athen,
Tel. 01/7 28 51 11, Fax 7 25 12 05,
Mo–Fr 9–12 Uhr.
Österreich: Leoforos Alexandras 26,
10683 Athen, Tel. 01/8 21 10 36,
Fax 8 21 98 23, Mo–Fr 10–12 Uhr.
Schweiz: Iassiou 2, 11521 Athen,
Tel. 01/7 23 03 64–6, Fax 7 24 92 09,
Mo–Fr 10–12 Uhr.

Besondere Verkehrsbestimmungen

In Griechenland herrscht Rechtsverkehr.
Gurtpflicht für Autofahrer, Helmpflicht
für Motorradfahrer.
Höchstgeschwindigkeit: Innerhalb von
Orten 50 km/h; außerorts für PKW,
Wohnmobile und PKW mit Anhänger
90 km/h, auf Schnellstraßen 110 km/h,
auf Autobahnen 120 km/h.
Promillegrenze: 0,5.
Parkverbot auf Straßen mit gelben Linien
an den Rändern und auf ausgeschilderten
Vorfahrtsstraßen.

Anreise

Auto

Autoreisende sollten sich über die Lage
in den Transitländern des ehem. Jugoslawien beim ADAC erkundigen. Für
den Weg über die italienischen Fähr-
häfen (Ancona, Bari, Brindisi, Venedig)
wird in der Hauptsaison rechtzeitige
Buchung empfohlen. Der ADAC stellt
seinen Mitgliedern auf Anfrage die gün-
stigste Streckenführung zum jeweiligen
Urlaubsziel zusammen.
Die Mitnahme von **Kraftstoff** in Kanistern auf Fährschiffen ist aus Sicherheitsgründen nicht erlaubt. Generell ist das
Mitführen von Reservekraftstoff sowie
das Auffüllen von Kanistern an Tankstel-
len verboten.
Bleifreies Benzin steht zur Verfügung.
Kraftstoffpreise sind niedriger als in
Deutschland. Wer eine Quittung braucht,
sagt: »appodiksis, parakaló«.

Bahn

Bei Redaktionsschluß noch unsicherer
Bahnverkehr durch ehemals jugosla-
wisches Gebiet, am günstigsten ist die
Bahnfahrt zu italienischen Häfen und
anschließend Fähre. In Griechenland
bestehen Bahnverbindungen von Athen
nach Korinth, Pátra, Nauplia, Kalamáta.

Flugzeug

Linienflüge nach Athen werden von
mehreren Fluggesellschaften angeboten.
Angeflogen wird der Europäische Flughafen Athen (Ost). Charterflüge gibt es
auch nach Áraxos, dem früheren Militär-
flughafen bei Pátra. Olympic Airways
fliegt einmal täglich vom Flughafen
Athen (West) nach Kalamáta (das Um-
steigen zwischen den beiden Athener
Flughäfen dauert mehrere Stunden!).
Olympic Airways Airport East,
Tel. 01/9 69 91 11, Fax 9 66 61 11.
Hellenikón West Air Terminal,
Tel. 01/9 36 91 11, Ankunft/Abflug:
9 36 33 63.

Fähren

Pátra ist der Peloponnes-Zielhafen für alle Schiffe aus Italien. In der Hauptreisezeit verkehren täglich Autofähren von
Ancona, Bari und Brindisi; von Venedig
und Triest einmal wöchentlich. Auskunft
erteilen die Reisebüros, rechtzeitige Buchung wird empfohlen. Dauer der Über-
fahrt Ancona–Pátra: ca. 19–22 Stunden.
Prospekte mit Fährverbindungen und
Preisen bei GZF [s. S. 173] und ADAC,
ferner bei Seetours international, Sailer-
straße 33, 60313 Frankfurt/Main,
Tel. 0 69/1 33 32 62, sowie in Reisebüros.

Bank, Post, Telefon

Bank

Banken sind Mo–Do 8–14 und Fr
8–13.30 Uhr geöffnet. Während der Saison in großen Städten manchmal auch
nachmittags.

Post

Postämter sind meist Mo–Fr 7.30 oder
8–14 Uhr geöffnet, in größeren Städten
oft auch nachmittags. Für Telegramme
und Telefonate ist nicht die Post, sondern
OTE [s. u.] zuständig.

Telefon

Die (halbstaatlichen) Telefonämter (OTE)
sind während der Saison von 7 bis 20 Uhr
geöffnet. Beim OTE telefoniert man am
preiswertesten (wählt selbst in der Ka-
bine, zahlt nach dem Gespräch am
Schalter).

Telefonzellen nehmen Münzen zu 10 und 20 Drs an. An Kiosken und in OTE-Büros sind auch Telefonkarten zu 1000 Drs für die Kartentelefone erhältlich. Billig telefoniert man zwischen 22 und 6 Uhr.

Die **Vorwahl** für Deutschland ist 0049, für Österreich 0043 und für die Schweiz 0041. Die Vorwahl für Griechenland aus Deutschland, Österreich und der Schweiz ist 0030.

Einkaufen

Die **Öffnungszeiten** der Geschäfte sind nach Branchen verschieden. An einigen Wochentagen haben die meisten Läden nachmittags geschlossen, doch das ist unterschiedlich geregelt. Vor allem in kleinen Orten beobachtet man oft, daß die Geschäfte abends lange geöffnet sind. Eines ist allerdings landesüblich: die Nachmittagsruhe. Vor 17, 18 Uhr hat man wenig Aussicht, einen offenen Laden zu finden.

Dringende Besorgungen erledigt man tunlichst zwischen 8.30 und 13 Uhr.

Klöster und Kirchen sind etwa von 8 bis 12 Uhr geöffnet. Auch hier gilt das Gebot der Mittagsruhe. Zwischen 13 und 17 Uhr wünschen die Klöster in der Regel nicht gestört zu werden. Am späten Nachmittag ist man wieder willkommen.

Souvenirs

Die überall für Touristen angebotenen industriellen Souvenirs sollen hier nicht näher beschrieben werden. Die **Kombolóia**, eine Spielkette, gehört hierzu, in vielen Materialien, meist aus Plastik, und die blauen Augenzeichen aus Glas, Talismane gegen den bösen Blick, oder Aphrodite, Pan und Compagnie in allen Größen.

Viel Auswahl hat man bei guter **Keramik**, da sind die Griechen trotz der Fülle geschmackloser Produkte nach wie vor Meister: Gebrauchskeramik, Vasen und Plastiken.

Charakteristisch für das Landesinnere: **Holzgeschnitztes**, nicht nur Schalen aus vielerlei schöngemaserten Hölzern, auch Figuren, Stöcke, Haushaltsgerät.

Nicht zu vergessen: handgestaltete **Textilien**. In den Frauenklöstern und auf dem Land findet man Stickereien, Gehäkeltes und Handgewebtes aus Wolle, Leinen oder Seide.

Viel Freude macht es auch, **Musik** auf Kassetten und CDs mitzunehmen, griechische Folklore etwa oder Kompositionen vom Altmeister Mikis Theodorakis.

Ikonen und andere Kunstgegenstände, die über 100 Jahre alt sind, dürfen nicht ausgeführt werden. Wertvolle alte Ikonen werden sehr geschickt kopiert; beim Kauf sollte man sich für die Zollkontrolle eine Bestätigung ausstellen lassen.

Lederwaren (Taschen, Gürtel) werden in guter Verarbeitung angeboten. Mancher hat schon vom Hochsommerurlaub einen warmen **Pelz** mitgebracht: In Olympía und Pátra werden Felle verarbeitet, die aus Mazedonien kommen.

Erlesener **Schmuck** aus Gold und Silber ist in einigen Touristenorten zu haben, besonders in Stemnítza, Nauplia, Pátra, Olympía.

Lebensmittel: *Olivenöl*, von den Bauern selbst gepreßt, z. B. in Thálames, wo es u.a. im Máni-Museum verkauft wird. Delikat und landestypisch sind eingelegte gewürzte *Oliven* und *Nüsse, Pistazien*. Mitbringsel auch *Knoblauch, Gewürze* wie Oregano, Thymian und Salbei. Und wie wär's mit *Korinthen* aus Korinth?

Die Weinbrände *Metaxa* und *Campas* sind milde und angenehm, der Anisschnaps *Ouzo* weltbekannt. Auch ein guter *Wein* aus Pátra oder Neméa ist als Andenken zu empfehlen.

Essen und Trinken

Essenszeiten: Später als in Mitteleuropa, mittags meist erst nach 13 Uhr, auch zwischen 14 und 15 Uhr, abends keinesfalls vor 20 Uhr, die Lokale füllen sich erst nach 21 Uhr.

Kombolóia – aus vielerlei Materialien

Essen und Trinken

Restaurants

Die Griechen haben viele Bezeichnungen für Lokale, die Unterschiede von ›Estiatório‹ und ›Tavérna‹ z. B. lösen sich allerdings immer mehr auf.

Estiatório – ein Lokal, in dem man ißt, aber nicht länger verweilt;

Tavérna – gemütliches Lokal, das Vorspeisen, Gebratenes, Fisch, Wein bietet und in dem man gerne lange sitzt;

Psarotavérna – hier gibt es Fischgerichte, wie der Fang sie ermöglicht;

Psistariá – Gegrilltes und Kurzgebratenes wird hier serviert;

Pitseria – für Pizzen und schnelle Gerichte, nicht uneingeschränkt landestypisch;

Kafenión – Treffpunkt, Ruheraum und Nachrichtenbörse für den männlichen Griechen. Angebot: Kaffee, Bier, Schnäpse, Erfrischungsgetränke. Nur gelegentlich etwas kaltes Eßbares;

Sacharoplastío – Süßigkeiten, Kuchen, zum Genießen an Ort und Stelle oder zum Mitnehmen, auch Joghurt wird hier oft angeboten;

Ouzerí – Ouzo, der Anisschnaps, aber kein Wein wird hier zu kleinen Speisen vom Grill und Salaten getrunken.

Die in den Praktischen Hinweisen im vorderen Teil des Buches verwendeten Symbole entsprechen folgenden **Preisklassen** für eine Mahlzeit mit Vorspeise, Hauptgericht und einfachem Wein:
*** über 30 DM
** 20–30 DM
* unter 20 DM

Bei Tisch: Das Essen ist meist weniger heiß, als wir es gewöhnt sind. Aber keine Angst, es ist trotzdem bekömmlich, da als Fett Olivenöl verwendet wird mit niedrigem, dem Körper angemessenen Schmelzpunkt.

Die **Speisekarte** gibt nicht unbedingt Auskunft über tatsächlich Vorhandenes, am besten, man geht in die Küche und trifft die Auswahl nach dem Augenschein. Das erleichtert außerdem die Verständigung. Die meisten Speisekarten sind übrigens außer auf Griechisch auch auf Englisch abgefaßt. Wenn zu jedem Gericht zwei **Preise** genannt sind: der zweite, höhere ist der Endpreis, er schließt die Steuer mit ein. Die Reihenfolge der Gänge ist völlig freigestellt, es wird manchmal alles gleichzeitig serviert bzw. dann, wenn es in der Küche fertig ist.

Topfgucken erlaubt!

Und zum Schluß: Treiben Sie den Kellner nicht durch getrennte **Rechnungen** zur Verzweiflung, wenn Sie gemeinsam mit Bekannten zum Essen gehen! Das stößt auf Unverständnis, wird als unfreundliche Pedanterie ausgelegt (man kann ja die Gesamtsumme unter den Beteiligten aufteilen).

Übrigens: Auch in Badeorten geht frau nicht im Bikini oder man nicht mit bloßem Oberkörper zum Essen, Hemd sollte schon sein (wo sich doch die Griechen schon an die Bermudas ihrer Gäste gewöhnt haben!).

Die **griechische Küche** hat nicht den Ruf, Auserlesenes für Feinschmecker zu bieten. Ursprünglich ist sie eine Bauern- und Hirtenküche, das merkt man ihr bis heute an. Was meist, besonders in ländlichen Gegenden, positiv zu bemerken ist: Die Zutaten sind frisch (Gemüse, Fleisch), die Gerichte ansprechend gewürzt.

Griechischer Käse – immer sehr dekorativ

177

Essen und Trinken

Die **Gewürze:** Übereinstimmung mit dem Duft, der über den sonnenbeschienenen Bergen liegt! Da ist der *Oregano*, die wilde Art des Majoran, der in Salaten und auf Gegrilltem duftet, da sind *Thymian, Rosmarin* und *Salbei*, kräftiger als sonstwo in Europa, da ist der *Lorbeer*, gut in allerlei Geschmortem, die *Zwiebeln*, reichlich, frisch und gesund, und der *Knoblauch*, an den sich schon so mancher Griechenlandfahrer zum eigenen Besten gewöhnt hat. Frischer Knoblauch würzt, ohne den penetranten Atem zu verursachen, er ist gehackt außerdem viel dezenter als zerquetscht. Griechische Speisen sind würzig, aber nicht pfefferscharf.

Bauernsalat – zu allen Mahlzeiten!

Das Essen beginnt man mit einer oder mehreren der **Vorspeisen**, der *Mesédes: Tzatziki* (Joghurt mit gehackten Gurken und Knoblauch), *Marídes* (winzige gebratene Fische, die man mit Kopf und Gräten ißt), *Taramosálata* (Fischrogensalat), *Dolmadákia* (gefüllte Weinblätter, die in größerer Ausführung auch als kleines Hauptgericht gegessen werden), *Garídes* (Garnelen).

Suppen werden am liebsten gegessen, solange das Wetter noch nicht zu heiß ist. Als Spezialitäten sind zu empfehlen: *Psarósoupa* (Fischsuppe mit Zitrone und Ei), *Soúpa avgolémono* (Hühnersuppe mit Zitrone) und *Magirítsa*, eine Lammsuppe, die traditionellerweise der Osternacht vorbehalten ist.

Fleisch kommt vorzugsweise vom Lamm (*Arnáki*, nicht arni = Hammel), das gegrillt als *Brisóles* (Kotelett) gut schmeckt, doch auch Schwein und Rind sind in vielerlei Gestalt im Angebot, als *Biftéki* (Beefsteak vom Rind), als *Keftédes* (Hackfleischbällchen), als *Souvláki* (Spieß vom Grill) – das Fleisch ist allerdings nicht immer so zart, wie man es sich wünschen würde.

Kotópoulo (Huhn) wird meist sehr gut zubereitet, auch *Kounéli* (Kaninchen), das oft im *Stifádo*, einem Gulasch mit milden Gewürzen, vorkommt.

Gemüse werden oft in Öl gekocht, was den Mitteleuropäer befremdet. Die Portionen davon sollte man klein halten, so gut sie auch schmecken, z. B. *Fassolákia* (Bohnen).

Bei uns bekannt geworden sind Gerichte wie *Gemistá* (gefüllte Tomaten oder Paprika) und *Mousakás* (Auberginen in der Bratraine mit Hackfleisch und Kartoffeln).

Psária – **Fisch** – kommt in den Küstenorten ganz frisch auf den Tisch, ein gutes, aber meist auch teures Essen: *Bartoúni* (rote Barbe), sehr feiner Geschmack; *Tsipoúra* (Meerbrasse); *Glóssa* (Seezunge); *Kalamarákia* (Tintenfisch); *Oktapódi* (Oktopus); *Mýdia* (Muscheln).

Käse können eine Entdeckung sein, besonders auf dem Peloponnes gibt es außerordentlich wohlschmeckende: *Kopanistí* (aus Ziegenmilch), *Feta* und *Manoúri* (verschiedene Schafskäse), *Kasséri* (Schnittkäse, mild-würzig).

Süßes steht bei vielen Griechen hoch im Kurs. Von den kleinen Kuchen zum Dessert kann man hauptsächlich sagen, daß sie übersüß sind, manchmal klebrig, von Honig durchtränkt. Viel wird mit Nüssen gebacken. Einige Hotels servieren sehr wohlschmeckenden Topfkuchen sonntags zum Frühstück.

Obst ist eine Augen- und Gaumenfreude, besonders, wenn die Bauern es zur Zeit

Der Peloponnes – ein großer Orangengarten!

der Ernte frisch an der Straße anbieten: etwa *Portokáli* (Orangen), *Pepóni* (Honigmelone), *Karpoúsi* (Wassermelone).

Getränke

Der kleine griechische **Kaffee**, meist zusammen mit Zucker als Mokka aufgekocht, ist zu jeder Tageszeit, auch in der Hitze, erfrischend. Wer große Tassen Kaffee vorzieht, dem wird Neskaffee serviert, auch als frappée, kalt geschlagen. Die üblichen süßen **Erfrischungsgetränke** und kohlensäurehaltiges Mineralwasser sind selbst in kleinsten Dörfern zu haben. Doch man kann auf dem Peloponnes durchaus dem *Leitungswasser* vertrauen. Griechen sind sehr wasserbewußt und legen Wert auf wohlschmeckendes reines Wasser. Wenn es in einem Dorf eine besonders gute Quelle gibt, so wird die Taverne deren Wasser im Krug auf den Tisch stellen.

Bier wird seit den Tagen des Bayern Otto von Wittelsbach im Land gebraut, heute in Lizenz von bekannten europäischen Brauhäusern unter deren Namen, Amstel und Tuborg auf vordersten Plätzen. Doch gibt es in anspruchsvollen Restaurants auch echtes Importbier.

Wein wächst in allen Regionen des Peloponnes, meist von weißen Rebsorten. Der angebotene Hauswein ist unterschiedlich gut, da kann man schon einmal an einen verunglückten Tropfen geraten. Am besten, man bestellt erst eine kleine Menge zum Kosten.

Der Wein ist nicht immer geharzt – eine Konservierungsmaßnahme, die den Schwefel erspart –, doch in der Regel mag man den *Retsína* bald, erkennt den Harzduft als Würze. Der geharzte Rosé-wein heißt *Kokinéli*.

Außer dem offenen Wein werden gute Qualitäten in Flaschen aus bekannten Kellereien angeboten: z. B. der bekannte *Deméstika* aus dem Hause Achaía-Clauss [siehe Nr. 1], das auch andere trockene Weine, außer dem süßen *Mavrodáphne* anbietet, oder die Weine der Kellereien Tsantáli und Cavíno. In Neméa [Nr. 12] verkauft die Genossenschaft den berühmten Rotwein des Ortes.

Unter den **Spirituosen** haben sich die *Metaxa*-Weinbrände international zu einem griechischen Markenzeichen entwickelt (bis zu sieben Sterne, in Preis und Qualität abgestuft). Liebhaber findet auch der Tresterschnaps *Tsípouro*, dem Grappa ähnlich. *Ouzo* wird meist mit Wasser vermischt genossen, er ist dann sehr bekömmlich.

Es kommt immer noch vor, daß zum Ouzo ein kleiner Teller mit einem Happen Vorspeise serviert wird. Früher war das allgemein üblich.

Feste und Feiern

Das jährliche Dorf- und Volksfest findet meist jeweils am Tag des Schutzheiligen statt, es gibt also Feste in kleinen und großen Orten zu jeder, meist in der schönen Jahreszeit. Hier können unmöglich alle aufgezählt werden. Wenn Sie zu einem Fest dazukommen, freuen Sie sich, es gibt Lamm am Spieß, Wein, Tanz und gute Stimmung.

Januar

Es gibt den traditionellen Neujahrskuchen mit eingebackener Münze, wer die Münze bekommt, hat Glück im neuen Jahr. Am **1. Januar** ist Agíou-Vassílios-Tag, an dem man sich beschenkt (statt Weihnachtsbescherung).

6. Januar: Kinder singen volkstümliche Kirchenlieder und werden mit Süßigkeiten belohnt. In vielen Küstenstädten Segnung des Meeres durch Geistliche.

Februar

Pátra, Kalamáta, Messíni bei Kalamáta: **Karneval**, sieben Wochen vor dem orthodoxen Osterfest. In Pátra ist der Karneval das größte Fest des Jahres, gleichzeitig ist es der größte, bunteste Karneval Griechenlands. Umzüge, Masken auf den Straßen. Läden und Behörden haben geschlossen. Nach diesem Tag beginnt die Fastenzeit, die von vielen Dorfbewohnern streng eingehalten wird: kein Fleisch, kein Fisch, keine Milch. Sie dauert bis Ostern.

März

25. März: Nationalfeiertag. 1821 rief an diesem Tag Bischof Germanós zum Befreiungskampf auf. An vielen Orten Kranzniederlegung, offizielle Zeremonien, an die sich oft Darbietungen der Schulen, Volkstänze etc. anschließen.

April

Karfreitag: An vielen Orten Prozessionen mit dem blumengeschmückten ›Grab Christi‹.

Ostern: Das größte Fest der griechischen Kirche (der Termin liegt anders als unse-

Feste und Feiern – Klima und Reisezeit – Kultur live

rer!). Sa/So Osternacht, Gottesdienst, um Mitternacht wird »Christós anésti« (Christus ist auferstanden) verkündet, alle Gläubigen entzünden Kerzen, vor der Kirche brennen die Kinder ein Feuerwerk ab, alle wünschen sich frohe Ostern und gehen zum Festessen und Umtrunk nach Hause.

23. April: Tag des hl. Georg. Wird in vielen Dörfern als Ortsfest begangen.

Mai

1. Mai: Tag der Arbeit. Ausflüge, alle Verkehrsmittel sind übervoll. Blumenschmuck an Haustüren und Autos.

Juni

Anfang Juni: Sportliche Wettkämpfe in Neméa [Nemeische Spiele, siehe Nr. 12].
1. Sonntag: Kirchweihfest in Stemnítsa mit Tänzen.

August

15. Aug.: Entschlafen Marias – entspricht unserem Mariae Himmelfahrt, großes Volksfest an vielen Orten mit Musik und Tanz.
Ende August: eine Woche Kirchweihfest in Mystrá.
Letztes Augustwochenende: Weinfest in Neméa.
Ende August/Anfang September: Weinfest in Pátra.

September

23. Sept.: Volksfest zum Gedenken der Befreiung von den Türken in Trípoli.

Oktober

28. Okt.: Óchi (= nein)-Tag, Gedenktag an die Weigerung der griechischen Regierung, sich Mussolini zu unterwerfen. An manchen Orten mit folkloristischen Darbietungen gefeiert.

Dezember

25./26. Dez.: **Weihnachten**. Ein hauptsächlich kirchliches Fest, man beschenkt sich erst am 1. Januar.

den Durchschnittsmitteleuropäer). Die Sonne scheint natürlich schon im März und April lange Stunden, es gibt allerdings zwischendurch Regen und Kälteeinbrüche, die das nicht geheizte Hotelzimmer ungemütlich werden lassen. Im April und noch im Mai blühen Obstbäume und der rosarote Judasbaum überall, im Mai schwelgt das ganze Land in Blütenpracht – Ginster und Milliarden von Margariten. Auf den höheren Bergen liegt dann noch Schnee.

Mai/Juni und dann wieder der Herbst sind die beste Reisezeit: warm, aber nicht zu heiß, um Touren und Besichtigungen zu machen. Für kühle Abendstunden braucht man allerdings noch eine warme Jacke.

Im Juli und August steigen die Temperaturen über 30 Grad, an der Küste macht ein leichter Westwind die Hitze erträglich. Wenn der Südwind aus Afrika einsetzt, ist aber auch die Küste wirklich heiß. Nur Hartgesottene streifen dann durch Museen und Ausgrabungsstätten.

Der September bringt mildere Temperaturen, allerdings liegt das Land nun trocken und braun da. Die Oktobertemperaturen entsprechen denen des Mai bei geringer Sonnenscheindauer und etwas häufigeren Regenschauern.

Vom November bis Februar regnet es regelmäßig, die Temperaturen fallen im Januar/Februar durchaus in Gefrierpunktnähe.

Das alles gilt für die Bergregionen im Landesinneren um einige Grade verschärft: Die Winter bringen dort Schnee – es gibt Wintersportgebiete –, die Sommer sind meist sehr heiß.

Mehr und mehr Touristen gewinnen den Wintermonaten durchaus ihren Reiz ab. Museen und Ausgrabungen studiert man dann in Ruhe, nirgendwo ist Gedränge. Es werden auch immer mehr heizbare Unterkünfte angeboten. Selbst im Januar scheint die Sonne manchmal so warm, daß man sich mittags ohne Jacke auf eine Terrasse setzen kann.

Klima und Reisezeit

Das Mittelmeerklima, das man auf dem Peloponnes antrifft, hat unterschiedliche Akzente. Der warme Sommer beginnt nicht vor Mai, erst dann kann man sich im Laufe des Monats sonnen, erst dann ist das Meer warm genug zum Baden (für

Kultur live

Die Anzahl der Kulturfestivals ist gering, das liegt wahrscheinlich daran, daß in Griechenland das aktuelle Kulturleben sehr auf das Zentrum Athen festgelegt ist (wie manches andere auch).

Kultur live – Museen – Nachtleben – Sport und Strände

Älteste Idole: Mykenische Keramiken im Archäologischen Museum von Nauplia

Juli/August

Epidauros: Theaterfestival im antiken Theater, Aufführungen antiker Tragödien.

Juni/September

Pátra: Theater- und Kulturfestival im römischen Odeon.

Juli/August

Kalamáta: Kultursommer mit Theater- und Musikveranstaltungen.

Juli

Filiatrá: Tanz- und Theateraufführungen.
Kalamáta: Volkstanzfestival

Museen

Die wichtigsten Museen sind mit ihren Öffnungszeiten unter den einzelnen Orten aufgeführt. Für die Öffnungszeiten kann, wegen gelegentlicher Änderungen, keine Garantie übernommen werden. Die meisten Museen sind montags sowie am 1. und 6. Januar, 25. März, 1. Mai, 25./26. Sept. und 28. Okt. geschlossen.

Besonders sehenswert:
Pátra [Nr. 1]
Neméa [Nr. 12]
Korinth [Nr. 13]
Epidauros [Nr. 19]
Nauplia [Nr. 30]
Árgos [Nr. 35]
Trípoli [Nr. 44]
Sparta [Nr. 54]
Thalámes [Nr. 74]
Chóra bei Pýlos [Nr. 86]
Olympía [Nr. 91]

Nachtleben

Weitgehend Fehlanzeige, was Lokale betrifft, die rund ums Jahr Unterhaltung bieten. In der Hochsaison gibt es jedoch in vielen von Touristen besuchten Orten Diskos, die großen Hotels haben ihre Bars, Poolbars und Restaurantterrassen bis spät geöffnet. Wer das Nachtleben der Griechen erleben will, hat in den Städten dazu auf der Platía jederzeit Gelegenheit: An warmen Sommerabenden wird dort bis Mitternacht gespielt, gegessen, getrunken. An Festtagen greift in so mancher Taverne der Wirt oder ein Gast zur Gitarre, zwischen den Tischen ist Platz für ein paar Tanzschritte – nur eben voraussagbar ist das alles nicht.

Sport und Strände

Wandern, Bergtouren

Für den Wanderlustigen ist der Peloponnes ein herrliches Gelände. Hier erlebt er im Landesinneren einsame Täler, unberührte Bergwelt. Zum Urtümlichen gehört natürlich auch: Die Wege sind selten bezeichnet, sorgfältig angelegt oder extra ausgeschildert. Oft hat man auf

Sport und Strände

Teilstrecken keine anderen Alternativen als ein Stück Asphaltstraße oder einen Macchia-Hang. Immerhin, der Europäische Fernwanderweg E4 führt von Diakoftó/Égion [Nr. 6 und 5] nach Trípoli [Nr. 44] durch das achäische und arkadische Bergland und soll weiter ausgeschildert werden.

Ausrüstung: Außer den selbstverständlichen Dingen wie festes Schuhwerk, feste Hosen (überall sind Dornen), Regenschutz, Pullover (auch im Sommer kann in den Bergen die Temperatur abends fallen) sind anzuraten: Karten (soweit erhältlich), ein Kompaß, ein Rucksack, auch um Proviant mitzunehmen – es gibt nicht alle paar Kilometer ein Gasthaus! –, eine isolierte Wasserflasche, ein derber Stock, um sich gegebenenfalls angriffslustige wilde Hunde vom Leibe zu halten, etwas für Mückenstiche, eine Taschenlampe. In vielen Berg- und Küstenregionen findet man kein Quartier, Schlafsack und Isomatte gehören dazu.

Auskunft und Rat beim **Griechischen Bergsteigerverein (EOS)**, Athen, Karageórgis Servias 7/VIII (nahe Sýntagma-Platz), Tel. 01/3 23 45 55 und 3 23 76 66 (auch deutschsprachige Mitarbeiter) und beim **EOS Pátra**, Pantanássis 29, Di–Fr 20–21.30 Uhr, Tel. 061/27 39 12.

Wanderlust im Taýgetos-Gebirge

Segler-Treffpunkt: Yachthafen Portochéli

Ski

Es gibt zwei Wintersportzentren mit Skilifts und Hotels: das **Ménalo-Zentrum** bei Vytína in Arkadien (Information Tel. 071/23 22 43) und das **Chelmós-Zentrum** im Aroánia-Gebirge südöstlich von Kalávrita (Information Tel. 0692/2 21 74, 2 26 61).

Wassersport

Surfen, Segeln, Wasserski wird in den größeren Badeorten angeboten, z. B. in Portochéli und Toló. Auskunft jeweils an Ort und Stelle.

Attraktive Strände (Auswahl):

Achäa: Südwestlich von Pátra bei Lakkópetra und Kalogriá. Östlich am Golf von Korinth bei Diakoftó sowie bei Kiáto. In der **Argolís** bei Palää Epídavros, bei Ermióni, Portochéli, Salándi, zwischen Paralía Irion und Toló. An der Küste **Arkadiens** bei Paralía Ástrous und an vielen Buchten bis Poulíthra. In **Lakonien** bei Neápoli und auf Elafónissos, bei Archángelos, östlich und südlich von Gýthio, an den Küsten der Máni bei Ítilo, Ágios Nikólaos und Kardamýli. In **Messenien** um Kalamáta mit Ávia, südlich von Messíni von Boúka bis Koróni, bei Finikúnda, Methóni und Pýlos, bei Kaló Neró. In **Elis** bei Sacháro, Skafidiá und auf langer Strecke von Kyllíni bis zum achäischen Kalogriá.

Sprachführer

Der Tourist, der griechische Buchstaben lesen kann, wundert sich vielleicht, bekannte Orts- und Personennamen immer wieder unterschiedlich geschrieben zu sehen. Das liegt an der schwierigen Entwicklung der griechischen Sprache. Hervorgegangen ist sie aus dem klassischen Griechisch, das im humanistischen Gymnasium gelehrt wird, damit man z.B. Homer und Platon im Urtext lesen kann. Doch keine Sprache bleibt über 2000 Jahre hin unverändert, daher kann man mit Altgriechisch im heutigen Griechenland so wenig anfangen. Die Aussprache, weniger die Wortbedeutung, hat sich vielfach verändert.

Jahrhundertelang bewahrte die Kirche Sprachformen, die aus dem Altgriechischen hervorgegangen waren. Sie galten, da das Neue Testament in dieser Sprache geschrieben war, als unantastbar, ähnlich, wie überlieferte Formen der Ikonenmalerei aus religiösem Respekt nicht verändert werden durften. Das Volk sprach inzwischen eine im jahrhundertelangen Gebrauch sich wandelnde Sprache. Da in der fast dreihundertjährigen Türkenherrschaft einzig die Geistlichkeit Hüterin der geschriebenen Sprache war, wurde der konservierende Einfluß der Kirche noch verfestigt.

Nach der Befreiung im 19. Jh. kam man nicht umhin, die Sprache zu reformieren. Konservativ gesinnt, traute man sich nicht, einen scharfen Schnitt zu machen und die tatsächlich gesprochene Sprache zur Amts- und Schriftsprache zu erheben. Eine Art Kanzleisprache, gereinigt und kompliziert, entstand: die **Katharévoussa**. Sie war bis 1975 die einzige anerkannte Schriftsprache, deren sich Studenten, Richter, Anwälte, Angestellte zu bedienen hatten. Die Katharévoussa unterschied sich in Rechtschreibung und Syntax stark von der Volkssprache **Dimotikí**. Das heutige Griechisch ist aus der Dimotikí entwickelt.

Wichtig, auch bei der Aussprache griechischer Namen, ist die **Betonung**. Gleich geschriebene, aber unterschiedlich betonte Wörter haben oft verschiedene Bedeutungen. Viele Griechen verstehen Ortsnamen nicht, wenn sie falsch betont werden. Bei Fragen empfiehlt sich, wenn man im Zweifel ist, unterschiedliche Betonungen zu versuchen!

Im allgemeinen fällt es nicht schwer, sich durch Gesten und Zeichen verständlich zu machen. Griechen sind Meister im Raten! In den Touristenorten findet sich außerdem meist ein englischsprechender Helfer. Doch überall freuen sich die Menschen, wenn man sie wenigstens in ihrer eigenen Sprache begrüßt, Dank und Zustimmung äußert. Darum hier in lateinischer Umschrift die Aussprache einiger wichtiger Wörter und Redewendungen:

Guten Morgen, Guten Tag	Kali méra sas
Guten Abend	Kali spéra
Gute Nacht	Kali nýchta
bitte	parakaló
danke (sehr)	efcharistó (polí)
gut	kalós
Wo ist ...	Pú íne ...
Straße	Odós
Hotel	Xenodochío
Kirche	Eklissía
Hafen	Limáni
Bank	Trápeza
Post	Tachidromío
Arzt	Jatrós
Apotheke	Farmakío
Krankenhaus	Nosokomío
Polizei	Astinomía
Toilette	Toualéta
in Ordnung	endáksi
ja	né
nein	óchi
Macht nichts	Dén pirási
Wann fährt ...	Ti óra févji ...
Bus	Leoforío
Auto	Avtokínito
Schiff	Plíon
Zug	Tréno
morgens	proí
nachmittags	apójevma
Wer hat den Schlüssel?	Piós échi to klidí?
Wächter, Wärter	Fílakas
Pfarrer	Papás
Was ist los?	Ti gínete?
Was ist das?	Ti íne aftó?
Welche Kirche ist das?	Ti eklissía íne?
geschlossen	klistó
geöffnet	aniktó
Wann ...?	Póte ...?
Deutschland	Germanía
Ich bin Deutscher/ Deutsche	Ime Germanós/ Germanída
Österreich	Afstría
Österreicher	Afstriakós
Schweiz	Elvetía
Schweizer	Elvetós

Sprachführer – Uhrzeit – Unterkunft

Einladung zu Gegrilltem in Neméa

Vielleicht macht es Ihnen Freude, in griechischen Buchstaben geschriebene Eigennamen und Geschäftsbezeichnungen entziffern zu können. Deshalb zum Schluß das griechische Alphabet:

Groß-, Klein-buchstabe		Name	Umschrift
A	α	Álpha	a
B	β	Wíta	w und v in Ortsnamen
Γ	γ	Gámma	j/g
Δ	δ	Délta	d
E	ε	Épsilon	e
Z	ζ	Síta	s; in Eigennamen oft z
H	η	Íta	i
Θ	ϑ	Thíta	th
I	ι	Jóta	i
K	κ	Káppa	k
Λ	λ	Lámda	l
M	μ	Mí	m
N	ν	Ní	n
Ξ	ξ	Ksí	x
O	ο	Ómikron	o
Π	π	Pí	p
P	ρ	Ró	r
Σ	σ, ς	Sígma	s
T	τ	Táf	t
Y	υ	Ípsilon	i; y in Eigennamen
Φ	φ	Fí	f
X	χ	Chí	ch; h in Eigennamen
Ψ	ψ	Psí	ps
Ω	ω	Ómega	o

Buchstabenkombinationen

AI	αι	Álpha-Jóta	ai und e
EI	ει	Épsilon-Jóta	ei und i
ΓΓ	γγ	Gámma-Gámma	ng; gg in Eigennamen
ΜΠ	μπ	Mí-Pí	b; mp in Eigennamen
NT	ντ	Ní-Táf	d; nt in Eigennamen
OI	οι	Ómikron-Jóta	i; io in Eigennamen
OY	ου	Ómikron-Ípsilon	ou
TZ	τζ	Táf-Síta	ts

Uhrzeit

Die Uhrzeit in Griechenland ist der deutschen um eine Stunde voraus. Beginn und Ende von Sommer- und Winterzeit zum gleichen Termin wie in Deutschland.

Unterkunft

Hotels und Pensionen

Hotels und Pensionen werden vom griechischen Hotelverband nach Luxus (L), A, B, C, D, E kategorisiert. Die Einordnung richtet sich nach Größe und Ausstattung der Zimmer.

Weil die Bandbreite der Preise groß ist, geben wir zur besseren Information der Leser Kategorien durch Sterne (*) an.

Die Preisinformation wird auch dadurch schwierig, daß die amtlich kontrollierten Preise für Vor-, Zwischen-, Hoch- und Nachsaison an manchen Orten sehr unterschiedlich sind und von den Hoteliers oft geändert werden. Auch die Zeiten sind regional unterschiedlich geregelt (Hochsaison ist gewöhnlich im Juli/August). Außerhalb der Hochsaison hat man gute Chancen, ein komfortables Quartier preisgünstiger zu beziehen.

Die in den Praktischen Hinweisen am Ende der einzelnen Besichtigungspunkte im vorderen Teil des Buches verwendeten Sternsymbole entsprechen folgenden **Preisklassen** für ein Doppelzimmer ohne Frühstück (in der Hochsaison teilweise eine Preisklasse höher):

**** (Luxus) über 100 DM
*** 70–100 DM
** 40–70 DM
* bis 40 DM

Reservieren kann man schriftlich entweder direkt per Hoteladresse oder über das **Hellenic Chamber of Hotels**, Stadíou 24, 10559 Athen, Tel. 01/3 31 00 22-6, Fax 3 22 54 49, 3 23 69 62. Buchungen sind auch am Schalter des Hellenic Chamber of Hotels möglich: Karageórgi Servias 2 (in der Nationalbank), Tel. 01/3 23 71 93. Mo–Do 8.30–14.00, Fr 8.30–13.30, Sa 9–12.30 Uhr, So und Fei geschl. (dort keine Reservierungen für Privatzimmer).

Camping

Wildes Campen ist streng verboten und wird mit hohen Geldstrafen geahndet, sogar die Benutzung von Campingausrüstung beim Tagesaufenthalt (Kochen am Strand etc.).
Die **Greek Camping Association** hat eine Broschüre über Campingplätze und ihre Einrichtungen herausgegeben (Sólonos 102, 10680 Athen, Tel. 01/8 64 16 88-9, Fax 8 64 16 93), für den Peloponnes sind 94 Adressen genannt.
Viele Adressen auch im **ADAC-Campingführer Südeuropa.**

Jugendherbergen

Pátra: Hiróon Politechníou 68, Tel. o 61/4 22 78
Olympía: Praxitélous-Kondíli 18, Tel. 06 42/2 25 80
Mykene: Ifigenías 20, Tel. 07 51/6 62 24 und 6 62 55
Nauplia: Argonaftón 15, Tel. 07 52/2 77 54

Verkehrsmittel im Land

Mietwagen

Zentralen bewährter Autoverleihfirmen, die Filialen in größeren Orten des Peloponnes haben:
Eurodollar Tour Rent a Car, Syngroú Ave 29, 11743 Athen, Tel. 01/9 22 96 72, Fax 01/9 23 76 76
Europcar Interrent, Syngroú Ave 4, 11742 Athen, Tel. 01/9 21 57 89, Fax 9 22 14 40
Hertz, Vouliagménis Ave 576A, 16451 Argyroúpolis, Tel. 01/9 94 28 50, Fax 01/9 93 39 70

In Deutschland:
ADAC Autovermietung GmbH,
Tel. 01 30/81 81 81 (gebührenfrei)

Kartenmaterial: Karten sind wegen des schnellen Ausbaus der Straßen nicht immer auf dem neuesten Stand. Sie sind aber sehr wichtig, da die Beschilderung häufig lückenhaft ist.
Nicht alle als Autobahn bezeichnete Straßen sind wirklich Straßen mit trennendem Mittelstreifen, steckenweise ähneln sie eher verbreiterten Hauptstraßen.

Busse (KTEL)

Die Busverbindung von Athen (Abfahrt Kifissoú St. 100) zu den Städten des Peloponnes ist gut und bequem, weniger komfortabel sind die Busse, die über Berg und Tal in die Dörfer fahren, sie verkehren auch bedeutend seltener. Busfahrpläne findet man an den Haltestellen, es ist aber besser, sich bei Einheimischen zu erkundigen.

Bahn

Es gibt zwei Bahnstrecken:
Athen (Piräus) – Korinth – Pátra – Pýrgos (Abzweig nach Olympía) – Kiparissía – Kalamáta und Piräus – Korinth – Árgos (Abzweig nach Nauplia) – Trípoli – Kalamáta. Die Fahrt ist weder bequem noch schnell, aber malerisch und gemütlich.

Schiff

Tragflügelboote (Flying Dolphins), die laut und sehr schnell sind und in denen man wie in einem Bus eingeschlossen sitzt, verbinden täglich verschiedene Küstenorte des Peloponnes untereinander, mit den Inseln im Saronischen Golf und mit Piräus (Zea). Kein Autotransport! Zu einigen Orten **Autofähren**, auch zu den ionischen Inseln von Pátra und Kyllíni, aufs Festland von Rion und Égio aus.

Fahrräder

In vielen Orten Verleih von Fahrrädern für Ausflüge zum Strand oder in Nachbarorte. Oft ist wegen ansteigender Strecken das Radfahren mühsam, besonders in der Sommerhitze. Andererseits gibt es gute, nicht von allzu vielen Autos befahrene Straßen – eine Freude für den Radler.

Glossar

Zum Namen der Landschaft: ›Insel des Pelops‹ (Pelopónnissos) nannte man sie schon in der Antike, und weil Insel auch im Griechischen weiblich ist, sagen Sprachkundige häufig **die** Peloponnes. In diesem Buch gilt die Form, die sich seit dem 18. Jh. in Deutschland unter dem Einfluß des französischen Sprachgebrauchs eingebürgert hat: **der** Peloponnes.

Abaton Tempelraum, der nur von den Priestern betreten wird.

Achäer Frühe, in der 1. Hälfte des 2. Jahrtausends v. Chr. eingewanderte Griechen.

Agorá Marktplatz einer antiken Stadt mit öffentlichen Gebäuden.

Akanthus Pflanze aus der Familie der Acanthaceen, deren Blatt als Zierform am → Kapitell → korinthischer Säulen erscheint.

Akropolis Oberstadt, meist mit Mauerring und Toren.

Altan Vom Erdboden aus gestützter balkonartiger Anbau (Söller).

Apsis Halbrunder oder polygonaler Abschluß eines Kirchenschiffs, meist nach Osten gerichtet, im Innern Nische für den Altar.

Architrav Über dem Säulenkapitell ruhender waagrechter Balken, der den Oberbau trägt.

Awaren Asiatisches Volk, das im 7. Jh. n. Chr. ein Reich an der Donau gründete. Von dort aus unternahm es während einiger Jahrzehnte verheerende Kriegszüge in den Balkan bis nach Griechenland.

Basilika In der Antike große öffentliche Halle, später große christliche Kirchenbauten.

Bema siehe Vima.

Bouleutérion Rathaus (Senatssitz).

Cella Fensterloser Hauptraum im Inneren des antiken Tempels, in dem das Götterbild stand.

Deesis Ikone mit Christus, der Muttergottes (= Panágia) und Johannes dem Täufer.

Doline Trichterförmige Vertiefung der Erdoberfläche in Kalkgebirgen, durch Auswaschung und Einbruch entstanden.

Dorer Der zuletzt (um 1100 v. Chr.) auf dem Peloponnes eingewanderte griechische Stamm.

Dorische Säule Sie steht ohne Basis auf den Stufen des Tempels, ist häufig noch ohne Kanellierung (plastische Längsrippen), und ihr → Kapitell ist ohne Schnörkel und Ornament. Über dem → Architrav befinden sich Einzelbilder. Im 7. Jh. v. Chr. entstanden.

Drómos Zugang zum → Thólos oder Kammergrab.

Gymnásion Übungsstätte für hauptsächlich sportliche Ausbildung.

Hamam Türkisches Badehaus.

Helladisch Stile der Bronzezeit Griechenlands. An der Wende vom Mittelhelladischen zum Späthelladischen (1600 v. Chr.) entsteht die mykenische Kultur.

Hellenismus, hellenistisch Die Zeit der Ausbreitung griechischer Kultur nach Alexander dem Großen (Ausgang des 4. – Ende des 1. Jh. v. Chr.).

Heloten Unterworfene im spartanischen Staat, in sklavenähnlicher Abhängigkeit.

Heroon Heiligtum oder Grabstätte eines Helden.

Ikone Bilder von Heiligen und christlichen Szenen in den orthodoxen Kirchen, mit festgelegten Bildelementen.

Ikonostase wörtlich: Bilderwand, trennt den Altar- vom Laienraum. Im Griechischen ›Templon‹ genannt.

Ionier Einer der griechischen Hauptstämme, der in klassischer Zeit in Attika, auf den ägäischen Inseln und an der kleinasiatischen Westküste siedelte.

Ionische Säule Sie steht auf einer Basis, die Längsrippen sind durch Stege voneinander getrennt, das Kapitell trägt schneckenförmige Verzierungen, die Bildfläche oberhalb des → Architravs ist nicht in Felder aufgeteilt.

Kapitell Oberster Teil einer Säule.

Kléphten Partisanen und Wegelagerer aus den griechischen Freiheitskriegen Anfang des 19. Jh.

Glossar

Kímissis griech.: das Entschlafen, Hinscheiden.

Kolpos neugriech.: ›Golf‹.

Korinthische Säule Sie unterscheidet sich von der → ionischen durch das → Kapitell, das, mit dem Motiv des → Akanthus verziert, von allen Seiten gleich gestaltet ist.

Kreuzkuppelkirche Mittelalterliche byzantinische Form des Kirchenbaus. Die Kuppel erhebt sich über dem Schnittpunkt der Kirchenschiffe, die wie gleichseitige Kreuzarme angeordnet sind.

Macchia Trockener Buschwald an den Berghängen der Mittelmeerländer.

Mégaron Hauptraum der mykenischen Paläste, mit Vorhalle und einem Herd im Zentrum.

Metope Platte mit Reliefschmuck im Gebälk des dorischen Tempels.

Minarett Turm einer → Moschee, von dem aus die Gläubigen zum Gebet gerufen werden.

Monastíri oder Moní griech.: Kloster.

Monolith Säule, die aus einem einzigen Stein, nicht aus Säulentrommeln besteht.

Moschee Islamischer Gebetstempel.

Narthex Geschlossene Vorhalle einer Kirche.

Nekropole Gräberstadt antiker Städte.

Nomós Griechischer Verwaltungsbezirk; der Peloponnes ist nach den antiken Hauptlandschaften in sieben nomoi aufgeteilt, denen die Kapitel dieses Buches entsprechen.

Nymphäon Heiligtum der Quellgottheiten, später auch Brunnenanlage.

Odeíon Kleines Theater, ursprünglich oft auch überdacht.

Paläologen Byzantinisches Herrschergeschlecht. Der letzte Kaiser, der 1453 bei der Eroberung von Konstantinopel im Kampf fiel, war ein Paläologe.

Palästra Übungsgebäude für Athleten.

Panagía griech.: Allheilige. Beiname der Gottesmutter Maria.

Pausanias Reiseschriftsteller (vermutlich aus dem kleinasiatischen Lydien), der in der 2. Hälfte des 2. Jh. n. Chr. das griechische Festland, einschließlich des Peloponnes, eingehend beschrieb und uns damit das Aussehen der antiken Stätten vor den Zerstörungen in späteren Jahrhunderten überlieferte.

Pélagos neugriech.: ›Meer‹.

Philhellenen wörtlich: Griechenland-Liebende. Bezeichnung für Europäer, die an den griechischen Befreiungskämpfen der zwanziger Jahre des 19. Jh. teilnahmen oder sie unterstützten.

Phryganá Trockener kniehoher Kraut- und Strauchbewuchs steiniger Hänge, vorherrschend dornige, auch aromatische Pflanzen.

Pilaster Pfeiler.

Polygonal griech.: vieleckig.

Pýrgos Wohnturm (Geschlechterturm) der Manioten.

Skene Bühnenhaus des Theaters.

Spolien Wiederverwendete Teile älterer Bauwerke, zum Beispiel antike Steine in mittelalterlichen Kirchen.

Stele Schmaler hoher Grabstein, oft reliefgeschmückt.

Stoa Säulengang oder -halle.

Taxiarchen In der griechisch-orthoxen Kirche die Erzengel.

Thermen Römische Badeanlage, meist mit Umkleideraum, Kaltbaderaum (Frigidarium), Schwitzraum (Sudatorium), Warmbaderaum (Caldarium).

Thólos Mykenisches Kuppelgrab, Rundbau.

Tyrannis Staatsform griechischer Stadtstaaten: Alleinherrschaft, vor allem im 7. und 6. Jh. v. Chr.

Víma Rednertribüne, auch Gerichtsstätte. In der byzantinischen Kirche der Altarraum, der nur von Priestern betreten werden darf.

Volute Spiral- oder schneckenförmige Einrollung als Ornament.

Register

A

Achäa 16, **22-33**
Achäischer Städtebund 15, 22, 29, 38, 43
Achill, antiker Heros 144
Agamemnon, myth. König von Mykene 72, 144
Ägina, Insel 46
Ägina, Tochter des Assopos 44
Ageranós 118
Agía Iríni, Kloster 116
Agía Lávra, Kloster 17, **31f.**
Agía Maria, Insel 144
Agía Marínas, Kloster 45
Agía Marína Marítsis, Kloster 27
Agía Triáda (Merbakás) 76
Ágios Andreás 167
Ágios Ioías, Berg 71
Ágios Nikólaos 131
Ágios Nikólaos, Kloster 168
Agíou Nikoláou Síntzas, Kloster 84f.
Agnoúndos, Kloster 47
Aigisthos, myth. Gestalt 72
Akrokórinthos 43f.
  Burg 44
  Peiréne-Quelle 44
Albaner 16
Aleos, myth. König von Mykene 89
Alexander der Große, König von Makedonien 15, 158
Alfiós (Alpheiós), Fluß 97, 156
Álika 126
Alkman, Lyriker 102
Alkmene, Gattin Amphitryons 34
Amalia, Gattin König Ottos 167
Amaliáda 167f.
Amyklaí (Amyklaion) 14, 103
Análipsi 142
Anánias, Bischof 108
Andravída 152, **171**
Andreas, Apostel 22
Andrítsena 154f.
Andrónikos II., Kaiser von Byzanz 138
Androúsa 138f.
Anreise 175
Antígonos Dóson 91, 101
Antírio 28
Antonópoulos, Vlassis 25
Aphrodite, Göttin 8, 13, 38

Apollon, Gott 8, 51, 103, 149
Áraxos, Kap 27
Archángelos 115f.
Areópoli **119f.**, 129
Ares, Gott 160
Argolís 46-80
Árgos 14, 15, 35, 68, 75, **76-79**
  Archäologisches Museum 78
  Ausgrabungen 76-78
  Grabungsgelände von Deíras 79
  Lárissa, Burg 76, **78f.**
Arkadien 81-99
Arkadischer Bund 98, 99
Arkoúdi 170
Árla, Burg 27
Aroánia, Gebirge 22, 30, 33
Artemis, Göttin 54, 89, 102
Aséa 98
Asíni 14, 59, 141
Asklepios, Gott 51
Asklepios-Heiligtum (Epidauros) 48-53
  Ábaton 51
  Aphrodite-Tempel 51f.
  Apollon-Maleátas-Heiligtum 52
  Artemis-Tempel 50
  Asklepios-Tempel 50
  Bad 49
  Festplatz 51
  Gästehaus 49
  Gymnásion 49f.
  Hygieia-Tempel 50
  Museum 52
  Stadion 50
  Theater 48f.
  Thermen, römische 52
  Thólos 51
Assopos, Gott 44
Astarte, Göttin 38
Ástros 81
Atalante, myth. Jägerin 89f.
Athena, Göttin 34, 72
Atreus, myth. König von Mykene 72
Atriden 72
Attischer Seebund 15
Augustus, röm. Kaiser 16, 22, 89
Avía 134
Awaren 16, 147f.

B

Bank 175
Basilios, Kaiser von Byzanz 16
Bayazid II., Sultan 28
Beaufort, Burg 131
Belvedere (Beauvoir), Burg 167
Bismarck, Otto von 25
Blegen, Carl W. 151

Bocher, Joachim 153
Boiai 115
Boúka 142
Byron, George Gordon Noel, Lord 64
Byzantiner 16, 17, 22, 43, 60, 76, 97, 104, 110, 130, 134, 141, 144

C

Caesar, Gaius Julius 16, 38
Camping 185
Chalandrítsa 30
Charoúda 122
Chavos-Schlucht 71
Chelmós, Berg 22, **33**
Chiron, Kentaur 51
Chónika 76
Chóra 150f.
Chráni 143
Chrysápha 110
Chrýsippos, Bruder des Atreus 72
Clauss, Gustav 25, 26
Codrington, britischer Admiral 146
Coubertin, Pierre, Baron de 8
Curtius, Ernst 18, 156

D

Dafnón, Fluß 84
Damaskinós, Bischof von Athen 39
Damophón, Bildhauer 99, 140
Dardanellen, Kleine 28
Daskalió, Insel 59
Dassin, Jules 36
Demágelos, Nikólaos 131
Déndra siehe Mánesis
Diakoftó 29
Dídima, Dolinen 57f.
Dimitsána 94f.
Dionysos, Gott 98
Dörpfeld, Wilhelm 12, 18, 68
Drépano 60
Dýme 28

E

Eco, Umberto 36
Egáleo, Gebirge 152
Égio 28f.
Einkaufen 176
Elafónissos, Insel 115
Eléa 118
Elis 16, **152-171**
Elis, antike Stadt 168
Ellinoeklissiá 138
Elónis, Kloster 88
Enghien, Maria d' 60
Epaminóndas, thebanischer Heerführer 91, 98, 130, 139
Epáno Englianós, Nestor-Palast 14, **150f.**

Epídavros (Epidauros) 8,
12, 14, 15, 16, 17, **46-53**
Asklepios-Heiligtum
48-53
Néa Epídavros 46f.
Palää Epídavros 46f.
Epídavros Liméra 112f.
Erinnyen, Rachegeister 72
Ermióni (Hermione) 55f.
Ermionídos, Gebirge 57
Erymanthos, Gebirge 30
Eúa 83
Euphrosýne, myth. Hirtin
30
Eurystheus, myth. König
von Tiryns 34, 68
Evrótas, Fluß 100, 102, 109

F
Feste und Feiern 179f.
Figalía 154
Finikúnda 145
Franchthi, Höhle 14, **57**
Franken 16f., 22, 54, 60,
76, 97, 110, 130, 133, 134,
144, 149, 152, 171

G
Galatás 55
Gastoúni 171
Gastronomie 176-179
Genuesen 104, 149
Geoffroy de Villehardouin
16f., 104, 170
Georg I., König von
Griechenland 18, 19
Georg II., König von
Griechenland 19
Georgios Gemistós, ge-
nannt Plíthon 17, 104
Geráki (Geronthrai) 109f.
Germanós, Bischof von
Patra 17, 22, 23, 31, 81, 94
Geroliménas 125
Giálova 147-150
Glauke, myth. Königs-
tochter von Korinth 40f.
Glýfa 170
Goethe, Johann Wolfgang
von 81
Gournítsa 132
Gregor V., Patriarch von
Konstantinopel 17, 94f.
Grigorákis, Familie 118
Guillaume II de Villehar-
douin 17, 104, 105, 110,
123, 131, 134
Guy de Nivelet 109
Gýthio 116-118

H
Hadrian, röm. Kaiser 16, 91
Halieis 56f., 68
Hardes-Eingang 127f.
Helena, Gattin des Mene-
laos 117
Helísson, Fluß 99

Hephaistos, Gott 72
Hera, Göttin 13, 32
Herakles, antiker Heros
10, 13, 34, 35, 68, 89, 152
Hermes, Gott 98, 149
Herodes Atticus, Gelehr-
ter 16, 42, 83, 159
Herodot, Geschichts-
schreiber 38, 156
Heruler 16, 38
Hieronymus Charitóny-
mos 104
Hippodámeia, myth. Kö-
nigstochter von Olympia
72, 160
Höhle der Seen (Spílaio
ton Limnón) 32
Homer, Dichter 12, 22, 59,
60, 72, 92, 117
Hotels 184f.
Hydra, Insel 146
Hugo von Bruyère (Hugo
de Brienne) 97
Hyakinthos, myth. Prinz
von Sparta 103

I
Ibrahim Pascha 17f., 144,
146, 171
Iktínos, Architekt 15, 153
Information, allgemein
173f.
Iphigenie, Tochter des
Agamemnon 72
Iréon Árgous (Hera-
Heiligtum) 15, **75**, 76
Ísthmia 36, 38, 40, **44f.**
Archäologisches
Museum 44f.
Grabungsgelände 45
Isthmische Spiele 15, 36, 44
Ithómi, Berg 139
Ítilo 129

J
Jacobsen, Thomas W. 57
Jason, antiker Heros 40
Jean Neuilly, Großmar-
schall Moréas 118
Jochmus, August 101
Juan d'Austria 17
Justinian, Kaiser von
Byzanz 39

K
Kaiápha 152
Kaiméni Chóra 53
Kakóvatos 152
Kalamáta 10, **134-138**
Ágii Apóstoli 136
Archäologisches
Museum 136
Kástron 136f.
Moní Kalogrión 136
Kalávrita 19, 29, **30-32**
Denkmal für den Frei-
heitskampf 32

Gedenkstätte für die
Opfer von 1943 31
Kallímachos 36
Kalogriá 27f.
Kaló Neró 151
Kámbos 133
Kámbos-Schlucht 133f.
Kandía 60
Kapodístrias, Ioánnis 18,
54, 61, 63, 65
Kardamýli 131f.
Karitsiótis, Grundbesitzer
81
Karýtena 97
Kastrí 83
Kastriá 32
Kástro Chlemoútsi 170f.
Kástro Kalogriás (Teíchos
Dymaíon) 27f.
Katákolo 166
Katharina II. von Rußland
17
Kechriés (Kenchreai) 45
Kefalári 80
Kelefá, Burg 120
Kemal Pascha 19
Kenchreai 45
Kéndro 133
Kerenyi, Karl 13
Kernítsas 93
Kiláda 57
Kímissis Theotókou,
Kloster 93
Kiparissía 151
Kitriés 134
Kítta 123f.
Kladeós 156
Klephten 66
Klima 180
Klytämnestra, Gattin des
Agamemnon 72
Kokkála 128
Kolokotrónis, Theódoros
17, 65, 81, 97
Kolonós, Lázaros 22
Konstantin I., König von
Griechenland 19
Konstantin II., König von
Griechenland 19
Konstantinos XII. Paläo-
lógos, Kaiser von Byzanz
104
Kórfos 45
Korinthía 34-45
Kórinthos (Korinth) 14, 16,
19, **37-43**
Archäa Kórinthos 40-42
Archäologisches
Museum 42f.
Kanal 19, 34, **40**
Volkskundemuseum 39
Koróni 17, **141-144**
Burg 142
Timíou Prodrómou 142
Koryphásion, Kap 145, 147
Kosmás 87f.
Kótronas 129

Register

Króton 22
Kulturfestivals 180f.
Kyllíni, Gebirge 8, 94
Kyllíni, Halbinsel 168f.
Kyllíni 169
Kyparissí 115
Kýthira, Insel 112, **115**

L

Lágia 128
Lakedaimon 100
Lakkópetra 27
Lakonisches Tor 141
Lakonien 17, **100-129**
Langáda 130
Langádia 94
Lechaíon 38
Leímonas 118
Leonídas von Naxos 161
Leonídas, spartanischer
  Heerführer 102
Leóndi 30
Leonídio 84
Lérni (Lerna) 14, **80**
Leúktra 15, **131**
Levídi 93
Ligourió 53
Limboritsi 94
Liméni 129
Longá 143
Loukádika 128
Loukás, Sotíros 82
Loúsios, Fluß 94, 96
Loutrá Elénis 45
Loutrá Kounoupélli 171
Loutrá Kyllínis 171
Lukas, Apostel 30
Lykéon, Gebirge 97, 99
Lykósoura 99
Lykurg 15, 100

M

Magouli10 94
Máina, Burg 17, 104, **123**
Maison, General 24, 141
Maja, Nymphe 149
Maléas, Kap 116
Málthi 151
Mánesis (Dendra) 65, **76**
Manganiáko 138
Máni 9, 10, 16, 19, **116-134**
Manioten 9f., 18, 61, 100
Manoláda 171
Mantinía 91f.
Manuel Kantakouzenós,
  Despot 106
Marathoníssi (Krane),
  Insel 116, **118**
Maria von Ägypten,
  Heilige 138
Marinátos, Spyrídon 74
Mávra Vouná (Schwarze
  Berge) 27
Mavrodáphne 26
Mavromáti 141
Mavromichális, Petrobey
  63, 119, 120

Medea, myth. Königs-
  tochter von Kolchis 40f.
Méga Spíleon 16, 22, 29, **30**
Megalópoli 97-99
Mehmed II. 104
Meilanion 90
Melampus, myth. Seher
  aus Messenien 32
Ménalo, Gebirge 93, 94
Messenien 15, 19, 100,
  130-151
Messenischer Krieg 139
Messíni (Messene) 139-141
  Asklepieíon 140
  Museum 140
  Stadtmauer 140f.
  Theater 140
Met. Sotíros Loukoús 82f.
Metamórphossis-Kloster,
  Manganiáko 138
Metaxás, Ioánnis, General
  19
Methánon (Méthana),
  Halbinsel 53f.
Methóni 17, **144f.**
Mézapos 123
Midéa 14, **76**
Mikroútsikos, Thános 36
Miller, Stephen G. 35
Mitsotákis, Konstantin 19
Moerbeke, Wilhelm von
  76
Moltke, Helmuth Graf
  von 25
Monemvassiá 17, 19, 104,
  110-114
  Agía Sophía 112
  Bischofskirche Christós
  Elkómenos 110f.
  Oberstadt 110, 112
  Panagía Chrysaphítissa
  112
  Panagía Myrtidiótissa
  111f.
  Unterstadt 110-112
Morosini, Francesco 17,
  66, 104
Muriatáda 151
Museen 181
Mykíná (Mykene) 11, 12,
  14, 18, 65, **70-75**
  Häuser 71f., 73
  Königsgräber 70, **71**
  Löwentor 70, **71**
  Nekropole 73
  Palasthof 72
  Schatzhaus des Atreus
  73f.
  Thronsaal 72f.
  Westportal 72
Mýli 80
Mýrtilos, Wagenlenker des
  Oinómaos 160
Mystrá 8, 17, 101, **104-108**
  Aphendikó-Kirche 108
  Despotenpalast 106
  Kástron 105f.

Metrópolis-Kirche 107f.
Pantánassa-Kloster 106f.
Perívleptos-Kloster 107

N

Nachtleben 181
Náfplio (Nauplia) 14, 17,
  18, **60-68**, 144
  Ágios Geórgios 64
  Ágios Spyrídon 63
  Agía Sophía 63
  Akronauplia 60, **66**
  Archäologisches
  Museum 61f., **65**
  Bayerischer Löwe 10, **66**
  Bourtsi, Insel 60, **62**
  Festung Palamídi 11, **66**
  Metamórphossis-Kirche
  64
  Militärmuseum 65
  Moscheen 26
  Panagía-Basilika 62
  Volkskundemuseum 66
Napoleon 9
Nauplios, myth. Gründer
  Nauplias 60
Navaríno, Schlacht von 18,
  146
Neá Koróni 143
Neápoli 115f.
Neochóri 141
Neméa 8, **34-36**
Nemeische Spiele 8, 35, **36**
Nessus, Kentaur 152
Nestor, myth. König von
  Pýlos 130, 149, 151
Nestor-Höhle 149
Nicolas St-Omer 149
Niklier 123f.
Nikolélika (Rodiá) 29
Nomitsís-Kumani 130
Notfälle 174f.
Nýmfi 128

O

Oinómaos, myth. König
  von Pisa 160
Olympía 12, 16, 18, **155-165**
  Archäologisches
  Museum 162-165
  Bouleutérion 160
  E.O.A. Museum of the
  Olympic Games 155f.
  Echohalle 160
  Gymnásion 158
  Haus des Phidias 161
  Hera-Tempel 158f.
  Metróon 159f.
  Nymphäum 159
  Palästra 162
  Pelops-Heiligtum 159
  Philíppeion 158
  Prytaneíon 156f.
  Schatzhäuser 159
  Stadion 160
  Theokóleon 161
  Zeus-Tempel 161f.

Register

Olympische Spiele 8, 15, 16, 18, 152, 155, 156
Opheltes, myth. Königskind von Neméa 35
Oppermann, Siemer 45
Orchomenós 92f.
Orestes, Sohn des Agamemnon 72
Osmanen/Türken 17, 18, 19, 22, 28, 43, 54, 60, 76, 81, 91, 94, 97, 104, 110, 119, 130, 133, 134, 141, 144, 145, 146, 149, 171
Otto, König von Griechenland 18, 61, 66, 101

P

Palää Episkopí 90
Palaimón, antiker Heros 44
Palamedes, Sohn (Enkel?) des Nauplios 60
Pammégiston Taxiarchón, Kloster 29
Pan, Gott 98
Panachaikón, Gebirge 22
Panagía tou Portokágio, Kloster 127
Papadópoulos, Geórgios, General 19
Papandréou, Andreas 19
Papatheódoros, K. 92
Paralía Alissoú 27
Paralía Ástrous 81f.
Paralía Eloús 118
Paralía Iríon 60
Paralía Poúnka 118
Paralía Tiroú 84
Paris, myth. Prinz von Troja 117
Párnon, Gebirge 84, 87, 109
Passavá, Burg 118
Pátra 10, 16, **22-27**
  Achaía-Clauss, Weingut 25
  Archäologisches Museum 23
  Apostel-Andreas-Heiligtum 24
  Karneval 25f.
  Kástron 23f.
  Nekropole, mykenische 22
  Odeíon, römisches 24
  Pantánassa 23
  Pantokrátor-Kirche 24
  Platía Psilá Alónia 23
  Volkskunstmuseum 24
Paul I., König von Griechenland 19
Paulus, Apostel 16, 38, 42
Pausanias, Schriftsteller 16, 45, 48, 50, 53f., 68, 70, 75, 83, 99, 118, 140, 141, 153, 158, 159, 162
Pausanias, König von Sparta 102

Pediótis, Pedros 96
Peiréne, Nymphe 42
Pelops, Sohn des Tantalos 72, 160
Peloponnesischer Bund 15, 100
Peloponnesischer Krieg 38, 76, 91, 156
Pepelenítsa, Kloster 29
Perdikóvrisi, Kloster 83
Periander, Tyrann von Korinth 36
Peristéria 151
Perserkriege 54, 70, 156
Perseus, myth. Gründer von Mykene 68, 72
Petalídi 142f.
Petróchilos, Ioánnis und Anna 121
Pheia 167
Pherai (Pharai) 134
Phidias, Bildhauer 161, 162
Phigalía 153
›Philikí Etária‹, Widerstandsbund 17, 95
Philipp II., König von Makedonien 15, 38, 158
Philosóphou, Kloster 95
Phlomochóri 128
Phöniker 116
Phrygana 128
Pigádia 133
Pindar, Lyriker 156
Piniós, Berg 168
Piniós-Damm 168
Pláka 87
Plataníti 76
Plátsa 130
Polýbios, Geschichtsschreiber 98
Polykaste, Tochter des Nestor 151
Polyklet, Bildhauer 48, 75, 76
Póros (Kalávria), Insel 55
Pórto Kárgo 126f.
Portochéli 56f.
Poseidon, Gott 44
Post 175
Poulítsa 87
Praxiteles, Bildhauer 159, 163f.
Prodrómou, Kloster bei Kastrí 83
Prodrómou, Kloster bei Stemnítsa 96f.
Proitos, mythischer König von Tiryns 32, 68
Prophítis Elías, Berg 59, 93
Psamathus 127
Puaux, René 147
Pückler-Muskau, Hermann Fürst von 18, 108
Pýlos 145-147
  Archäologisches Museum 146
  Néo Kástro 147

Pyrgáki 93f.
Pýrgos 166
Pýrgos Dyroú, Höhlen 14, **121f.**

R

Río 28
Ritsos, Giánnis 110
Römer 22, 38, 76, 98, 117, 130, 134, 156
Roger II. 39
Rómvi, Insel 59

S

Sáccas, Adam 27
Sacháro 152
Salándi-Bucht 58
Sangiás, Gebirge 119
Santoméri 27
Sapiéntsa, Insel 144
Sara, Berg 71
Saritsi 84
Schliemann, Heinrich 12, 68, 71
Seidl, Wolf 146
Selinoús 29
Shíza, Insel 144
Siegel, Chr. H. 66
Sisyphos, myth. König von Korinth 44
Skafidiá 167
Skollís, Gebirge 27, 168
Skópas, Bildhauer 89, 90
Skópas, Insel 129
Skoutári 118
Slawen 16, 22, 38, 98, 156
Sólos 33
Spanier 149
Spárti (Sparta) 15, 38, 76, 88, 91, 92, 97, 98, **100-103**, 117, 134, 144, 145
  Akrópolis 102
  Archäologisches Museum 102
  Artemis-Orthía-Heiligtum 102
  Athena-Tempel 102
  Menelaío 103
Spetse, Insel 146
Sphaktiría, Insel 145
Sport 181f.
Sprachführer 183f.
Staikópoulos, Stáikos 66
Stemnítsa 96
Stoúpa 131
Strabo 53f.
Strände 182
Stymphalía 34
Stymphalischer See 34
Stymphalische Vögel 34
Styx (Stygós), Fluß 22, 33
Sybarís 22
Sykiá-Enge 149
Sykión 43
Symeón, Mönch 30
Syrakus 36
Syrinx, Nymphe 98

191

Register

T

Tantalos, myth. König von
Lydien 72
Taýgetos, Gebirge 8, 100,
119, 130, 132, 133
Tegéa 88-90
Telefon 175f.
Telemach, Sohn des
Odysseus 151
Theben 98
Theodorákis, Mikis 36
Theódoros, Mönch 30
Theodosius, röm. Kaiser
16, 48, 156
Theokrit, Dichter 81
Theseus, myth. König von
Athen 44, 54
Thyestes, Bruder des
Atreus 72
Tigáni, Halbinsel 123-125
Tiryns 14, 18, 65, **68-70**
Baderaum 69
Brunnengänge 70
Haupttor 69
Ostgalerie 69
Palasthof 69
Südgalerie 69
Thronsaal 69
Unterburg 70

Toló 59f.
Tragós, Fluß 93
Trípoli 90f.
Trizín (Troizen) 54f.
Trojanischer Krieg 14, 70,
72

U

Uhrzeit 184
Unabhängigkeitskrieg 17,
18, 29, 47, 61, 96, 97, 101,
104, 134, 146

V

Vafió 104
Valtesíniko 94
Vandalen 16
Várda 171
Vásses (Bassä) 15, **153f.**
Vathí 118
Váthia 126
Velanídia 116
Velíkas 142
Venezianer 17, 28, 43, 60,
66, 76, 97, 104, 110, 119,
130, 134, 141, 144, 149,
171
Venizélos, Eleutherios 19
Ventris, Michael 150

Vergil, Dichter 81
Verkehrsmittel 185
Vivári 60
Vlachernón, Kloster
169f.
Voidokiliá-Bucht 149
Vouraikós-Schlucht 22, **29**
Voulkánou, Kloster 141
Vromolímni (Stinksee) 53
Vudéni 22
Vytína 93

W

Westgoten 16, 38, 52, 76,
89, 101
Winckelmann, Johann
Joachim 156

Y

Ydra (Hydra), Insel 56
Ypsilántis, Aléxandros 17

Z

Zarnáta, Burg 133
Zeus, Gott 8, 13, 34, 35,
44, 75, 149
Ziller, Ernst 23, 29, 91,
166
Zoll 174

Bildnachweis

Norbert Dinkel, München: 182 unten – *Rainer Hackenberg, Köln:* 10 oben, 11 oben,
12 unten, 26, 39, 41 unten, 50, 53, 71, 73, 75, 77, 86 oben, 89, 91, 101, 102, 112, 115,
121 unten, 122, 124 Mitte, 126/127, 129, 132 oben, 136/137, 147, 153, 182 oben, 184 –
Michael Neumann, Feldafing: 11 unten, 25, 55, 57, 65 unten, 82, 85 oben, 96, 120, 124
oben, 125, 135, 149, 163 unten, 170, 172, 177 unten, 181 – *Martin Thomas, Aachen:*
3, 9 oben und Mitte, 10 unten, 13 beide, 30, 31, 33 unten, 41 oben, 48/49, 56, 58, 61, 64,
65 oben, 69, 74, 78, 79, 80, 85 unten, 86 Mitte beide und unten, 90 oben, 97, 109,
111, 121 oben, 123, 124 unten, 128, 138, 143 beide, 144, 148 oben und unten, 157, 161,
162, 176, 178 unten, Umschlag-Rückseite – *Ernst Wrba, Sulzbach/Taunus:* 8, 9 unten,
12 oben, 21, 23, 29, 32/33, 35, 37, 38, 42 beide, 44, 47, 51, 52, 54, 59, 63, 67 beide, 83, 84,
87, 88, 90 unten, 92, 93, 95, 98, 105, 107 beide, 113, 114, 116, 117, 119, 131, 132 unten,
133, 137 unten, 140, 141, 142, 145, 148 Mitte, 150, 154, 158/159, 163 oben, 164 beide,
165, 166, 167, 168/169, 169 unten, 177 oben, 178 oben